O EXECUTIVO NA ESSÊNCIA

JORGE FORNARI

O EXECUTIVO NA ESSÊNCIA

A "genética" do comportamento gerencial

Publisher
Henrique José Branco Brazão Farinha
Diretor comercial
Eduardo Viegas Meirelles Villela
Editora
Cláudia Elissa Rondelli Ramos
Preparação de texto
Gabriele Fernandes
Revisão
Ariadne Martins
Projeto gráfico de miolo e editoração
Daniele Gama
Capa
Listo Estúdio Design
Impressão
Colorsystem

Copyright © 2016 *by* Jorge Fornari Gomes
Todos os direitos reservados à Editora Évora.
Rua Sergipe, 401 – Cj. 1.310 – Consolação
São Paulo – SP – CEP 01243-906
Telefone: (11) 3562-7814/3562-7815
Site: http://www.editoraevora.com.br
E-mail: contato@editoraevora.com.br

DADOS INTERNACIONAIS PARA CATALOGAÇÃO NA PUBLICAÇÃO (CIP)

F824e

Fornari, Jorge
　　O executivo egoísta : uma profunda reflexão sobre os comportamentos gerenciais que impactam o bem estar, os resultados e as carreiras! / Jorge Fornari. - São Paulo : Évora, 2016.
　　304 p. ; 16 x 23 cm.

Inclui bibliografia.

ISBN 978-85-8461-061-7

1. Comportamento organizacional. 2. Executivos - Atitudes. I. Título.

CDD- 658.4

JOSÉ CARLOS DOS SANTOS MACEDO – BIBLIOTECÁRIO – CRB7 N. 3575

Dedicatória

Ao Edmundo, à Manuela, Isabella e ao Rafael. Minha contribuição genética, na esperança de uma espécie melhor!

À Suzana, por ser o meu melhor exemplo de um verdadeiro ser humano. Grato pelo seu amor, pela sua parceria e pelo seu apoio!

"A razão inicial de qualquer viagem é o desconforto tão próprio da ousadia e a insegurança inerente à aventura."

Nilton Bonder

"Não sei para onde estou indo, mas sei que estou no meu caminho."

Raul Seixas

Sumário

Na busca dos sabotadores	1
Malvados, cada qual a seu modo	9
Revendo sua árvore genealógica	19
Incompetente sim, mas quem não é?	39
Treinados para não ver	45
Foco no comportamento	59
Um cérebro não totalmente confiável	67
A genética modelando as organizações	87
Investigando seu nível evolutivo	113
A evolução das programações	129
Valores, objetivos e metas	155
Crenças sobre si mesmo	163
A evolução das necessidades	175
A evolução da consciência	195
Entre o oculto e o visível	215
Sem uma emoção, você não sente a vida	225
A evolução dos estados mentais	239
O estado mental genético: orgânico, instintivo, amoral, não social	241
O estado mental dogmático: arcaico, rígido, tradicional, tribal, guerreiro	245
O estado mental egocêntrico egoísta: individualista, narcisista, consumista	255

"Todos os problemas humanos surgiram do fato de não sabermos o que somos e não concordarmos no que desejamos ser."

Jean Bruller

O estado mental racional social: ponderado, controlado, decidido, atualizado, responsável	263
A mente transpessoal	273
Assumindo o controle da nave	277
Epílogo	281
Bibliografia e agradecimentos	287

Uma enorme força genética modela nosso comportamento no dia a dia.

Na busca dos sabotadores

Algumas importantes indagações me acompanharam ao longo dos meus anos como executivo de recursos humanos e ainda me perseguem, agora como consultor. Por que pensamos o que não queremos pensar? Sentimos o que não queremos sentir? Fazemos o que não queremos fazer? E por que temos tanta dificuldade em mudar ou conter o que é preciso ser refreado? Por que algumas pessoas não percebem e outras, mesmo percebendo, não conseguem mudar?

Cada pessoa tem seu portfólio de comportamentos sabotadores, aqueles que desagradam e complicam tanto a vida pessoal como a profissional. Estamos falando de comportamentos que favorecem a imagem negativa, reduzem a capacidade de liderança, abalam relacionamentos e parcerias. Em casos mais graves, atrapalham a carreira, impedem as promoções e podem até mesmo resultar em demissão.

Muita gente fala que precisamos ser melhores, pouca gente nos diz sobre o porquê não conseguimos.

A intenção aqui é a de ajudar o leitor a formar um modelo mental mais amplo sobre as determinantes do comportamento humano, em particular sobre a maneira como gerenciamos pessoas, organizações e negócios. Gerar uma visão ampliada das dificuldades para se identificar e mudar *comportamentos indesejados*.

A fonte dos comportamentos indesejados

É conhecimento comum a importância social na modelagem do comportamento, mas pouca gente já se deu conta da força genética exercida sobre nós. Preocupamo-nos com o solo no qual o comportamento floresce, mas deixamos de lado a semente que é sua razão de existir. Após alguns anos de pesquisa, cheguei a uma conclusão ainda pouco explorada no meio empresarial (o que torna o tema muitas vezes difícil de digerir): nosso problema para realizar mudanças pessoais decorre do nosso desenho genético desenvolvido por meio da seleção natural ao longo do processo evolucionário. Herdamos da evolução uma série de características que nos atrapalham e nos derrubam. Por um lado, temos o autodesenvolvimento que é em si um impulso – uma propensão – genético que desperta em diferentes intensidades nas pessoas, levando-as a realizar seu potencial. Por outro, temos uma série de necessidades menores que bloqueiam nossas mentes impedindo que possamos ser melhores pessoas e gestores. Em síntese, há uma influência genética em nossa maneira de ser muito maior que imaginamos e isso limita nossa liberdade de sermos quem gostaríamos de ser. A evolução atrapalha nosso autodesenvolvimento na medida em que nos mantém aprisionados a aspectos primitivos de nossas mentes que induzem a respostas prontas e repetitivas.

Nossos comportamentos indesejados refletem nossa maneira primitiva de ser e funcionar.

Já tentamos resolver nossos piores comportamentos através da pura intuição, de princípios filosóficos, psicológicos, sociológicos e até mesmo religiosos, mas sem muito sucesso. Deixamos de fora uma dimensão básica dos humanos: sua formação genética decorrente da seleção natural, da evolução da espécie.

O usual é se pensar na genética como uma ciência essencialmente voltada à medicina e à biologia, e raramente olhar seu impacto no cotidiano da vida social e organizacional. Mas não é difícil perceber que parte dos comportamentos gerenciais são primitivos, isto é, decorrem de impulsos impensados e automáticos que mais nos aproximam dos nossos primos primatas do que do "ser humano" que idealizamos e ainda não conseguimos concretizar.

As dificuldades para sermos pessoas melhores e gestores melhores na construção da sociedade e das empresas decorrem de respostas baseadas em impulsos na forma de comportamentos indesejados. Um lado sombrio que reside em nossas mentes como lava de vulcões adormecidos, porém ativos, podendo vir à tona para nos salvar ou para comprometer nossas vidas. Talvez tenha sido Jung o primeiro a buscar um melhor entendimento do lado sombrio da mente humana, o qual, quando fica consciente, deixa as pessoas envergonhadas pelos impulsos de ataque como o egoísmo, as intrigas, ou de fuga como a preguiça mental, a negligência, a indiferença e a covardia.

O fato é que ninguém escapa. Há sempre o risco de agirmos como gestores primitivos, como máquinas genéticas subservientes às nossas programações, sem controle das nossas emoções, atacando ou fugindo quando a resposta que mais nos interessa deveria ser ponderada e avaliada. Pelas lentes da evolução, fica cada vez mais evidente que nossos comportamentos indesejados refletem nossa maneira primitiva de ser e funcionar.

Ao mesmo tempo, nos iludimos acreditando ter toda liberdade para definir nossos comportamentos e decisões, mas a maneira como fomos constituídos e programados predetermina o modo como funcionamos e, consequentemente, como desenhamos e gerenciamos a sociedade e nossas empresas.

Autodesenvolvimento é o processo de olhar para dentro de si e se confrontar com o que não gosta.

As empresas ocupam importante papel na modelagem dos comportamentos, e as mais evoluídas nos querem mais humanos. Para tal, vêm fazendo importantes investimentos para nos livrar de comportamentos que colidem com as exigências típicas do gestor contemporâneo. Em certos ambientes, a pessoa pode até agir como bem entende, mas isso já não pode ocorrer em muitos ambientes de trabalho, onde se exige comportamentos ponderados, responsáveis e atualizados em vez de respostas emocionais implosivas e explosivas.

Adotando uma nova perspectiva

Se há alguns anos alguém me dissesse que meus piores comportamentos estavam associados a determinações genéticas decorrentes da evolução da espécie humana, eu não conseguiria entender. Provavelmente para muitos leitores essa ideia ainda parecerá estranha.

"Poucas questões na biologia são tão importantes como a origem evolucionária dos instintos do comportamento social."

Edward O. Wilson

Para termos mais liberdade para trabalhar novas perspectivas, precisamos ampliar nossas percepções e lançar mão de uma visão mais arejada de nós mesmos. Não se trata de mudar o mundo, mas apenas reconfigurar a maneira como pensamos nele, livrando-nos de algumas amarras culturais, em particular daquelas que limitam uma melhor compreensão de nós mesmos. Por exemplo, com uma mente mais aberta, podemos aprender muito com os demais primatas sobre os impulsos que nos levam a proteger nossas crias, realizar trocas sociais vantajosas, manter o bando coeso, nos organizar para lutar contra o inimigo comum, buscar ascensão social e posições mais elevadas na hierarquia social do grupo.

Uma importante distinção merece ser feita entre ser um animal ou ser um primitivo. Ser primitivo não é agir como um animal, pois cada animal vive em si o limiar do seu processo evolutivo. Os humanos, sim, são primitivos quando insistem em se comportar como seus ancestrais, já tendo disponíveis mecanismos mentais mais evoluídos.

É preciso nos libertarmos das amarras genéticas que nos mantêm primitivos.

Agimos de forma primitiva quando não usamos todo o potencial genético mental disponibilizado pela seleção natural, justamente aquele que acreditamos nos levar a construir uma sociedade melhor. Uma das hipóteses levantadas neste livro é a de que a evolução e o desenvolvimento pessoal agem conjuntamente na busca do uso de funcionalidades mentais superiores já disponíveis, mas que ainda não soubemos aproveitar. Somos como uma nave sofisticada pilotada por mentes desabilitadas.

As ideias e hipóteses aqui apresentadas estão reunidas em torno de um modelo denominado de Autoevolução, o qual tem como função ajudar o leitor a identificar seu próprio estágio evolutivo. Ele indica que nosso destino final é o de consolidar um estado mental dominado por uma consciência ativa atualizada e responsável, capaz de conter crenças irracionais e desejos fúteis. De nos levar a comportamentos produtivos e nutritivos.

A evolução atrapalhando o dia a dia

O leitor deve estar se perguntando como a evolução, a seleção natural e a nossa base genética podem estar conectadas ao nosso dia a dia, à nossa vida social. Para ilustrar esta conexão e indicar qual será o âmbito da nossa conversa ao longo do livro, segue uma lista de características humanas decorrentes da forma como nosso organismo foi constituído e que, de alguma maneira, impactam nossa a maneira agir no cotidiano:

- Privilegiamos os que portam nossos genes;
- Favorecemos aqueles com quem fazemos trocas vantajosas;
- Buscamos ascender na hierarquia social;
- Abrimos mão de nossas verdades e fugimos quando isto é mais vantajoso;
- Somos carentes de estima social;
- Competimos pela liderança;
- Nosso consciente é tênue e fraco. Nosso inconsciente e não consciente dominam nossas respostas;
- Funcionamos como "máquinas" de respostas prontas e repetitivas predefinidas por comandos genéticos e modeladas pelo ambiente social;
- Nossas percepções são imprecisas, mas delas criamos nossas verdades pessoais;
- Desejos fúteis impedem nossos esforços de autodesenvolvimento;
- Nossa mente é fragmentada e conflituosa e nos faz pessoas contraditórias;
- Temos prazer pelas reações mais agressivas;
- Nosso cérebro é uma máquina incrível, mas nem sempre confiável;
- Criamos uma realidade social abstrata e simbólica cheia de riscos imaginários;
- Nossa química cerebral dificulta nossas mudanças pessoais.

Fica difícil explicar nossas belezas e imperfeições sem considerar nossa origem animal.

Não há melhor exemplo de onde pode chegar o primitismo humano quando olhamos o que está acontecendo hoje. Homens públicos, no seu pior desempenho, são dominados por forças primitivas voltadas a proteger seus interesses individualistas, suas tribos. Tiram do outro para se engrandecer, tomam o poder para fazer o que bem entendem. Incapazes de ser donos efetivos de suas ações, apenas reagem a impulsos para atacar ou fugir, como animais de genética mais simples. Criam selvas perigosas dentro de suas mentes para justificar suas ações. Entretanto, é infrutífero esperar que mudem o radicalismo de suas ideias, ou o mau uso dos bens coletivos para atender preferencialmente seus interesses pessoais. Nesses casos, a expectativa puramente moral é tão inútil como esperar que um tigre não ataque ou não coma um cervo. Tais comportamentos só se explicam do ponto de vista genético. Primitivos, eles são incapazes de perceber o que fazem.

Boa leitura

Faz parte do nosso autoconhecimento compreender melhor nossas condições humanas e que somos comandados por instintos da mesma maneira que os demais animais.

Prezado leitor, este livro é diferente daqueles que apenas insistem em mostrar como o leitor deveria ser. Ele vai ilustrar os pontos de vista com algumas breves histórias, todas fictícias, compostas com elementos do cotidiano de muitas pessoas, baseadas nas narrativas em livros e revistas, e, muitas vezes, na experiência do próprio autor. Vai focar nas razões pelas quais estamos longe do idealizado "ser humano". Mas traz uma boa notícia: somos uma espécie nova, ainda em evolução e, se não destruirmos o planeta com nossos piores comportamentos, provavelmente chegaremos a estágios de desenvolvimento superiores. Como diz o geólogo Iain Stewart, na série *Como a Terra nos fez* da BBC, o planeta precisa ser salvo, mas não é ele que está em perigo, somos nós.

O lado oculto do avestruz

Há uma lenda que teve origem com o livro *Naturalis historia*, do escritor romano Plínio, o Velho, que diz que o avestruz esconde sua cabeça na areia ao primeiro sinal de perigo sem se dar conta de uma grande parte de si que fica exposta ao risco. É dela que vem a metáfora "do lado oculto do avestruz", usada para nos lembrar de que muitas vezes, ao sinal de perigo, agimos como o avestruz, preferindo enfiar nossas cabeças em crenças, fantasias, sonhos, devaneios e pesadelos. Agimos como o avestruz quando negamos nossas partes mais escuras e primitivas e por isso temos uma imagem imprecisa e fragmentada de nós mesmos, as quais, queiramos ou não, continuam operando e atrapalhando nossa alegria de viver. Ao mesmo tempo, arrogantes, perdemos a perspectiva da jornada evolutiva da nossa espécie e, imperfeitos, construímos um mundo social que deixa muito a desejar.

Um dos grandes presentes da evolução foi o de oferecer aos humanos uma mente social maleável propícia para aprender e incorporar elementos da realidade externa. Entretanto, recriar a realidade dentro de si não é um processo objetivo nem preciso, e isso fica evidente quando a pessoa se confronta com diferentes partes de si mesma ou quando compartilha suas impressões com outras pessoas. Para sobreviver ao mundo social, precisamos nos adaptar fazendo as concessões que forem necessárias. Disfarçamos nossas mazelas com boas maneiras e hipocrisias as quais, por sua vez, nos impedem de ver integralmente o que somos. Uma mente intuitiva nos resguarda da nossa real maneira de ser, criando muitas vezes uma imagem perfeita de nós mesmos, nosso *eu ideal* construído com base nas expectativas e regras absorvidas de outras pessoas e instituições. Na tentativa de ser quem não é, o humano perde a oportunidade de conhecer a si mesmo e faz da espécie um poço de contradições e paradoxos.

Comandos genéticos vão induzir você a ser como foi programado. Entretanto, você é responsável pelo que pensa, sente e age.

Reflexão e *checklist*

Ao longo do livro, serão sugeridas ao leitor algumas questões para reflexão. Serão também apresentadas várias listas (*checklist*) de características pessoais destrutivas e de foro íntimo – nem sempre perceptíveis pela própria pessoa. São um portfólio de traços, propensões, impulsos "perfeitamente naturais", encontrados em qualquer pessoa, mesmo naquelas que dissimulam bem. Elas orientam a mente, geram pensamentos, sentimentos e comportamentos com força suficiente para derrubar tudo de bom e edificante que uma pessoa construiu. A questão é: ou sabemos quais são, e nos preparamos para resistir a elas, ou ficaremos sabendo quando elas nos derrubarem.

Tendemos a ver a nós mesmos como seres perfeitos, e fazemos todo o possível para não nos confrontarmos com o que nos desagrada.

Muita gente engana a si própria achando que está fazendo o melhor, mas não está. Corre o risco de deixar que algumas características pessoais possam sabotar suas metas de curto prazo e objetivos de longo prazo.

- *Qual é seu real interesse de autodesenvolvimento?*
- *Conhece seus comportamentos que necessita mudar? Quanto de determinação e disciplina aplica neles?*
- *O quanto está disposto a fazer de concessões pessoais no presente para obter benefícios futuros?*

"E, por favor, não confunda o meu ponto de vista com cinismo. Os cínicos de verdade são aqueles que dizem a você que tudo vai dar certo."

George Carlin

Malvados, cada qual a seu modo

Maus bofes nos ambientes corporativos – é disso que trata este livro.

Ao fazer a crítica da antepenúltima temporada da série de TV *Game of Thrones*, a revista *Veja* usou o título "Feios, sujos e (muito) malvados" para ressaltar o alto teor de primitivismo no comportamento de boa parte dos personagens da magistral série do canal HBO. Talvez seja essa uma das principais razões para o retumbante sucesso que o seriado obteve em todo o mundo. Na sua quarta temporada, a audiência atingiu em cerca de 19 milhões de espectadores, o maior índice obtido em todos os tempos pela TV a cabo. Isso é suficiente para dar a medida do tanto que traços humanos como ganância, traição, uso da força, manipulação etc. atraem nossa atenção, especialmente quando temperados por muito sexo. Sem falar que os sete reinos retratados na série se assemelham bastante a certos ambientes corporativos.

> Comportamentos e atitudes indesejados no ambiente de trabalho foram tema da história em quadrinhos Dilbert (reproduzida no Brasil por jornais e pela revista Exame), que ironizava os humores no ambiente corporativo ao longo de muitos anos, na década de 1990. Um chefe incompetente e sem escrúpulos tornava irrespirável o ambiente da firma, uma empresa de alta tecnologia da Califórnia, nos Estados Unidos, causando sucessivas perturbações às vidas do esquisitão Dilbert e do cerebral e cínico cão-consultor Dogbert (mais esperto do que seu dono). Para culminar, dava espaço aos movimentos de Catbert, o gestor de recursos humanos que se divertia com as manobras sádicas que promovia.

Impulsos genéticos nos fazem seres contraditórios! E:
- *Interesseiros;*
- *Hipócritas;*
- *Dependentes do prazer ou da redução da dor;*
- *Carentes e desequilibrados;*
- *Individualistas e competitivos;*
- *Dogmáticos e inflexíveis;*
- *Protecionistas;*
- *Subjetivos.*

Há inúmeras formas de materializar o comportamento disfuncional nos ambientes empresariais. Veja-se o exemplo dos executivos do sistema financeiro norte-americano que, em 2008, ao aceitarem pagar multas astronômicas ao governo federal, admitiram ter induzido milhares de mutuários compradores de residências a um comportamento de risco e terem provocado pesados prejuízos a investidores que adquiriram títulos "empacotados" originários de "hipotecas podres". Só o Bank of America Merrill Lynch, por exemplo, aceitou pagar 16,6 bilhões de dólares para se livrar de processos, depois de confissão semelhante ter sido feita pelo JPMorgan Chase e pelo Citigroup – com multas menores, mas igualmente bilionárias. Essas distorções estão na raiz da crise dos assim denominados derivativos tóxicos, que produziram a maior crise financeira da história desde a grande quebra da Bolsa de Valores de Nova York, em 1929.

Há um potencial negativo dentro de cada pessoa sempre pronto para derrubá-la.

"Se não conseguir ser bom, procure pelo menos ser o menos maléfico possível."

Anônimo

Qualitativamente, muitos comportamentos não são tão danosos quanto outras disfunções e nem chegam ao noticiário. Um bom exemplo é o "absenteísmo psicológico", apontado pelo ex-executivo de RH Alfredo Bottone em artigo publicado pela revista da Fundação Dom Cabral, em julho de 2014. Simplificando, trata-se do paradoxal estado de "corpo presente e alma ausente", que semeia cinismo, leva à corrosão das relações e provoca desconfiança, retrabalho e improdutividade. Ou seja, pautar o comportamento pelo "não estou nem aí" parece ser tão grave quanto mentir, manipular e agredir. Trata-se de uma forma de resistência passiva – só que para o mal.

Entre o primitivo e o humano

Mas, afinal, o que aproxima a traição, o uso da força, a manipulação dos personagens de *Games of Thrones*, os comportamentos indesejados ironicamente apontados por Dilbert, a ganância e o comportamento de risco dos altos executivos dos bancos que causaram o desastre econômico e o absenteísmo psicológico improdutivo de muitos gestores no dia a dia de trabalho? O ponto de semelhança entre eles está nos impulsos naturais indesejáveis incontidos dos humanos.

Como está no título de um dos livros de Nietzsche: "Humano, demasiado humano".

Não somos capazes de controlar todas nossas respostas e algumas podem nos derrubar: há um potencial negativo dentro de cada pessoa. Quando comecei a pensar no assunto, eu o denominava de "incompetências humanas", hoje o denomino "comportamentos indesejados". A definição continua a mesma: são aqueles usados consistentemente e que podem derrubar um profissional bem-sucedido, como pode ter acontecido com cada um de nós e que, como foi amplamente noticiado, já aconteceu com presidentes e charutos; ginecologistas e abusos sexuais; jogadores de futebol e travestis; rabinos e gravatas. Profissionais que construíram suas carreiras de forma marcante e as colocaram em risco a partir de um impulso, uma manifestação de incompetência, um comportamento indesejado.

Sabemos o quanto melhor poderíamos ser. E sofremos por não conseguir chegar lá.

Na busca de uma melhor visão de si mesmo

Vivemos um período muito especial, em que a preocupação com o desenvolvimento pessoal ocupa a mente de muitos, coisa que em um passado recente era privilégio de grandes pensadores e estudiosos, alguns poucos seres especiais. Um novo estágio de compreensão de nós mesmos e do mundo está afetando positivamente nossas empresas, elevando o número dos interessados em ser melhores pessoas e gestores. Nunca tantos tiveram tão grande clareza sobre como seus comportamentos do dia a dia podem potencializar ou estragar suas vidas e carreiras.

A questão não é ser ou não primitivos. Mas o quanto isso danifica a qualidade de nossas vidas.

Um novo nível de discernimento nos convida a perceber o quanto melhores nós e a sociedade poderíamos ser, mas também nos faz sentir a angústia por continuarmos reagindo como seres primitivos: explosivos, dogmáticos, inflexíveis, individualistas e interesseiros. Há certo clamor exigindo de cada um de nós uma nova atitude. Para tal, precisamos usar os recursos que a evolução nos proporcionou. Isso significa controlar a nós mesmos e decidir pelo melhor. Assim, precisamos ser capazes de entender de um modo mais objetivo como funcionamos. Precisamos desenvolver uma capacidade racional e social, ao que o psicólogo Albert Ellis, chama de sensibilidade racional.

Revendo a gênese humana

A ignorância e a desinformação a respeito do impacto da evolução em nossas vidas têm algumas explicações. Foram milhares de anos de ignorância e baixo discernimento favorecido pela ausência de uma base científica, e não há nada melhor que a ausência da ciência para se criar dogmas. Educados a respeitar crenças mágicas sobre a maneira como o homem e a própria humanidade foram criados, muitas pessoas têm dificuldades para aceitar nossa origem animal e rever suas concepções sobre o nascimento da espécie humana.

São bastante recentes os descobrimentos científicos nos campos da neurociência, arqueologia, biologia e psicologia evolucionista e eles não fizeram parte do currículo escolar de muitos de nós. Sem citar as novas especialidades como a paleo-antropologia, responsável pela compreensão dos fósseis em seus ambientes para determinar a história evolucionária humana. Entretanto, de certo tempo para cá, a evolução da espécie humana deixou de ser um tema de exclusividade científica e passou a integrar o currículo das cadeiras de biologia dos cursos colegiais, as capas das revistas semanais e os noticiários, além dos programas científicos na TV. No pacote desses novos interesses, se encaixam as pesquisas genéticas e sobre o cérebro, as descobertas arqueológicas e a evolução do universo.

Tenho tido embates acirrados com pessoas inteligentes e preparadas, mas com fortes convicções religiosas. Para elas, é grande a dificuldade para deixar de lado suas crenças, mesmo que por um instante. Pelo contrário, tentam dar a elas fundamento científico. Assim, para mim, tem sido mais fácil hoje falar da evolução com o Edmundo, meu neto de 9 anos, do que com muitos adultos dominados por seus dogmas. Não creio que seja preciso abandonar nossas crenças, entretanto uma ação de autodesenvolvimento demanda uma visão mais objetiva de si mesmo.

Nem sempre conseguimos desarmar nossas mentes para novas perspectivas.

Vai chegar o dia em que nossas crianças serão ensinadas sobre a pré-história como hoje aprendem história. Aí entenderão a grandeza da epopeia humana.

A visão evolucionista da gênese humana é pobre em cenários majestosos, frutas proibidas, pecados ou punições, mas cheia de informações que podem ajudar a entender nossas reais possibilidades. Nela, a vida já começou fora do paraíso, e sua evolução foi alcançada palmo a palmo, ou melhor, gene a gene.

Certos aspectos da nossa história evolucionária colidem com as nossas intenções de sermos humanos melhores. A evolução fomentou uma genética humana maravilhosa, e isso é indiscutível, mas ela é também a responsável por criar características humanas negativas para o presente contexto social. Acompanhando os noticiários do dia, tem-se a impressão de que a evolução não deu certo. Na verdade, ela ainda não acabou, ou melhor, está apenas começando. Somos uma jovem espécie que teve definido seu design orgânico atual há algumas dezenas de milhares de anos, e que mentalmente ainda não amadureceu.

A evolução estabelece as bases do que somos e agimos, e um maior conhecimento dela pode ajudar a entender melhor os nossos piores comportamentos.

Do ponto de vista genético, a evolução foi um sucesso. Do social, ainda deixa muito a desejar.

Discordâncias simbólicas resultam em guerras físicas, dando às nossas crenças e ideais uma realidade que de per si não possuem.

A coevolução: a evolução genética e a social

A existência de grandes grupos, cidades, governos e empresas e de todos os modelos sociais que seguimos hoje é muito recente na história evolucionária da espécie humana. Começou com o coletor-caçador há milhões de anos, e que muito depois, há 10 mil anos, deu lugar ao lavrador-domesticador de animais. Assim, a maneira como somos e agimos hoje é algo muito recente, um período insignificante, desde o surgimento do primeiro ancestral hominídeo. Hoje vivemos um descompasso entre a nossa evolução genética e a social. Enquanto a evolução do organismo continua ocorrendo por meio de mutações lentas e imperceptíveis a cada nascimento de uma cria humana, as capacidades da mente vêm sendo exercitadas de forma acentuada e rápida para os padrões evolutivos. Isso tem levado ao descasamento entre o que acreditamos poder ser e o que realmente somos.

Um estado mental racional social frágil foi recém-alcançado e sucumbe facilmente aos impulsos incontroláveis provenientes de uma poderosa operação genética desenvolvida e sedimentada em milhões de anos para outro animal, vivendo em outra época. As tênues exigências e expectativas de um recente modelo social idealizado sucumbem à força da programação genética e, por isso, vivemos num mundo social ao qual não estamos naturalmente preparados para atender. E, obviamente, o mesmo problema se aplica à vida nas empresas.

Comandos genético-sociais

A psicologia evolucionista sugere que parte do nosso modelo genético, definido pelo nosso DNA, seja constituído por comandos genético-sociais os quais modelam nossos comportamentos e, a partir deles, a realidade social. É isso mesmo: a sociedade, com seus benefícios e imperfeições, não é uma criação espontânea e flexível da mente humana. Ela nos é imposta por uma programação genética oriunda dos mais antigos ancestrais, por isso as raízes dos comportamentos sociais são encontradas em qualquer tipo de sociedade do presente e do passado, das evoluídas e das primitivas. Isso quer dizer que forças genéticas subliminares orientam as percepções, pensamentos, sentimentos e comportamentos que modelam e reforçam o modelo social em que vivemos.

O descasamento entre a evolução genética e a social nos leva a ter comportamentos e reações típicas de um animal que vivia num outro ambiente, num outro tempo.

> Veja, por exemplo, o fato de vários esforços feitos para se criar modelos organizacionais não hierárquicos sem nenhum caso de sucesso que tenha perdurado ao ponto de criar um novo padrão de desenho organizacional. O que não se fala é que um dos impedimentos do sucesso dessas iniciativas é o impulso humano para preservar hierarquias sociais herdadas geneticamente de nossos ancestrais. Nelas sempre há um personagem que por alguma razão desfruta de uma condição de superioridade sobre os demais. Seja ela econômica, mística, filosófica, de conhecimento e/ou de força física.

O modelo social dos demais primatas tem muitas semelhanças com o nosso porque partimos das mesmas vertentes desenvolvidas nas mentes de nossos ancestrais comuns. Mas, no caso deles, as imposições genético-sociais são pouco ou nada flexíveis. Mesmo partindo das mesmas vertentes, os humanos passaram a ter uma enorme liberdade para modelar a realidade social e regular suas relações através de normas e crenças sociais simbólicas e abstratas, mesmo que muitas não tenham qualquer valor intrínseco para a vida humana.

Transmissão cultural

A evolução das funcionalidades cognitivas da mente humana favoreceu uma transformação cultural que levou à formação de novos ambientes sociais. Descobertas arqueológicas de desenhos e objetos de arte demonstram claramente traços do pensamento abstrato, indicações da aprendizagem e da transmissão cultural. Há quarenta mil anos, começou a jornada social que nos trouxe ao mundo cultural fragmentado e complexo dos dias de hoje.

Do ponto de vista genético, a evolução cultural foi muito bem-sucedida na preservação da espécie, pois permitiu que um pequeno grupo oriundo da África chegasse aos 7 bilhões que habitam o planeta. Entretanto, vários aspectos de relacionamento nas suas formas mais primitivas continuaram prevalecendo, escrevendo tristes páginas da nossa história. Hoje percebemos com clareza que a realidade social poderia ter sido uma ferramenta genética de proteção não só da vida, mas também da sua qualidade. Impulsos genéticos fizeram com que a vida social se transformasse numa arma para o desentendimento entre grupos, para o preconceito, para o abuso e a dominação de alguns sobre muitos. Foi preciso a criação de regras sociais para proteger o homem de si mesmo, da sociedade que ele mesmo criou.

Somos lobos em pele de cordeiros. Para acordar o lobo, basta ameaçá-lo.

"O homem explora o homem e, por vezes, é o contrário."
Woody Allen

Um ambiente de trabalho cheio de ameaças desperta nas pessoas seus piores animais.

Empresas: um modelo social muito recente

Não poderia ser de outra forma: as empresas espelham a mente dos seus dirigentes, e mentes primitivas constroem empresas, departamentos, diretorias, onde o dia a dia se assemelha àquele vivido nas savanas pelos nossos ancestrais. Quando a vida diária é determinada pela perspectiva da escassez e a luta é pela sobrevivência social, para um ter é preciso tirar do outro. Uma marca ainda presente da evolução como um todo é a de que a sobrevivência depende sempre de parte do corpo do outro. Lembra o tempo em que se corria para conseguir a comida do dia, ou para não ser a refeição de alguém. Mesmo os humanos mais evoluídos, quando expostos a ambiente de ameaças implícitas e explícitas, despertam em si seus piores animais internos prontos para o ataque ou fuga, minando parte da energia organizacional e pessoal.

Um dos principais subprodutos malignos da realidade social são os riscos sociais, incapazes de nos matar, mas potentes para nos fazer sofrer como se fossem um risco contra a própria vida. Nossas mentes ficam a maior parte do tempo imersas numa realidade abstrata e fazem do risco simbólico uma real ameaça à vida, despertando em nós os impulsos primitivos mais potentes, favorecendo a libertação de animais internos assustados ou vingativos preparados para o pior. Comportamentos exacerbados de competitividade, ganância e individualismo mais caracterizam o típico brucutu do que a imagem do gestor contemporâneo. São eles que fazem com que muitas empresas sejam apenas a melhor falta de opção para muitos.

Ou sabe quais comportamentos vão lhe derrubar, ou descobrirá na queda.

Hábil é aquele que se mantém em ascensão profissional mesmo com os percalços que cria para si mesmo.

Existem empresas dirigidas por seres primitivos dogmáticos e egocêntricos focados apenas em seguir seus impulsos e instintos, tal qual no passado nosso ancestral respondia impensadamente aos riscos físicos e concretos à sua vida. Hoje, o gestor em seus momentos primitivos responde automaticamente às ameaças e oportunidades que ocorrem no ambiente de trabalho, muitas vezes colidindo com seus valores pessoais. São tomados por ameaças que possam danificar seu poder econômico, sua imagem, prestígio, cargo, posicionamento hierárquico, relacionamentos, ideias e convicções. Mudou a ação do físico para o social, mas permaneceu a resposta primitiva impensada, automática.

Um clima de ameaça fica evidente quando cada um acha que o outro age somente para subjugá-lo ou derrubá-lo, invadir sua área, impor suas ideias. Alianças se formavam para defesa contra os inimigos comuns. Silos impenetráveis são criados. Relações hipócritas minam a energia organizacional, a qual deveria estar dirigida para os resultados, mas que se perde nas lutas internas.

Partes da nossa maneira de ser não são plenamente adequadas às expectativas das empresas. Instintos, propensões e tendências formam animais perigosos em nossas mentes, que facilmente se libertam frente a ameaças, sejam elas reais ou inventadas, nos levando a pensar, sentir e fazer coisas que não desejamos. As programações do DNA são imperiosas e determinam a maneira como nós e as demais formas de vida são e funcionam. Entretanto, como diz o neurocientista António Damásio, os instintos humanos são os mais maleáveis, o que não quer dizer que seja fácil ou mesmo possível mudá-los. O mesmo ocorre com os comandos sociais convertidos em regras, princípios, expectativas e crenças, em particular aqueles incorporados pelo cérebro e que assumem força da verdade absoluta.

Para se gerenciar pessoas é preciso considera-las como seres complexos, antagônicos e contraditórios.

Um novo estágio de discernimento empresarial tem levado os gestores de empresas a erradicarem crenças e princípios de gestão irracionais que colidem com a empresa responsável que desejam construir. Fazem isso revendo comportamentos individuais que contradizem com suas intenções.

- *O que está mudando no ambiente de trabalho?*
- *O quanto você está alinhado as novas expectativas?*

A vida num ambiente de trabalho se torna perigosa quando percebemos estímulos que nos ameaçam e libertam nossos piores animais internos.

Nosso grande desafio é o de modelar nossos comportamentos sem jamais nos deixar domesticar.

- *Quais ameaças presentes na sua empresa tendem a liberar suas piores respostas?*
  - ➢ *Competitividade exacerbada;*
  - ➢ *Clima de escassez (alguns vencem, a maioria perde);*
  - ➢ *Falta de retribuição(a empresa exige mais do que oferece);*
  - ➢ *Ambiente de negócios (indústria) em estado de guerra;*
  - ➢ *Favorecimento de alguns.*

Sempre chega o momento em que é preciso estabelecer uma visão mais realista de si mesmo.

"*Por debaixo do verniz civilizatório, todo homem tem dentro de si um animal à espreita... se esse verniz for arrancado, o animal vai mostrar a sua cara.*"

Roger Scruton

As suas piores respostas às ameaças afetam as relações no trabalho e destroem a energia organizacional. Quais são os sinais de que se vive permanentemente em estado de ameaça?
• *Perda do autocontrole. Incontinência comportamental (verbal). Emissão de comportamentos incontroláveis, automáticos, impensados, impulsivos;*
• *Sequestro emocional. Explosões emocionais incontroláveis e impulsivas decorrentes da frustração no atendimento de exigências; ataques ferozes contra as pessoas;*
• *Implosões emocionais que levam à fuga do problema, omissão, submissão exagerada, ausência psicológica, respostas parasitárias; impasses decisórios, ações negativas para os negócios. Fuga ao risco;*
• *Perda da capacidade para ver o que realmente está acontecendo nas situações, como certos comportamentos estão impactando as pessoas, quais as principais forças sociais envolvidas, dificuldades para perceber o centro de poder, as parcerias possíveis; subjetividade: absorção distorcida dos fatos, a deterioração e contínua subjetivação da memória;*
• *Rigidez pessoal. A transformação de crenças abstratas e simbólicas em verdades sociais inflexíveis, convicções arraigadas levando à perda de outras oportunidades disponíveis. Incapacidade para perceber a inadequação das crenças pessoais e princípios de gestão à realidade organizacional;*
• *Ambição desmedida de poder, de ascensão social, levando a lutas competitivas improdutivas; a ações antiéticas e imorais. Foco excessivo nos interesses pessoais e desinteresse pelos resultados coletivos, levando a comportamentos que só beneficiam a própria pessoa;*
• *Vaidade excessiva, charme superficial, pretensão de superioridade;*
• *Relações interpessoais perniciosas baseadas em comportamentos interesseiros;*
• *Uso excessivo da hipocrisia, manipulação, falta de escrúpulos, cinismo, mentiras.*

Revendo sua árvore genealógica

Esse capítulo oferece ao leitor uma síntese do processo evolucionário o qual marca até hoje nossos comportamentos.

Criacionismo ou evolucionismo?

Para muitos, é difícil conciliar a visão criacionista, a de que Deus criou o mundo e o homem há seis mil anos, com a evolucionista, a de que a vida na Terra decorreu do acaso, de processos físicos e químicos aleatórios, e culminou em nossos ancestrais remotos há quatro milhões de anos. A dificuldade de aceitação dessa nova perspectiva se explica pela novidade que a evolução representa para a grande maioria das pessoas. Entretanto, a proposta aqui não é excluir uma para aceitar a outra, pois sempre há sabedoria em nossas crenças e necessitamos delas quando parte da realidade nos é obscura, temível. A fé tem sido um importante apoio quando nos deparamos com coisas que a ciência ainda não foi capaz de explicar, mas a história nos mostra que ela tem se adequado quando as evidências científicas mostram uma nova faceta da realidade. É apenas uma questão de tempo. Uma visão arejada da Igreja Católica, por exemplo, pode ser observada nas palavras de Jorge Mario Bergoglio, Papa Francisco I: "Quando lemos no Gênesis sobre a criação, corremos o risco de imaginar que Deus tenha agido como um mago, com uma varinha mágica capaz de criar todas as coisas. Mas não é assim"[1].

Depois de fazer a Terra, o Sol, os oceanos as plantas e os animais, ficou satisfeito. Aí fez o homem e... na dúvida, resolveu fazer a mulher.

"A melhor maneira de viver no mundo real é libertar a si mesmo dos demônios e dos deuses tribais."

Edward O. Wilson

"A religião é vista pelo povo como verdadeira, pelos sábios como falsa, pelos legisladores como útil."

Sêneca, o mais jovem

---

[1] Revista *Veja* (5 nov. 2014, pp. 94-95).

Humanos como uma espécie animal

> *"Nossa história é evolutiva... todos os seres vivos são primos... todo mundo compartilha os mesmos ancestrais."*
> Richard Dawkins

O mundo seguia na sua sagrada ignorância, queimando um herege aqui, enforcando um alquimista ali, quando, por volta de 1850, Charles Darwin e Alfred Russel Wallace contraporiam a interpretação criacionista ao indicar que os humanos seriam uma espécie animal em evolução e não um ser criado por Deus, pelo menos não da maneira narrada na Bíblia. A natural relutância da mente religiosa da época não aceitava qualquer ameaça a uma crença milenar na qual não havia espaço para o humano-animal.

O lado sombrio do evolucionismo

> *"O melhor mapa para nosso corpo está no corpo dos outros animais."*
> Neil Shubin

Para complicar, as descobertas de Darwin e de outros foram deturpadas pela ignorância, arrogância e pelo preconceito da época colonial, o que levou muitos a acharem que povos recém-descobertos e colonizados (escravizados) seriam os reais parentes dos primatas. Para eles, era a ideologia certa. O colonialismo explorava os povos fracos e tinha o racismo como um argumento natural que autorizava que parte dos humanos fosse tratada como animais – "gente sem alma". A aceitação de uma humanidade inferior dava às camadas ditas superiores o direito de subjugá-la. Ao mesmo tempo, ao rejeitar o parentesco com criaturas tidas como brutas e inferiores, ressaltavam as diferenças entre os humanos e eles. A influência primitivo-colonialista induz até hoje certas concepções e não é incomum encontrar gestores que ainda acham que as pessoas que trabalham para ele são inferiores e seus escravos – e assim são tratadas.

Também não se pode esquecer o quanto o evolucionismo fomentara as nefastas convicções nazistas na busca de criar uma raça superior, categorizando as pessoas como aptas ou inaptas à reprodução – praticando a seleção artificial, a eugenia.

Superada essa fase, hoje fica difícil explicar as belezas e as mazelas humanas sem considerar nossa real origem. De certo tempo para cá, a evolução deixou de ser um tema de exclusividade científica e passou a integrar o programa escolar, o noticiário das revistas semanais, além dos programas científicos na

TV. No pacote de novos interesses, estão, entre outras, a neurociência (as pesquisas sobre o cérebro), a biologia social (estudando o comportamento social dos demais animais), a arqueologia (com uma enorme quantidade de descobertas), a astronomia (a evolução do universo a partir do Big Bang). e a física quântica (que tem aberto portas inimagináveis sobre a existência humana). Com todo esse novo conhecimento sobre a vida e sobre o universo, criou-se uma excelente oportunidade para as pessoas reverem sua árvore genealógica.

O acaso criando a vida

Na concepção evolucionista, a vida na terra decorreu do puro acaso, o que leva os cientistas a crer que ela não será encontrada em nenhum outro planeta no universo tal qual existe aqui.

Para Richard Dawkins e outros cientistas, a melhor definição das condições da terra nos seus primórdios é que era uma rala sopa quente de compostos orgânicos, e que, nos primeiros dois bilhões de anos, a vida existiu tão somente na forma de bactérias, uma forma de vida capaz de sobreviver nas circunstâncias mais estranhas possíveis, que gosta de ficar em água quente. Assim, aqueles que dão importância às relações familiares precisam saber que nosso parente comum mais distante foi uma ameba, ou, mais precisamente, uma bactéria.

Sob todos os critérios, as bactérias são e sempre foram a forma de vida dominante no planeta. Segundo Wright, elas superam qualquer outro ser vivo em quantidade e peso. Isto é, se juntássemos todas as bactérias existentes no planeta, elas pesariam mais do que qualquer outra espécie nas mesmas circunstâncias. E mais: caso hoje toda forma de vida, exceto as bactérias, fosse extinta, ainda restaria a maior parte dos seres vivos no planeta.

DNA: molécula replicante

Dawkins diz que a história da vida humana começou com uma bactéria chamada Taq, que deu formato à árvore filogenética à qual a espécie humana pertence.

"A vida começa com um conjunto de instruções escritas na forma de estruturas químicas (as bases), e chega aos organismos complexos."

Rob DeSalle e Ian Tattersall

"Mesmo que não goste da ideia, seu parente mais distante foi uma ameba."

"Temos dentro de nós trilhões de genes de bactérias, 360 vezes mais do que o nosso código humano."

Diane Ackerman

Ela é a fonte da enzima que permite a duplicação do DNA, uma molécula replicante que contém um banco de dados mestre em cada célula, e sua sequência define como o ser é formado e como deve funcionar.

A hipótese de que a vida no planeta advém de um único ancestral, vem do fato de que todas as coisas vivas estão conectadas por meio dos códigos genéticos, as sequências do DNA, de que toda matéria viva é composta por genes que contêm as mesmas moléculas que compõem o DNA (A de adenina, C de citosina, G de guanina, T de timina). É através de uma representação gráfica na forma de árvore que se mostram as relações evolutivas entre várias espécies que possam ter um ancestral comum. É por essa razão que se busca traçar uma única árvore evolutiva para todas as espécies através do DNA que se abre no tempo em um ramo para cada espécie em particular. A busca tem sido facilitada pelo desenvolvimento tecnológico, mas não é fácil porque o DNA vem de muitas fontes distintas e segue seu próprio caminho.

Cada espécie tem uma sequência de letras, códigos genéticos que, quanto mais próximas entre si, maior a semelhança entre as espécies. A semelhança do DNA humano com o dos chimpanzés é de 99%, dos três bilhões de bases ou *bites* de informação. Isso quer dizer que 99% das sequências de quatro letras do DNA (ACGT) são iguais entre humanos e chimpanzés. Nossa semelhança com os demais primatas são também bastante grandes: com os gorilas é de 98,4%, e com os orangotangos, 94,4%.

"O melhor mapa para o reconhecimento do corpo humano reside no corpo dos outros animais."
"Há uma excepcional similaridade entre criaturas tão diferentes como sapos e humanos."
"Somos todos variações do mesmo tema."

Neil Shubin

A busca pelo ancestral humano

Existe uma grande diferença entre as árvores de genes e as árvores de pessoas. Diferentes genes são herdados por rotas distintas, e, numa visão bastante materialista, os humanos são apenas veículos de sobrevivência dos genes. Assim, a busca da nossa ancestralidade deve recair sobre eles.

Aqueles preocupados com a vida eterna já têm um motivo para celebrar, pois nossos genes são cidadãos do tempo geológico, eles são eternos. Pessoas que são parentes próximos compartilham um grande número de árvores de genes na medida em que cada indivíduo recebe genes vindos ou da mãe ou do pai, de um e apenas um dos quatro avós, de um e de apenas um dos oito bisavós, e assim por diante. E, indiferentemente, podem advir de qualquer um dos sexos.

Hoje, graças à tecnologia, é possível rastrear cada pedaço do DNA de maneira separada e paralela à genealogia dos nascimentos. Pode-se, por exemplo, mostrar que uma pessoa seja próxima de parentes mais afastados. Essas descobertas foram feitas através do relógio molecular, uma técnica que avalia a evolução molecular para relacionar o tempo de divergência entre duas espécies provenientes de um mesmo ancestral.

Falando de nossos primos uma vez mais, já se concluiu que para alguns genes específicos uma pessoa pode ser mais aparentada com alguns chimpanzés do que com outro humano. Na verdade, existe uma teoria curiosa que diz que os humanos são apenas chimpanzés juvenis, e que, ao longo da evolução, chegaremos a ser como eles.

Todos vieram de um ancestral comum, e cada espécie foi se diferenciando entre si e se definindo ao longo do tempo.

Eva e Adão africanos

Retroagindo na evolução pela linhagem dos genes de nossos concestrais – o casal que teria dado origem à espécie humana (*Homo sapiens*) –, se concluiu que os simbólicos Adão e a Eva não foram na verdade um casal. Eles foram hominídeos que viveram com diferença de milhares de anos entre si. E há razões suficientes para se imaginar que os genes de Eva sejam anteriores – mais velha – a Adão. Estima-se que Eva tenha vivido há cento e sessenta mil anos e Adão, há sessenta mil. Adão e Eva são, portanto, títulos honoríficos.

De Salle diz que através da análise do DNA mitocondrial de humanos vivos e de fósseis, há indicações de que existiram 18 grupos de Eva, das quais três permaneceram na África e as demais emigraram para a Europa e Américas através do estreito de Bering. E que através do cromossomo Y, foram identificados 10 grupos de Adão, que emigraram de forma semelhante.

Parece pouco ser filhos do acaso. Mas não é não. É um privilégio que precisa ser aproveitado a cada instante.

Replicadores e mutações

A mutação no DNA é a fonte de inovação dentro da espécie ou na criação de novas espécies. E as mutações são aleatórias.

Um replicador é uma molécula que transmite comandos hereditários e é capaz de fazer cópia de si mesmo. Entretanto, nenhum processo de cópia é perfeito e erros aparecerão, gerando mutações indiferentes aos benefícios e problemas que proporcionam ao organismo. Isto é, as mutações que são a base da evolução não são propositalmente feitas para beneficiar o organismo.

No tempo, eventuais erros aleatórios emergem, e alguns, por acaso, podem ser aproveitados para melhorar as condições de sobrevivência e de reprodução do replicador. Assim, por pura sorte, algumas mutações serão para melhor, favorecendo a missão genética de sobrevivência do organismo. Como diz Pinker, os erros para pior fazem o organismo menos eficiente, e isso é medido pela redução da sua capacidade de procriar levando o indivíduo, grupo ou espécie ao desaparecimento.

Nosso impulso predatório vem do hábito de um milhão de anos em experiências sucessivas e cotidianas entre comer e ser comido.

As mutações hereditárias são indiferentes aos benefícios ou problemas que causam ao organismo.

Novas espécies

Uma das condições para a especiação, o surgimento de uma nova espécie, é o seu isolamento. Quando espécies ficam isoladas e ocorre a fecundação entre os mesmos machos e fêmeas, se cria condições para uma menor variação genética. As mutações bem-sucedidas tendem a acumular-se no decorrer das gerações e os descendentes acumulam os erros subsequentes[2]. Entretanto, a troca dos mesmos genes que favorece a permanência das mesmas mutações pode ser benéfica ou não para aquela espécie. Um caso de mutações gerando genes defeituosos transmitidos de geração em geração foi citado na

---

[2] Há uma corrente de pensamento proveniente dos criacionistas científicos que acredita no *design inteligente*, isto é, que as mutações não são ocasionais, mas orientadas por um ser supremo. Segundo eles, o tempo para que tudo chegasse à diversidade e complexidade da vida atual teria de ser muito maior que os quatro milhões de anos para chegarmos a mim e você.

reportagem "A genética do Sertão" da revista *Veja* (em sua edição de 26 nov. 2014). Isso ocorreu em Monte Santo, onde se encontrou uma incidência estatística acima do normal de doenças degenerativas nos mesmos grupos familiares.

A seleção natural

É preciso cuidado, pois às vezes se tem a impressão de que uma entidade chamada "seleção natural" gera a evolução. A seleção natural é o processo através do qual ocorre a evolução das espécies. No caso dos humanos, ela continua ativa, mas seus efeitos estão sendo cada vez mais diluídos. Entretanto, nunca saberemos o que a seleção natural nos reserva.

A adaptação é uma estratégia do cérebro que usa uma mutação disponível para fazer frente a um novo problema ou oportunidade.

Para que a seleção natural ocorra são necessárias algumas condições. Ela demanda:

- A existência de *inúmeras pequenas mutações* graduais e sutis;
- ocorridas através da *transmissão hereditária* de DNA de uma geração para outra;
- as quais podem ser *aproveitadas espontaneamente* pelo organismo na solução de problemas com os quais a espécie se confronta;
- dando-lhe, com isso, uma *vantagem competitiva para sobreviver e procriar (compartilhar tais genes)*;
- e que a mutação bem-sucedida se incorpore a espécie
- e sua ausência reduza a capacidade de sobrevivência.

A conhecida frase que diz que "sobrevivem os que melhor se adaptam" esconde um fator de crucial importância: sobrevivem os que melhor se adaptam aproveitando as mutações espontâneas que já ocorreram, seja na forma ou funcionalidades do seu organismo.

A lógica desse processo é relativamente simples. Parte de uma espécie ganha através de uma mutação certa vantagem que aumenta sua capacidade de se adaptar, isto é, de resistir frente às ameaças a sua sobrevivência apresentadas pelo ambiente. Como sobrevive, é capaz de procriar e passar os genes para outras gerações. A parte que não possui essa vantagem se vê incapaz de superar o problema e sucumbe. Obviamente, interrompe a transmissão de seus genes e esse segmento tende a desaparecer. A evolução ocorre pela transmissão das mutações que oferecem a possibilidade ao organismo de aproveitá-las, quando isso lhe for conveniente. É quando ele se adapta às novas circunstâncias. Na concepção de Darwin, a adaptação do presente é causada pela seleção do passado. E apenas uma pequena parcela das mutações chega a ser adaptativa *per se*, em geral, são por mero acaso. Mutações não levam à adaptação, mas disponibilizam opções. Pouco se sabe hoje sobre nosso potencial genético, de propensões e de características decorrentes das mutações já ocorridas. Muitas delas estão dormentes até que o organismo e a mente eventualmente descubram uma utilização para elas.

Com a sobrevivência, a mutação pode ou não se incorporar ao DNA e continuar sendo repassada hereditariamente. Nada está assegurado. É provável que mutações fantásticas tenham ocorrido e foram desperdiçadas. Mas, quando bem-sucedida no tempo, se consolida como uma característica da espécie, e de cada um de seus indivíduos.

"Você está sempre se deparando com um novo mundo para o qual está mal adaptado."
Robert Trivers

Devido a essas mutações e às separações geográficas entre os grupos, surgiram tantas espécies diferentes (leões e jacarés) ou mesmo diferentes entre si (vários tipos de macacos). Mutações ocorrem a cada nascimento, mas com a mistura e a troca dos genes entre famílias elas deixam de ser acentuadas.

A seleção natural é um processo paciente. Não há saltos na evolução. Nenhuma grande transformação instantânea ocorre. Milhares de crianças nascem todos os dias trazendo em si mutações imperceptíveis até o momento em que forem requeridas pelo ambiente, aí sim, elas poderão se manifestar. Da mesma maneira, certas funcionalidades que decorreram de mutações ocorridas em passado longínquo e que continuaram a ser transmitidas podem no futuro representar a solução para um novo problema, ou ser uma inconveniência para uma nova situação social. Caso alguma mutação genética esteja ocorrendo, não chegaremos a constatar, pois ela é demasiadamente lenta e imprevisível para que saibamos sua direção. As mutações podem ser negativas e mesmo degenerativas. Muitos são os casos de doenças provocadas pela combinação inadequada entre genes. Para muitas doenças, o diagnóstico pode preceder a fecundação e evitar o desastre genético.

Desequilíbrios pontuados

A evolução através da seleção natural exige longo período para que mutações em quantidades suficientes eventualmente ocorram e se consolidem. Ela pode ser mais facilmente notada entre organismos de reprodução mais rápida, tais como insetos que ficam resistentes a pesticidas, bactérias resistentes a medicamentos e surgimento de novos vírus causando novas doenças.

Entretanto, nem tudo é sequencial e demorado. Algumas vezes desequilíbrios pontuados podem alterar substancialmente o processo de seleção natural, abrindo as portas para novos rearranjos e cursos evolutivos.

Dawkins cita um fato evolucionário notável para os mamíferos que se deu graças à desgraça dos dinossauros, que desapareceram por decorrência a uma alteração ambiental. Ali se deu a oportunidade de os mamíferos, até então animais pequenos de hábitos noturnos, ocuparem os espaços evolutivos deixados pelos dinossauros e exibirem sua criatividade evolutiva. Outro fato marcante, agora citado por Steve Pinker, que afetou os ancestrais humanos, ocorreu por volta de 65 mil anos atrás, quando nossos ancestrais foram drasticamente reduzidos em quantidade, possivelmente em razão de um resfriamento global causado por um vulcão em Sumatra que teria criado uma camada de fumaça tão grande que teria barrado parcialmente a luz do Sol.

Afeitos a ambiente de risco, tendemos a criar uma selva social que replica as condições de conflitos ancestrais.

A corrida armamentista genética

Uma das maneiras de encarar o processo evolutivo é o de preparar o organismo, a espécie, para se confrontar com seus desafios, e essa é uma marca que está presente em nós até os dias de hoje. Entre os impulsos naturais primitivos ain-

> *Muitas espécies, incapazes de sobreviver ao predador* Homo sapiens, *desapareceram.*

da estão presentes a luta, o combate, a predação, partes da essência humana as quais por um lado compõe nosso lado sombrio, por outro nos impulsiona a crescer e desenvolver nossas competências. Um dos grandes desafios das sociedades evoluídas é o de estabelecer uma harmonia produtiva, mas, para tal, é preciso sublimar certos impulsos que nos levam a ser naturalmente combativos, predadores, defensivos. Como os demais animais, vivemos em luta permanente não só contra as outras espécies, mas também dentro da nossa.

É verdade que já não vivemos nas savanas. Entretanto, afeitos ao ambiente de risco, tendemos a criar um mundo (uma selva) social que replica as condições de conflito. Já não temos de abater o predador que quer nos comer, mas lutamos por símbolos e crenças abstratas que acreditamos serem essenciais para salvar nosso eu. Assim, como nossos antepassados, passamos o dia a correr. Às vezes como predadores, outras como presas. Às vezes derrubando nossos competidores, outras tendo nossas possessões sociais atacadas.

Armas genéticas

> *Ganhamos uma caixa de ferramentas quando nascemos e precisamos aprender a usá-la.*

Foi essa permanente luta primitiva pela sobrevivência que pressionou o aproveitamento de mutações favorecedoras do desenvolvimento das armas genéticas (que podem ir das características morfológicas, a força física, à astúcia, ou à inteligência) transmitidas de geração para geração. Sobreviviam os que melhor utilizavam suas armas genéticas. E foi assim que cada espécie chegou ao desenho e funcionalidades que possui hoje. E, para as que sobreviveram, a evolução continua.

Cada espécie se aproveita das mutações para aprimorar suas armas. Habilidades, sensibilidade, força, recursos químicos e elétricos foram desenvolvidos em diferentes espécies numa variedade difícil de ser imaginada. A visão, por exemplo, foi inventada mais de uma vez em diferentes espécies porque é um recurso que ajudava no ataque ou na fuga, ou mesmo para identificar as frutas boas para comer.

Vivemos uns à custa dos outros

Outro impulso instintivo que nos afeta e que nem sempre somos capazes de conter é o ímpeto animal destrutivo que leva as espécies a evoluir à custa umas das outras. Como diz Pinker, com exceção das frutas e plantas, todo alimento é parte do corpo de outro organismo, que obviamente prefere reservar aquela parte do corpo para si mesma. Assim, num ciclo interminável, cada espécie desenvolve defesas para não ser comidas, e as comedoras criam armas para vencer tais defesas. O equilíbrio ecológico entre comedores e comidos desenvolve-se ao longo do tempo evolutivo. Não é por outra razão que certos animais criam e cuidam de colônias daqueles outros animais que lhes servem de alimento.

Pressão seletiva aumenta a inteligência

A competição entre os membros da mesma espécie gera uma pressão seletiva, uma pressão para que o organismo aproveite todas as suas armas genéticas disponíveis para se defender ou melhorar seu ataque. No contexto organizacional, estaríamos falando das competências.

Tanto Wright quanto Dawkins comentam que, em certas espécies, como ocorreu com a nossa, essa competição leva ao aumento da inteligência à medida que também aumenta a complexidade da vida social. A busca pelo crescimento em uma carreira, ou pelo destaque no mundo social, nos coloca em situação de pressão seletiva e nos obriga a usar todas as armas genéticas de que dispomos, tanto as boas como as más. O autodesenvolvimento, do ponto de vista social, é o processo que envolve basicamente conter as armas más e incentivar as boas.

A pressão seletiva se manifesta quando um indivíduo de uma espécie está ameaçado e precisa encontrar uma arma genética dentro de si para que não seja extinto. As espécies buscam encontrar soluções a partir de suas vantagens seletivas.

Somos seres antagônicos nos quais a competição e cooperação, egoísmo e altruísmo alavancam nossa inteligência.

Camuflagem social

Uma boa explicação sobre vantagem seletiva foi a apresentada em um documentário televisivo no qual um rato de pelagem clara que habita em rochas claras tinha a vantagem seletiva de camuflagem frente aos predadores. Quando um rato nasce com uma mutação de pelagem escura, ele é logo percebido na rocha clara e é comido pelo predador mais facilmente por isso. Naquela circunstância, a mutação não foi positiva e o animal, uma vez morto, obviamente não procria, descontinuando a mutação. Entretanto, em uma região contígua coberta por cinzas vulcânicas, a vantagem passa a ser exatamente a inversa. O rato de pelagem clara é mais facilmente capturado, e a vantagem seletiva fica com a mutação para a pelagem escura, que procria levando consigo a nova marca genética. Esse é um bom exemplo das mudanças de camuflagem para poder sobreviver a certos ambientes sociais.

É um pouco difícil de imaginar, mas Pinker sugere que um camundongo hipotético sujeito a uma pressão seletiva para aumentar de tamanho demandaria algo como doze mil gerações para atingir as dimensões de um elefante. As perguntas que não querem calar são: qual a pressão seletiva e quantas gerações serão ainda necessárias para que a espécie humana consiga fazer vingar suas melhores características sociais?

Uma síntese da evolução humana

A evolução humana é um processo amoral, objetivo e sistemático no qual não há espaço para rompantes românticos, místicos ou filosóficos. Fruto do acaso, é improvável que uma experiência como a nossa venha a se repetir, e isso nos faz habitantes solitários num imenso universo. Somos uma obra das circunstâncias, do rolar cósmico de dados, como diz Stephen Hawking. A seguir (e na lateral) são citadas algumas datações estimadas sobre a evolução da espécie humana e que podem variar entre diferentes fontes.

• Para os cientistas, tudo havia começado com o Big Bang, há 14 bilhões de anos, *13,7 bilhões* para ser mais

---

Cronologia reversa em anos:

13,7 bilhões:
Acontece o Big Bang.

6 bilhões:
Surge o Sol.

4 bilhões:
Terra

3,5 bilhões:
Início da vida a qual existiu por bilhões de anos apenas na água.

1 bilhão:
Surgem os seres invertebrados. Vertebrados.

500 milhões:
Surgem os animais.

365 milhões:
Invasão da terra por animais marinhos.

preciso. Um momento pré-histórico de grande importância ainda não incorporado ao nosso calendário de feriados nacionais, provavelmente pela falta de precisão do dia e do mês em que ocorreu.
• Muito tempo depois, há *6 bilhões de anos,* formou-se o Sol, e, há *4 bilhões*, a Terra, um planeta privilegiado com água líquida trazida do espaço.
• Há *3,5 bilhões de anos*, frente a condições atmosféricas adequadas, abriu-se caminho para o surgimento de formas de vida muito básicas, a *unicelular*, como as células bacterianas, as amebas (lembrem-se, nossos parentes mais remotos). E a partir daí se deu o surgimento dos inúmeros tipos de vida. De Salle indica as seguintes etapas da linhagem humana:
• Numa jornada de *1 bilhão de anos* partiu de animais invertebrados (placozoa), passando para animais vertebrados (Deuterostomia). De acordo com os registros fósseis, organismos com núcleo celular envolvidos por uma membrana (Eucariota) levou à diversidade da vida animal, em um processo de aceleração criativa que saiu das bolhas amorfas e chegou aos seres humanos.
• Há *500 milhões de anos*, surgem os primeiros animais (Animalia) distinguindo-se das plantas e fungos. Num certo momento ocorreu algo diferente e os animais cresceram e desenvolveram formas com simetria bilateral.
• Há *200 milhões*, o próximo passo foi o surgimento dos mamíferos em três grupos sendo o nosso os mamíferos placentários *(Eutherian).* Surgem na forma de animais toscos do tamanho de roedores que atingiram um grande número, já dotados de inteligência e complexidade social.
• De Salle indica que nosso primeiro ancestral tenha surgido há *100 milhões de anos*. Mas foi somente há *65 milhões de anos* que se iniciou a Era dos Mamíferos, os quais, segundo Dawkins, haviam tido sua exuberância tolhida pela força reptiliana. Desaparecida a pressão, expandiram-se, preenchendo os espaços ecológicos deixados pelos dinossauros.

*200 milhões:
Surgem os primeiros mamíferos.
Ocorre a separação de Pangeia criando os continentes americanos e africano.*

*100 milhões:
Aparecem os primeiros ancestrais.*

65 milhões: final da força reptiliana. Início da era dos mamíferos.

85 a 15 milhões: primeiros primatas (250 espécies em quatro grupos).

40 milhões de anos: Surgem os antropoides. Macacos do novo mundo.

25 milhões: Surgem os macacos do velho mundo.

18 milhões: Surgem os Gibões.

14 milhões: Surgem os orangotangos.

7 milhões: Ocorre a separação dos Gorilas. Hominoides. Família dos primatas, que inclui os macacos e os Hominídeos (humanos e seus extintos parentes).

7 a 5 milhões. Separação entre Chimpanzés e Humanos.

4 milhões: Australopitecos. Lucy.

2,5 milhões: (Início do Paleolítico) Homo habilis. Considerável grau de previsibilidade para uso das primeiras ferramentas feitas de pedra.

790 mil: Domínio do fogo.

Novas espécies foram surgindo e acredita-se que os primeiros primatas tenham surgido entre *85 e 65 milhões de anos atrás* com 250 espécies formados em 4 grupos. A nossa é composta pelos társios, macacos e humanos *(haplorrini)*. Como se verificaria, os primatas se sobressairiam pelo seu ecletismo, demonstrando inteligência e capacidade de viver dentro de intrincadas relações sociais, com variantes de amizade e hostilidade. E qualquer semelhança com os humanos de hoje não é mera coincidência.

Advindas todas de uma mesma origem, cada espécie primata foi tomando forma própria. O ancestral vivo citado como o mais antigo por Dawkins na linha filogenética dos humanos é o társio, pequeno animal que existe ainda hoje e conta com uma história genética de pelo menos 45 milhões de anos. Dei uma olhada nesse parente distante pela internet e ele se parece com um sujeito com quem trabalhei, mas prefiro não citar nomes.

Pode ser que o leitor nunca tenha levado a sério a hipótese de se considerar parente dos macacos. Mas não está sozinho nesse autoengano, pois nossos ancestrais também nunca pararam para "pensar" que um dia iam ser humanos. A tese científica que prevalece hoje (e, como já sabemos, em vinte minutos tudo pode mudar) é a de que os primatas vêm de um único gene ancestral, mas não se deve supor que nossos ancestrais fossem os macacos ou demais primatas. Todos vieram de um ancestral comum e cada espécie foi se diferenciando entre si, e se definindo ao longo do tempo. Assim, frente à discutível evolução social dos humanos, é perigoso falar que viemos dos macacos e eles entrarem com uma espécie de "ação de danos morais" contra nós.

• Entre *40 e 30 milhões de anos atrás*, surgem como uma espécie definida, os macacos do *Novo Mundo*, os quais teriam evoluído pela separação do continente americano do grande continente *Pangeia há 200 milhões de anos. Há 25 milhões de anos,* os macacos do *Velho Mundo. Há 18 milhões,* os gibões. Há *14 milhões,* os orangotangos e há *7 milhões* os gorilas.

• Colocando-nos em perspectiva, foi somente há algo como *40 milhões de anos* que os Antropoides ("aquele que se parece com um humano", ou, "primatas sem rabo") começaram a se definir. E há *7 milhões de anos*, surgem os Hominoides, que abrangem os humanos e os macacos.

E entre *7 e 3 milhões de anos* atrás, os hominídeos, aquele que temos como o ancestral da linhagem *Homo*, e que deu origem à nossa árvore filogenética. Os hominídeos devem ter existido em dezenas ou centenas de variantes dispersas por uma grande rede de subpopulações que interagiram ocasionalmente.

A estimativa de imagem mais remota que temos do ancestral humano é a de um Australopiteco projetada a partir de várias fontes arqueológicas, mas principalmente dos fósseis de Lucy, com seus 3,2 milhões de anos.

Seja qual tenha sido a razão, a mudança de grande magnitude no design humano apresentado por Lucy foi a capacidade para andar sobre duas patas, dois pés: o bipedalismo. Isso é notório nesse ancestral e teria marcado a separação entre o homem e o macaco.

São várias as hipóteses pelas quais o Australopiteco se colocou de pé, e um dos efeitos mais importantes dessa mudança foi a de favorecer o aumento do cérebro e de suas funcionalidades. Alguns especialistas sustentam que ele o fez pela facilidade locomotora, pela capacidade para ver acima da mata baixa, pela redução da exposição do corpo ao Sol para evitar perder calor mais depressa e ser um melhor predador. Mas há ainda algumas outras hipóteses, mais curiosas, não necessariamente menos prováveis. Alguns cientistas acham que o animal macho ficou de pé para melhor exibir o pênis e as fêmeas para esconder (proteger) sua genitália. Outra hipótese diz que o bipedalismo favorecia o uso das mãos para levar comida para as fêmeas de modo que elas pudessem se concentrar no desmame das crias, e mais rapidamente voltar a ser sexualmente receptivas.

500 mil:
Homo (sapiens) heidelbergensis *estabelecido na Europa.*

350 mil:
Homo neanderthal *(outra espécie de hominídeo).*

200 mil:
Homo sapiens.

160 a 70 mil:
Limiar do nosso desenho anatômico. Mudanças comportamentais significativas.

40 mil:
Chegada dos novos Homo sapiens *na Europa. Início da evolução cultural acelerando as características cognitivas do homem.*

30 mil:
desaparecimento do Homo neanderthalensis.

*10 mil:
(Final do Paleolítico)
Momento em que o
coletor-caçador dá
lugar ao lavrador-
domesticador
de animais.
Construção dos
primeiros abrigos*

*"1,3% das diferenças
genômicas (30 milhões
de nucleotídeos) entre
humanos e chimpanzés
decorrem da especiação
ao longo de 7 milhões
de anos."*

Rob DeSalle e Ian Tattersall

- Há *2 milhões de anos*, surgiu o primeiro personagem definido como *Homo* em contraposição ao Australopiteco. E a sua primeira designação foi a de *Homo habilis*. A partir dele se conseguiu uma melhor definição da ascendência humana. Ele tinha a singular característica de um cérebro que começava se expandir, já sendo muito maior em relação aos demais primatas quando se compara a massa do cérebro com a massa corporal.
- Mais à frente, *1,8 milhões de anos* atrás, começou a se delinear o *Homo erectus*, que coexistiu com outros hominídeos até *250 mil anos* atrás. Pinker indica que é de *800 mil anos*, os vestígios do mais antigo hominídeo europeu, provavelmente os ancestrais que dominaram o fogo há *790 mil anos* permitindo que passassem a consumir carne em mais larga escala pela facilidade de dentição e digestão.
- Uma menção especial merece ser feita ao *Homo neanderthalensis* que tinha enorme semelhança com o *Homo sapiens* (Cro-Magnon) e que já estava na Europa quando esses lá chegaram. O *Homo neanderthalensis* surgiu há *200 mil anos* e desapareceram sem deixar sucessores há 30 mil anos. Não se sabe dos motivos de seu desaparecimento, mas uma das hipóteses é a de que tenha sido eliminado pelos Cro-Magnon dotados com funcionalidades cognitivas ausentes nos oponentes. Como comenta La Salle, o *Homo sapiens*, num curto período de tempo, se transformou num competidor perigoso. Em 400 gerações (cerca de 10 mil anos), substituiu a linhagem Neandertal.
- Foi há apenas *160 mil anos*, nessa jornada de *4 milhões de anos*, na altura da penúltima glaciação, que houve uma população no limiar do design anatômico que temos hoje. São dessa época os primeiros vestígios do *Homo sapiens*, um bípede com cérebro já capaz de dar respostas diferentes aos riscos do ambiente. Estima-se que nossos ancestrais genéticos de *50 mil anos* já teriam exatamente nosso mesmo design em termos de funcionalidades e anatomia. Foram eles que viveram dois momentos marcantes descritos por Dawkins, o Grande Salto Para

Frente e a Revolução Agrícola, que nos fizeram chegar onde estamos. Esses dois grandes avanços, já não mais do hardware, mas do software, resultaram no florescimento da mente humana. É quando se acentua a coevolução, comentada anteriormente.

O Grande Salto Para Frente

Algo muito especial começou a acontecer há quarenta mil anos, quando o *Homo sapiens* já ocupava grande parte do Velho Mundo. Pode parecer distante, mas esse foi o marco a partir do qual a sociedade atual se formou. Nesse período, características culturais se aceleraram, ganhando vulto. Imagine que no milhão de anos que precederam essa fase não se haviam deixado evidências culturais e que a partir de então surgem, nas descobertas arqueológicas, pinturas, estatuetas, esculturas. A partir do Grande Salto Para Frente, a dinâmica social se modifica, se aprimora, se acelera. Pode mesmo ter coincidido com o início da linguagem. Em *A Evolução de Deus,* Wright comenta que já nesta época havia um cérebro suficientemente grande para gerar inovações em velocidade maior do que na era glacial. Foi com a criação de pequenas sociedades de caça e coleta que surgiram as ações cooperativas, bases da reciprocidade que ia além dos limites familiares. Mas ainda eram grupos íntimos, de trinta a cinquenta pessoas. Com essa estrutura social, nosso personagem passou a ficar mais tempo em um mesmo lugar. Edificou moradias e criou ferramentas para preparar alimentos. Esse movimento cultural se iniciou nesse tempo e nunca mais parou. Uma época muito favorável ao florescimento da consciência. Quem sabe o momento em que o homem foi criado por Deus, como querem os crentes, ou vice-versa, como querem os materialistas.

Uma grande mudança na inteligência (mente) social se deu com a prática da caça e a criação dos acampamentos. Os quais levaram a relacionamentos de cooperação – altruísmo e da competição – egoísmo.

A revolução agrícola

Era o início da nova Idade da Pedra, o Período Neolítico, quando aumenta o aquecimento do clima da Terra e o estreito de Bering é inundado pelo mar de Bering, separando o Velho e o Novo Mundo. A Revolução Agrícola começou no final da última glaciação há cerca de dez mil anos, no assim chamado Crescente Fértil e marca a gradual transição da vida de caçadores-coletores para um estilo agrícola, sedentário, abrindo as portas para o que viria a se constituir no grupo familiar, nas aldeias, nas vilas, nas cidades, nas nações, nos grandes empreendimentos e nas empresas. Essa convivência permitiu a especialização, o pastoreio de rebanhos. Já com uma inteligência superior, o homem foi capaz de produzir, por meio da seleção artificial, a criação de animais domésticos cruzando animais selvagens mais mansos entre si. Foi assim que, segundo Dawkins, do lobo europeu surgiram as primeiras raças de cães. Provavelmente o mesmo artifício foi usado intuitivamente para criar a docilidade humana, uma mudança genética de interesse social arquitetada para a manutenção do tipo de vida, da cultura, de interesses humanos.

A partir daí é história, ou seja, começa a história como a conhecemos.

Quem mais poderia ter sido?

Arrogantes e antropocêntricos, achamos que somos o centro do universo.

Wright acredita que, não fossem os humanos, outra espécie teria ascendido a níveis superiores de inteligência e complexidade social. Caso o gênero *Homo* tivesse sido eliminado, ele apostaria suas fichas nos chimpanzés, os quais se suspeita já estão sentindo certo impulso coevolutivo (evolução genética e social) ou estão chegando perto de sentir.

Estima-se que a Terra tenha ainda alguns bilhões de anos antes que o Sol saia do ar. Assim, há bastante tempo para que nossos primos ou outra espécie evolua culturalmente, como ocorreu com a nossa. Até lá, somos a espécie bem-sucedida, a qual, por sorte e garra, superou os obstáculos da sobrevivência enquanto muitas outras pereceram.

Filhos de um planeta

Criamos mitos e seres metafísicos para aliviar a tristeza de lidar com essa solidão nesse imenso universo.

Diferentemente de outros animais que têm um natural respeito pela natureza, nossos modelos mentais são precários para aceitar facilmente que toda vida do planeta descenda de uma única forma de vida criativa, capaz do surgimento espontâneo e de se replicar, de se diferenciar, gerando novas formas de vida capazes de se adaptar e de se ajustar frente às adversidades.

Fritjof Capra diz que toda a vida gerada é propriedade do planeta e não dos organismos que foram criados. Para Robert Wright, tudo que existe hoje pode ser visto como vestígio da história orgânica deste nosso planeta. Mas é de Miguel Nicolelis, neurocientista brasileiro, que vem a ideia mais bonita: ele diz que parte da beleza da nossa existência reside no fato de que vestígios de um planeta Terra que já não existe mais continuam enterrados em nossos circuitos cerebrais influenciando a maneira como nossa mente opera, moldando as estratégias neurofisiológicas e comportamentais utilizadas ainda hoje para sobreviver e reproduzir.

Como o leitor pode ver, a retrospectiva da origem humana não teve as belas e tristes lendas e metáforas do livro do Gênesis, e isso provavelmente pode não encantar as mentes afeitas a histórias e imagens comoventes, mas pode ter dado ao leitor outra perspectiva para melhor compreensão do animal humano, nós mesmos. Antes de terminar quero deixar uma visão pessoal respeitosa e merecida sobre a visão criacionista da criação humana.

"Estamos na fronteira para abandonar a seleção natural, casuística e imprevisível, para adotar um processo baseado na vontade e interesses humanos redesenhando nossa biologia."

"Nossos genes e seus traços prescritivos poderão ser aqueles que viermos escolher."

Edward O. Wilson

Uma visão sincrética da criação humana

Tentando contemporizar as diferentes versões sobre a origem dos humanos, logo vi que a referência a datas não iria ajudar muito. Os criacionistas acreditam que Deus criou o mundo e o homem há uns seis mil anos. Em 1650, o bispo irlandês James Ussher chegou mesmo a calcular a data em que o mundo foi criado com base nas gerações que sucederam a Adão e Eva. A data por ele encontrada foi 23 de outubro de 2004 a.C., domingo. O bispo foi muito admirado na sua época pela precisão dos cálculos, em particular pela indicação da hora em que se deu o fato: 9 horas da manhã. Na perspectiva dos evolucionistas, por sua vez, a evolução biológica foi

Pode não ter sido glamorosa, mas a jornada do coletor--caçador foi heroica.

É de se questionar: teria o homem sido criado no momento em que começou a pensar?

incrivelmente lenta. Para mim, a partir das minhas pesquisas, consolidou-se a convicção de que o momento em que os humanos foram criados por Deus foi aquele em que o primeiro hominídeo deixou de ser conduzido apenas pelos impulsos do corpo e passou a tomar suas próprias decisões. Simbolicamente, é o momento em que Adão e Eva comem o fruto do conhecimento e passam a ter discernimento sobre a vida e sobre si mesmos. Passam a ter a capacidade de pensar e julgar. Deixam de ser apenas máquinas com uma só resposta, ou animais que apenas atacam ou fogem. Já como humanos, sentem as dores e emoções da vida e as associam aos símbolos sociais, à razão, e consequentemente à falta dela. É muito provável que tenha sido aí que Deus criou o homem, ou, como querem alguns, o homem criou Deus, o qual, segundo Nietzsche, desaparecerá quando o último humano deixar de existir. Pensei ainda que Deus, paciente como é, ainda não completou sua tarefa e muitos dos humanos que andam por aí são apenas cópias piratas. Ainda em elaboração, minha interpretação da criação está por definir onde colocar a serpente, o paraíso e seus guardiões.

Incompetente sim, mas quem não é?

Você passa a vida construindo suas competências e pode ser derrubado por apenas uma incompetência.

Há alguns anos, assisti a uma palestra motivacional que me ajudou a perceber que o enfoque essencialmente positivo na construção das competências não era suficiente para atender às necessidades de desenvolvimento de uma pessoa. Entre os investimentos pessoais necessários, existe ainda um fator importante: o controle das incompetências, isto é, os comportamentos indesejados. Fazendo uma retrospectiva, não foi difícil lembrar como todos, inclusive eu, trabalham incansavelmente para desenvolver competências, e muitas vezes se colocam em risco ou são derrubados por apenas uma boa e consistente incompetência. Com base nesse *insight*, imaginei uma definição orientadora sobre o "ser incompetente": Somos incompetentes quando:

- *Controlados por impulsos automáticos* decorrentes de desejos fúteis e crenças irracionais;
- *Agimos contra nós mesmos*, pensando, fazendo, deixando de fazer; coisas que nos levam a;
- *Consequências danosas* em termos de *perdas sociais* e nos fazem sentir dor e desconforto em nosso corpo e estado mental.

Assim, incompetentes são os que perdem o controle mental, fazendo-se vítimas de si mesmos, vivendo momentos ou períodos infelizes, em depressão, culpados, raivosos e, com isso, reduzem seu interesse pela vida e danificam seu mais precioso patrimônio, o corpo. Note que, a partir dessa definição, fazer algo contra alguém não é em si uma incompetência. Sentir-se mal pelo que fez é. Por exemplo, é comum no mundo de hoje pessoas seguidoras de diferentes religiões não se sentirem desconfortáveis pelo mal que possam desejar ou fazer umas às outras. Por outro lado, são capazes de sofrer e de se autoflagelar ao desrespeitar uma crença, expectativa ou regra ortodoxa que comanda sua mente. O descumprimento faz seu corpo sofrer e doer. E o mesmo nos acontece quando não cumprimos uma crença arraigada que domina nossa mente.

Ou conhece ou aprenderás na queda

"É por causa de gente como você que a reputação dos incompetentes é tão má."

Anônimo

A vida profissional é como uma gangorra na qual se faz um grande esforço para subir, desenvolvendo competências. Mas basta aflorar apenas um (ou poucos) impulso demasiado inconveniente para derrubar tudo o que de bom foi construído. Um cérebro operando fora do consciente funciona como uma força interior que controla e determina percepções, pensamentos e sentimentos, os quais deságuam em comportamentos indesejados, aqueles que fazem mal à própria pessoa, e que ela repete automaticamente.

A proteção exagerada do eu ideal não deixa a pessoa perceber o mal que causa a si mesmo e aos demais.

A história pessoal e profissional não é um campo de forças em que competências e incompetências atuam se neutralizando. Na verdade, é uma sucessão de picos de acertos e vales de erros, independentes entre si, em geral repetitivos, que marcam a trajetória de cada um. Assim, o autodesenvolvimento demanda igualmente desenvolver competências e resistir às incompetências. E rezar para que não ocorra o contrário.

Desenvolver competências significa aprimorar conhecimentos, habilidades, motivações, atitudes e comportamentos, gerando resultados superiores em termos de quantidade, precisão, qualidade e velocidade. Não é uma tarefa simples, pois demanda não só saber o que se precisa desenvolver, como estar motivado (disciplinado e focado) a fazer mudanças. Uma coisa é certa: só há desenvolvimento das competências quando elas são aplicadas com sucesso no dia a dia gerencial e alcançam ou superam os resultados esperados.

Animais internos

Agora, resistir às incompetências, aos comportamentos indesejados, pode ser mais complicado. Nesse caso, o esforço implica mudar, conter, resistir a algo que já está consolidado dentro de si. Um potencial negativo que já faz parte da maneira de ser da pessoa. E mudar um comportamento não é algo que necessariamente agrade a mente. Demanda identificar os animais internos formados pelas nossas piores crenças e por desejos que pouco contribuem para nosso real bem-estar e que acionam comportamentos automáticos indesejados, os quais agem furtivamente fora do nosso controle consciente. Esses animais estão sempre prontos para tomar o controle dos nossos pensamentos, sentimentos, e é uma importante evidência da nossa incapacidade para controlarmos a nós mesmos e decidirmos sobre o que é o melhor.

Nossos piores animais internos são formados por crenças e desejos que nada agregam às nossas vidas.

Os animais internos formam o potencial negativo, isto é, uma natural predisposição de cada um para boicotar, sabotar, derrubar a si mesmo. Muita gente incapaz de resistir a esses impulsos, acabou fazendo bobagens suficientes para destruir ou colocar em risco seu sucesso profissional, sua vida familiar ou sua saúde. Agimos de forma primitiva quando somos incapazes de controlar a nós mesmos para decidir pelos nossos reais interesses.

> O caso do ex-presidente norte-americano Bill Clinton é emblemático, sempre um bom exemplo para nos lembrar de como os impulsos sexuais podem ser decisivos para colocar as pessoas em grandes enrascadas. Mas o leitor sabe que esse não é o único exemplo disponível. Na vida de muitas pessoas, o fenômeno da gangorra das incompetências ocorre e se repete. A pessoa constrói uma imagem de sucesso e, com apenas um comportamento impulsivo, repetitivo, incontrolável, impensado, coloca em risco tudo que construiu de bom.

É importante notar que as incompetências não são sina nem castigo, mas respostas inconvenientes passíveis de controle, mesmo que atreladas ao nosso desenho genético, à maneira como funcionamos. Avaliando honestamente a própria história, não é difícil relembrar os momentos de risco, ou de queda, decorrentes de alguma bobagem feita, da qual nos arrependemos tardiamente.

Quando aquele gestor ficava tomado por impulsos incontroláveis, produzia comportamentos que colocavam em risco sua qualidade de vida e seu sucesso profissional. Parecia até magia negra, possessão de entidades malignas. Em algum momento do dia, perdia o bom senso, a consciência, e repetia de forma previsível as mesmas bobagens de sempre. Agia como se estivesse num estado de transe, envolto em fantasias, medos, ódios, angústias, cobranças, frustrações, dependência, carências afetivas, paixões.

A história pessoal e profissional não é um campo de forças em que competências e incompetências atuem se neutralizando.

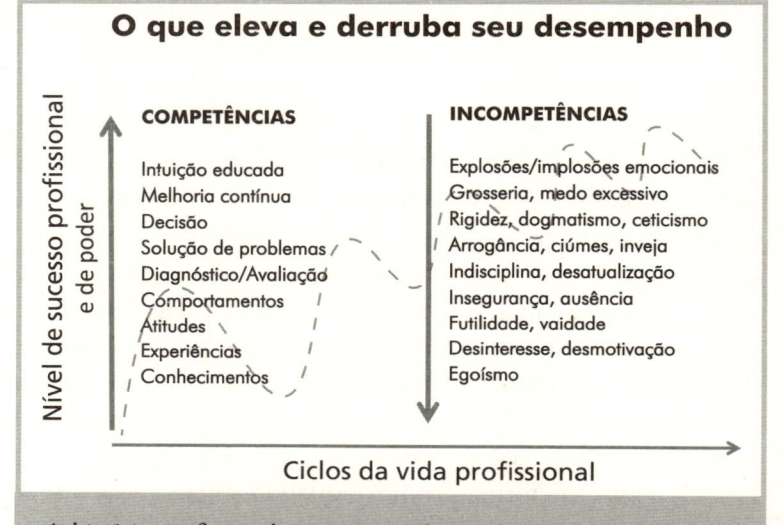

O que eleva e derruba seu desempenho

Nível de sucesso profissional e de poder →

COMPETÊNCIAS
- Intuição educada
- Melhoria contínua
- Decisão
- Solução de problemas
- Diagnóstico/Avaliação
- Comportamentos
- Atitudes
- Experiências
- Conhecimentos

INCOMPETÊNCIAS
- Explosões/implosões emocionais
- Grosseria, medo excessivo
- Rigidez, dogmatismo, ceticismo
- Arrogância, ciúmes, inveja
- Indisciplina, desatualização
- Insegurança, ausência
- Futilidade, vaidade
- Desinteresse, desmotivação
- Egoísmo

Ciclos da vida profissional →

A história profissional é composta de um lado pela construção e aprimoramento das competências, e por outro pelos tropeços causados pelos animais internos. O quadro mostra que insistimos em comportamentos que podem nos derrubar. Sugere também que, com sorte, mesmo com as quedas, o crescimento continua. Entretanto, para alguns, uma certa queda pode ser irrecuperável.

Há uma teoria que diz que toda força pessoal usada em excesso se transforma numa fraqueza. Imaginem um importante e competente executivo que ascendeu a importanetes cargos em diferentes empresas, mas que sua ambição de poder desmedida e excesso de autoconfiança acabaram o derrubando. Obrigado pelas circunstâncias a aceitar cargos menores ao de presidente, ele insistiria em querer mandar no dono da empresa. Não daria certo.

- *O que tem feito para melhorar suas competências? Conhece suas lacunas? Tem a disciplina e foco necessários para desenvolvê-las?*
- *Em quais situações esteve no lado negativo da gangorra e colocou em risco sua imagem, suas amizades, suas parcerias, sua carreira ou sua vida pessoal?*
  ➢ *Quais foram as situações mais graves? Elas se repetiram?*
  ➢ *Quais ônus trouxeram ou poderiam ter trazido?*

Respostas de ataque ou fuga

As repostas animais típicas frente a uma ameaça são de ataque ou de fuga. Cada pessoa tem seu modo peculiar de agir quando sucumbe aos seus piores comportamentos. Alguns atacam: tornam-se explosivos, arrogantes, excessivamente competitivos. Outros fogem: tornam-se silenciosos, indecisos, ausentes, submissos, insensíveis. A reação automática depende parte das tendências genéticas da pessoa e parte da maneira como o cérebro foi programado desde seus primeiros anos de vida. Muitos gestores vivem, mesmo sem perceber, num estado mental permanente de ameaças e suas reações são polarizadas quer para o ataque, quer para a fuga, fazendo disso uma marca pessoal. Frequentemente, o resultado é o mesmo: problemas e infelicidades.

Se for resistir às suas incompetências, prepare-se para perder!

> Ao pressentir que um subordinado pudesse estar desafiando uma ordem sua, ele atacava de forma indelicada, gritando como um louco. Fazia demissões sumárias para deixar claro quem mandava ali. Entretanto, quando se sentava com seu chefe, engolia tudo que este lhe dizia, falava mansinho como um gatinho. Seu cérebro sabia muito bem quando o ataque ou a fuga atendia melhor a seus interesses.
> No caso de outro executivo, seu autocontrole sucumbia quando na presença de seu chefe. Nesses momentos, ele virava um animal acuado, incapaz de sair bem da situação criada. Sentia-se culpado mesmo quando não era o responsável pelo problema trazido.

Temos um impulso para captar ameaças. E quando elas ocorrem nos ambientes de trabalho alimentam nossas piores respostas.

CHECKLIST: QUAIS COMPORTAMENTOS DE FUGA OU ATAQUE OBSERVA EM SI MESMO?

- ☐ *Tem vontade de matar quem lhe ofende ou faz algo que contraria seus interesses;*
- ☐ *Defende ferozmente seu espaço, suas ideias, suas coisas, sua família;*
- ☐ *Frente a certas ameaças, foge estrategicamente para postergar o contra-ataque;*
- ☐ *Cala-se e não se envolve para evitar confrontos;*
- ☐ *Sutilmente boicota as ideias alheias;*
- ☐ *Faz comentários maldosos sobre as outras pessoas;*
- ☐ *Amedrontado, se submete a coisas que lhe causam dor;*
- ☐ *Obedece para ser aceito;*
- ☐ *Não se confronta com um superior;*
- ☐ *Nunca se posiciona;*
- ☐ *Mantém agenda secreta (interesses que não compartilha com outras pessoas);*
- ☐ *Dissimula e usa hipocrisia;*
- ☐ *Desliga-se mentalmente nas reuniões;*
- ☐ *Desiste quando encontra obstáculos.*

Treinados para não ver

Durante oito temporadas, entre os anos de 2005 e 2013, milhões de telespectadores em todo o mundo seguiram o *dark passanger*, o passageiro sombrio, da personalidade de Dexter, um *serial killer* que canalizou seu lado mal para matar bandidos. Um sujeito aparentemente pacato e bonachão se transforma numa arma mortal com a missão de eliminar impiedosamente aqueles que conseguiam pelas vias legais escapar da justiça. A mistura de assassino e justiceiro acalentou a alma animal de seus seguidores que torciam por seu sucesso e sofriam quando o personagem estava prestes a ser descoberto. Dexter mistura dois ingredientes que cativam o lado primitivo do público: o de ser assaltado por impulsos incontroláveis rechaçados pela sociedade, e o de ser um justiceiro pelas próprias mãos frente à burocracia legal criada por uma sociedade injusta. Para ele, é como uma pessoa viva dentro de si lhe dizendo o que fazer – no caso, matar outros assassinos, não lhe deixando escolha. Quando surge, e surge sempre, sua compulsão domina sua mente, deixando-o num forte estado de desconforto, como se algo lhe estivesse faltando, e o deixa fora de si enquanto não se satisfaz. Meio bandido, meio herói, Dexter é um pouco de cada um de nós. Sua vantagem é que ele conhece seu passageiro sombrio, e muitos de nós, ainda não.

Um passageiro sombrio habita a mente de cada gestor assombrando-o com comportamentos incontroláveis e danosos à sua liderança e sua carreira.

Não podemos mudar o fato de sermos animais em evolução, possuidores de uma série de comandos primitivos que podem atrapalhar nossa vida pessoal e profissional, mas podemos começar a mudar a maneira como olhamos para eles de modo a melhor entender e compreender nossos naturais desencontros interiores.

Somente elevando nosso nível de discernimento sobre como realmente somos e funcionamos conseguimos nos livrar das explicações irrealistas e irracionais que damos a nós mesmos

> *"Tememos pensar e desejar coisas ruins e ficamos desnorteados quando despertamos de um mau comportamento."*
>
> Deepak Chopra

e ao mundo. Como que treinadas para não ver, muitas pessoas não percebem estar prisioneiras de crenças e desejos tolos que lhes foram imputadas na infância e afetam a vida como um todo e o trabalho em particular. Impedidas de pensar, cumprem as crenças de maneira automática, como se fossem verdades absolutas. Para muitos, em certos aspectos da vida, não há outro ponto de vista. Vale lembrar que a humanidade viveu numa total escuridão até bem pouco tempo, e que muitos continuam alimentando a ignorância que têm de si mesmos, dos outros e da realidade social. Ainda repetimos para nós falsas histórias para enganar crianças e manter adultos alienados. Treinados para negar as partes mais sombrias e primitivas, criamos os animais internos que ficam soltos se preparando para agir e nos manter fiéis a crenças e desejos que pouco valem para nossa real felicidade.

Ser um melhor gestor demanda assumir o controle de si para reconhecer e ser capaz de lidar com seus piores comportamentos decorrentes de crenças irracionais que levam a desejos fúteis e determinam percepções, memórias, pensamentos e sentimentos.

> Dee Hock em seu livro *Nascimento da Era Caórdica*, narra sua experiência pessoal de se confinar durante um período de vida para lidar com suas bestas internas: o ego (vaidade), a inveja, a avareza e a ambição – animais que vinham consumindo sua vida, sua felicidade.

Muita gente prefere não ver e não admitir suas reações primitivas ligadas ao seu lado oculto, negativo, escuro, mau, predador. E, quando a situação é irremediável, apela para as soluções heterodoxas.

CHECKLIST:

- ☐ *Tem uma insaciável sede de vitória;*
- ☐ *Não percebe suas forças internas contraditórias;*
- ☐ *Aterroriza-se com seu gosto pelo mal;*
- ☐ *Nega seu egoísmo e hipocrisia;*
- ☐ *Sucumbe às suas vaidades, ambição, ciúme, inveja, paixão, desejo por poder e status;*
- ☐ *Acredita que seus problemas são causados por entidades metafísicas;*
- ☐ *Crê que seus problemas são sempre culpa dos outros.*

Corpo animal e mente divina

Atribui-se a Plotino a ideia de que se a humanidade proveio das feras e que provavelmente acabarão chegando aos deuses, mesmo que a distância ainda seja longa. A história humana está marcada pela dissociação entre o corpo animal e a mente divina. Culpados e envergonhados, deixamos os temas da natureza humana para as danações diabólicas e para as piadas de humor escrachado.

Ken Wilber nos diz que uma coisa é diferenciar o corpo da mente, a natureza da cultura, outra é dissociá-los. O diferenciar é o prelúdio do integrar, dissociar é o prelúdio do desastre. Dissociados de si mesmos, os humanos se distanciaram de partes importantes da sua constituição e reagem de forma hipócrita ou ingênua quando se deparam com as coisas que temem ou não aceitam.

A luta da sociedade contra os instintos animais se corporifica na luta entre o corpo e a mente. A história religiosa dos Povos do Livro (judeus e cristãos) foi sempre marcada pela contraposição entre as "fraquezas do corpo" e uma mente pura, bela, religiosa e *racional*. Não é possível negar a contribuição das religiões na domesticação dos instintos para a constituição da sociedade, mas hoje sentimos desconforto quanto aos métodos utilizados.

A dualidade corpo x mente, animal x humano, responde pelo lado triste da nossa história. Paradoxais, ambíguos e contraditórios, os humanos negam seu lado indesejado, mas ele é inalienável da sua natureza. Não lidar corretamente com essa maneira de funcionar vem trazendo muita dor ao mundo e afeta o nosso dia a dia de trabalho. Treinados para ver somente parte de si, os humanos receiam o que podem encontrar no lado sombrio e oculto. Para Deepak Chopra, as pessoas temem o quanto o mal lhes é atraente e criam uma névoa para esconder seus impulsos mais destrutivos. Sentem culpa e vergonha em vez de tratá-los de frente.

À medida que alcançamos o topo da cadeia alimentar, colocamos em risco as demais espécies, e, por sorte, a antropofagia não se consolidou. Mas não escapamos do canibalismo social, da luta e da destruição entre povos, etnias, grupos

Paradoxais, ambíguos e contraditórios, os humanos negam seu lado indesejado, mas ele é inalienável da sua natureza.

Nosso lado animal não é um castigo divino, é apenas parte da nossa natural maneira de ser.

religiosos. Por trás disso tudo está o impulso humano tribal e territorial para fazer prevalecer ideologias e crenças como se elas fossem verdades absolutas. É sempre bom relembrar Jean-Paul Sartre quando ele diz que as ideologias são libertadoras enquanto se fazem, mas opressoras depois de feitas.

Se for lutar contra o corpo, prepare-se para perder

Houve um momento no processo evolucionário em que corpo e mente era geneticamente um só. Com o descolamento da mente social, um se distanciou do outro, levando aos conflitos humanos com que nos confrontamos até hoje.

A força da programação genética sobrepujando a social, gerando o conflito entre corpo e mente, é retratado pelo apóstolo Paulo em mais de uma das passagens da Bíblia Sagrada. Ele relaciona o corpo ao demônio, instinto, carne, volúpia, prazer, pecado, descontrole, e a mente consciente é associada à racionalidade, saudável, positiva, adequada, pudica, reflexiva e decidida. É a luta entre um corpo primitivo, animal, que faz o que quer, contra uma mente social consciente que exige que as coisas sejam feitas de forma socialmente aceitável.

Ser um humano é transitar entre o divino e o diabólico sem nunca conseguir extinguir parte da própria natureza.

Nossa genética é essencialmente dogmática e egoísta. Somos uma espécie de primatas imaturos.

> Num trecho, Paulo diz: " Mas, então, não sou eu que o faço, mas o pecado que em mim habita. Eu sei que em mim, isto é, na minha carne, não habita o bem, porque o querer o bem está em mim, mas não sou capaz de efetuá-lo. Não faço o bem que queria, mas o mal que não quero." Mais à frente, o apóstolo diz: "Assim, pois, de um lado, pelo meu espírito, sou espírito, sou submisso à lei de Deus, de outro lado, por minha carne, sou escravo da lei do pecado."(Bíblia Sagrada, 2003, pp. 1456-7).

O que Paulo não sabia é que essa fraqueza, essa incapacidade para controlar a si mesmo, decorre de suas programações genéticas sedimentadas lentamente ao longo de milhões de anos, formando as bases mais primitivas do nosso cérebro e por isso possuem uma força descomunal quando comparadas com as decisões sociais adquiridas nos últimos quarenta (ou dez) mil anos nas relações com um novo meio ambiente social criado.

A proximidade entre a mente instintiva e o corpo tem fronteiras imperceptíveis, dando a impressão de que o corpo decide por si. Isso é tão real no imaginário social que até hoje castigamos o corpo quando é a programação de um cérebro genético-instintivo que libera impulsos que causam problemas sociais. Continuamos a usar a dor como estratégia de socialização da mente primitiva.

> Aparentemente, ele era uma pessoa calma, delicada, atenciosa, mas internamente travava enormes batalhas contra seus piores animais. Sentia-se permanentemente atacado num ambiente em que as relações interpessoais eram dissimuladas. Incapaz de gerenciar seus conflitos, ele preferia fugir ao confronto, apenas os abafava, e, como resultado, volta e meia sua saúde se debilitava e ele baixava no hospital.

Nosso dia a dia está repleto de pequenos e grandes confrontos internos com diferentes graus de impacto ao bem-estar físico e mental. Trata-se de coisas do tipo não querer comer, mas comer; não querer ligar para a pessoa que o abandonou, mas ligar; não querer desejar alguém, mas desejar; não querer sofrer por não ter algo, mas sofrer; não querer pensar em um assunto, mas pensar; não querer se irritar com certa pessoa, mas se irritar; não querer impor suas ideias, mas impor. Não querer sofrer com a derrota do seu time, mas sofrer (muito). Sentir-se mal por falhar nas obrigações com a igreja, por ter sido agressivo com o pai, por não ter dado a esmola ao pobre, por ter agredido física ou verbalmente um filho.

Assim, se for lutar contra o impulso do corpo, redobre sua atenção, disciplina e motivação, e mesmo assim prepare-se para perder. Entretanto, não menospreze os serviços que seus animais internos podem lhe prestar quando uma resposta violenta e audaciosa for necessária.

Bem alimentados com crenças e desejos irracionais, nossos animais internos podem fazer nossas vidas miseráveis.

Na vida social, a falta de reconhecimento, os riscos à imagem profissional e as ameaças às crenças e ideias são percebidas como um risco à sobrevivência!

Mecanismo automático para nos salvar

O primeiro objetivo do cérebro ao longo de milhões de anos é o da sobrevivência do organismo e, desde nossos primeiros ancestrais, mecanismos mentais automáticos e impensados se desenvolveram para atender essa nobre missão. Até hoje, eles despertam os sentidos, a cada instante, à busca de ameaças para prontamente responder quando elas se apresentam. Deles, decorrem as respostas emocionais mais primitivas de nossos ancestrais para se manterem vivos. E ainda assim funcionamos.

Entretanto, muitos de nós já não se sentem ameaçados pela besta que vai nos matar e comer, nem mesmo pela falta de comida, do abrigo. Hoje lutamos pelos nossos empregos, pela posse de bens materiais, pela nossa imagem profissional. A ameaça se tornou simbólica e abstrata, mas ainda é percebida pelo cérebro como se pusesse em risco a própria sobrevivência. Reagimos assim quando alguém contraria nossas crenças, princípios e dogmas; quando nos sentimos inferiores por não termos bens e objetos que representam nossa importância social.

No passado, a fera nos rasgava a carne e sentíamos a dor física. Atualmente, o risco social desperta nossos animais internos e nos faz sentir a dor emocional, tal e qual. No passado, a ameaça real ao corpo tirava o cérebro de seu equilíbrio e gerava a ação. A ameaça hoje é percebida por ele quando uma crença ou desejo que estabiliza o corpo e a mente está sendo ameaçada de não ser atendida. Um mecanismo de recompensa-punição, de prazer-dor nos mantêm fiéis tanto aos nossos comandos genéticos como os sociais. Obriga-nos a repeti-los automaticamente. Sejam eles bons ou maus a nós mesmos.

Negando partes do que somos sucumbimos às nossas piores crenças.

Mente fragmentada

O cérebro, como as demais partes do corpo humano, se compôs ao longo da evolução através de mutações sucessivas e bem-sucedidas (e assim ocorreu porque perduram e foram transmitidas no tempo para os demais indivíduos da espécie) criando funcionalidades e estados mentais cada vez mais sofisticados para fazer frente a uma realidade social dia após dia mais complexa. Entretanto, essa evolução não foi harmônica e muitas vezes esses estados mentais operam de modo conflituoso, como se fossem compostos por seres independentes entre si, cada qual tentando assumir o controle da mente e do corpo para impor suas verdades.

O livro *O médico e o monstro*, de Robert Louis Stevenson, retrata essa ruptura da mente com tintas fortes ao narrar uma história que envolve a existência de personagens e interesses distintos dentro de uma mesma mente.

> Na história, a dualidade mental personifica, de um lado, o doutor Jekyll e, de outro, o senhor Hyde, seu lado sombrio, primitivo, por cujos atos o doutor Jekyll não se considerava responsável. Diz um trecho da obra: "Mas a situação estava à margem da lei e fora do alcance da consciência. Afinal, Hyde e só Hyde era o culpado. Jekyll não ficava pior por isso: regressava íntegro à sua vida de cidadão honesto e pacato e procurava, sempre que possível, desfazer o mal causado por Hyde. Assim, sua consciência ficava adormecida". (Stevenson, 2009, p. 76).

Em gradação menos intensa, cada um de nós é assaltado por humores e impulsos que levam a ações insensatas, as quais nossa consciência condena. São comportamentos e sentimentos que surgem sabe-se lá de onde para nos atormentar. Mesmo que em muitos de nós esse lado não seja percebido e atue de forma sutil e subliminar, ele está lá.

Não deveríamos, mas ainda nos sentimos culpados por sermos o que somos.

Só muito recentemente passamos a entender e aceitar que o lado sombrio – e tenebroso – que já foi útil um dia, não é um castigo divino, mas apenas parte da nossa natural maneira de ser, que passou a destoar no tempo do tipo de sociedade que construímos. Novas portas vêm se abrindo para uma visão mais integrada de nós mesmos sem tentar negar e abolir o lado mau, mas, pelo contrário, tentando reintegrar partes soltas e usar a enorme energia liberada na construção de melhores indivíduos. Segundo Chopra, por exemplo, mesmo as pessoas ditas boas e inteligentes fazem, pensam, desejam coisas ruins e ficam desnorteadas e confusas quando despertam do "mau comportamento".

O passageiro sombrio domina a mente e nos leva fazer aquilo que não queremos, mas que parte de nós exige que seja feito. Entre suas contribuições potenciais para sabotar uma pessoa, estão:

- *Mantém a mente desinformada, limitada, rígida, inflexível à mudança das crenças. Ausência da realidade. Visão estreita, em cone;*
- *Mantém a pessoa em estado de combate. Cria a percepção de falsos riscos. Desconfiança das pessoas. Insegurança e medo de ser boicotado;*
- *Mantém apego a sentimentos dolorosos. Aprisiona a insatisfação e a dor permanente;*
- *Fixação em necessidades básicas. Aprisiona a desejos fúteis e inúteis que não enriquecem o bem-estar;*
- *Ausência de si mesmo. Incapacidade para perceber seus pontos cegos. Visão excessivamente negativa e desfavorável de si mesmo (ou o extremo oposto);*
- *Leva a respostas inadequadas de fuga ou ataque.*

Animais internos boicotam e derrubam

Os animais internos trabalham para provar a validade das crenças, exigências e rótulos negativos que alguém um dia nos impôs.

Como o leitor deve ter percebido, "animais internos" é uma metáfora que sintetiza o que há de pior em nossas respostas aos riscos sociais. Formam o potencial negativo. E por isso precisam ser caçados e mantidos enjaulados. Mas vale ressaltar que a despeito de serem indesejados, eles são parte integrante da nossa maneira de ser. Assim, a questão não é eliminá-los, mas configurá-los para ser uma arma genética, possivelmente um diferencial competitivo em nossas vidas e carreiras.

Mudaram as ameaças, hoje tememos perder bens materiais, conforto, vantagens sociais, ou mesmo, termos nossas crenças e princípios contrariados, mas continua uma operação mental de uma época em que o racional era totalmente intuitivo e comandado pelo inconsciente.

Assim, ao dissecar um dos seus animais internos, você perceberá que ele funciona como a homeostase, só que para proteger os comandos sociais que internalizamos no tempo. Lá encontrará: um sentimento de fundo preparando o corpo para a ação, e, associado a dinâmica mental, cria a percepção do risco às crenças irracionais (uma conjunção de exigências que fazemos de nós mesmo e dos outros); e, um estado de carência que nos impulsiona a agir. Você descobrirá também que esses animais têm liberdade porque operam fora do consciente. E seu objetivo é dominar o corpo e a mente para nos levar a fazer coisas que não desejamos – que atrapalham nossos planos e nos fazem sofrer.

Acostumados a viver do perigo, mesmo quando nada está acontecendo, acionam os sensores distribuídos por todo o corpo (células nervosas) para encontrar uma justificativa para se manifestar. Ficam zanzando entre os pensamentos à espera de um estímulo que os faça assumir o controle. Servem à realidade social, mas se manifestam através de impulsos genéticos. Respondem através de comandos criados ao longo da vida, e principalmente nas fases iniciais quando a mente tem um discernimento incipiente e aceita quaisquer regras sociais para defender o indivíduo dos riscos de abandono, rejeição, negação, desprezo, ausência de afeto, insegurança e fome.

Sensores em todo o corpo buscam por justificativas para os animais internos se manifestarem.

Muitos animais são fragilidades emocionais e fixações mentais, relacionadas a problemas não resolvidos, que nos mantêm fora do consciente e ficam simulando mentalmente respostas automáticas de ataque ou de fuga. É facilmente reconhecível quando a pessoa se torna grosseira, indiferente, covarde, medrosa, e não deveria ter sido.

> Ciclicamente, certas imagens e sentimentos ligados a uma situação dolorosa do passado voltavam à sua cabeça, mas nem sempre estavam relacionadas ao que estava acontecendo. Assumiam o controle da sua mente, preparando o corpo para o ataque. Sua reação era tensa de profunda irritação como se estivesse frente a um agressor. Perdido o senso de realidade, não era fácil se convencer de que aquilo não estava acontecendo naquele momento.

Um jogo mental desleal

Grande parte da humanidade ainda vive num estado mental primitivo, em que o cérebro tem a missão de ficar em estado de alerta contra as ameaças, comandado por animais fortalecidos por sentimentos negativos. Estamos, assim, sujeitos a um jogo mental desleal, no qual a missão desses animais é a de confirmar as piores crenças que a pessoa tem de si mesma, dos outros e do mundo. É como se o mundo conspirasse contra

"Provavelmente, sabendo lidar com a nossa natureza animal, saberíamos lidar melhor com nossas dualidades e guerras interiores."

Carl Jung

> *Um sentimento de fundo inicia o processo que culmina numa explosão ou implosão emocional.*

ela. Para muitos, eles chegam mesmo a definir uma espécie de orientação de vida proveniente de expectativas, exigências e rótulos impostos por outras pessoas. Essas crenças, esses animais, necessitam permanentemente ser validados e, para tal, induzem os sensores do corpo a buscarem por estímulos que justifiquem rótulos que atribuem a si mesmos: é quando a pessoa se avalia como "estúpida", "infeliz", "incompetente", "fracassada", "perdedora", "agressiva", e passa a agir para comprovar o rótulo. Por isso, é preciso se perguntar *qual rótulo positivo e negativo aplica a si mesmo quando faz algo muito bom, ou muito deplorável.*

À medida que perdemos contato com o consciente, esses animais trabalham subliminarmente e surgem de maneira impensada, impulsiva, incontrolável, automática. Com alguma atenção, sua sutil presença pode ser percebida com antecedência no corpo através dos sentimentos que iniciam o processo.

> *A grande contradição é que, a cada batalha interna, o corpo que vence é o mesmo que amarga a derrota.*

Nossos piores comportamentos são previsíveis e repetitivos e sua força pode ser medida pelas implosões e explosões emocionais e pela dor devastadora que geram. Entre os efeitos que distribuem, estão a perda de contato com a realidade, a insônia, a preocupação, a desorientação, o nervosismo, as dores no corpo, as indisposições, a irritabilidade, a inquietação, o pânico e a intranquilidade. Interferem nas conversas internas, mantendo pensamentos recorrentes como se fossem discos riscados.

> Livre de seus animais internos, ele era uma pessoa produtiva, agradável, divertida. Entretanto, quando os "bichos" se libertavam, o colocavam em verdadeiro transe emocional, que o deixava totalmente fora de controle.

Esse é mais um dos processos mentais inconvenientes herdados da evolução, pois cria pessoas inseguras, tensas, agressivas, possessivas, obsessivas, invejosas e passivas. As vítimas se submetem a uma espécie de papel, roteiro ou *script* de vida, e insistem em interpretar seu triste personagem.

A força desses animais também pode ser medida pela incapacidade para se perceber e sentir a si mesmo, pela dificuldade de se confrontar com coisas que não se pode ou não se aceita ver. Isso nos leva a concluir que tanto o autodesenvolvimento como a evolução exigem a resistência a essas forças genéticas negativas neutralizando, aprisionando esses animais internos. Para tal, é preciso certa dose de persistência, paciência e muita coragem.

Uma realidade de significados sem significado

Impossibilitados de ser quem realmente somos, usamos artifícios para sobreviver no mundo social. Mas nada nos impede de desenvolver uma visão mais objetiva de nós mesmos e da questionável vida social com seu funcionamento por vezes complicado. Podemos vê-la como uma espécie de jogo abstrato e simbólico, que muitas vezes nos seduz com "significados sem significado"; conteúdos mentais sem qualquer valor de vida. É preciso cuidado, pois parte da vida social pode ser uma armadilha. Para Jung, no passado o perigo vinha da natureza e hoje nos confrontamos com armadilhas mortais criadas por nós mesmos. Freud, por sua vez, nos alertou para a força da nossa tendência natural à destruição, suficiente para influenciar nosso comportamento social.

Dando importância a significados sem significados reduzimos o nosso já limitado poder de escolha.

Em síntese, nossa maneira de ser, nossa moral e nossa intelectualidade são, naturalmente, e não por defeito de caráter, influenciadas pelo nosso lado sombrio. Disfarçamos nossas mazelas com boas maneiras e hipocrisias, e isso nos impede de perceber como somos na íntegra. Afinal, como seria o mundo se cada humano dissesse o que realmente pensa?

Fomos educados a não revelar impulsos naturais e a sentir culpa e vergonha quando eles se manifestam. Não deveríamos, mas ainda nos sentimos culpados por sermos o que somos, e é preciso reduzir o dilema entre o divino e o diabólico que tanto nos atrapalha. É preciso aprender a lidar produtivamente com impulsos naturais indesejados e deixá-los fluir por escapes mais saudáveis para que causem menos danos.

Infelizmente, submissos às regras sociais, aceitamos exigências difíceis de serem atendidas e nos sentimos mal por não as cumprir. Com base em dogmas, construímos uma sociedade que deixa muito a desejar. Nela, aprendemos a ser injustos com os outros e com nós mesmos. Não nos responsabilizarmos pelos nossos atos. Ignoramos nossas próprias fraquezas, e é evidente o quanto isso tudo já custou para a civilização.

Em *A evolução de Deus*, Robert Wright enfatiza que as partes mais sublimes e elevadas da existência humana, como o instinto maternal, a sobrevivência, o amor, a bondade, a procriação, a reciprocidade e o sacrifício pelo outro, provêm da mesma seleção natural que produz as reações animalescas e os impulsos para matar ou ferir outros.

O mundo social que construímos (ou pelo menos aceitamos) e vivemos cria as condições perfeitas para o desenvolvimento de animais internos perigosos, dispostos a atacar ou a fugir. Para Deepak Chopra, esses "animais", quanto mais negados, mais força e energia adquirem para nos manter fora do controle de nós mesmos. É preciso atentar para o fato de que quanto mais coibirmos sentimentos de raiva, medo, insegurança, inveja e sexualidade, mais poder tais sentimentos ganharão para manter nosso temperamento violento e preconceituoso ou depressivo. Geramos, assim, um caráter flexível e ilícito, o desprezo por nós mesmos. Odiar um inimigo, mentir para atender a interesses pessoais, enganar a si mesmo, ter raiva, medo, inveja e hostilidade são reações humanas herdadas de um ancestral que assim agiu para sobreviver, e que agora interferem em nossas relações internas e externas e podem atrapalhar nossa atuação em sociedade e nossas carreiras.

Os humanos são os únicos animais primitivos, pois insistem em não usar recursos genéticos que levam ao seu desenvolvimento.

Com a consciência, Deus criou o homem (ou vice-versa)

Essa conversa parece nos levar para um beco sem saída, e para muitos é isso mesmo. Entretanto, a seleção natural nos oferece uma arma genética para nos livrarmos das ameaças sociais e dos animais internos. A solução é de fácil identificação, mas difícil de implantar. Como veremos, a solução será apresentada ao longo do livro, mas posso adiantar que o desenvolvimento e fortalecimento da consciência é o caminho. Não qualquer consciência, mas uma que seja presente, informada e responsável, capaz de tratar e conter esses animais internos, mas sem negar a existência deles. A humanidade vem trabalhando incansavelmente para tentar extinguir a natureza primitiva do homem, mas é impossível jogar pela janela milhões de anos de uma primorosa formação genética e agir ingenuamente como um domador surpreso por ter sido atacado pela fera cujos instintos pareciam sob controle.

A contribuição da genética para nossos bons e maus comportamentos são acentuadas pelos nossos traços pessoais – tendências, propensões – que definem nossas preferências por agir. Mas lembre-se, é o ambiente social que determina o sentido da nossa ação.

Como fica mais fácil de ver o "rabo do outro" do que o próprio, pense nos melhores chefes com quem trabalhou e faça uma lista das suas melhores qualidades. Depois pense nos piores e faça uma lista das suas qualidades negativas. Depois pense em si mesmo. A seguir, amplie sua lista apontando os traços negativos que percebe em você e como eles ajudam na sua missão ou tendem a derrubá-lo.

Traços de ataque:
- *Rígido, dogmático, cético. Inflexível. Teimoso. Impositivo. Explosivo. Pavio curto. Excesso de convicção. Poucos freios pessoais. Excesso de persistência. Deixa-se levar pelo calor das situações tensas;*
- *Indisciplinado. Elétrico. Agitado. Competitivo. Autoestima exagerada;*
- *Explosivo. Grosseiro;*
- *Arrogante. Ciumento, invejoso. Fútil, vaidoso;*
- *Detalhista;*

Traços de fuga:
- *Desanimado, desmotivado. Desinteressado. Ausente. Negativo. Implosivo. Não fala;*
- *Evita feedback. Mantém agenda oculta. Não se expõe. Resiste a regras;*
- *Pessimista. Conformista. Fatalista. Emburrado. Distante. Infeliz;*
- *Desinformado, desatualizado. Simplista. Apavorado;*

Vivemos o paradoxo de sermos muito evoluídos e muito primitivos ao mesmo tempo.

A realidade social nos faz perder a capacidade de separar o que realmente importa.

- *Inseguro. Infantil. Simplório. Baixa autoconfiança. Baixa autoestima. Autocrítica exacerbada;*
- *Tímido. Ansioso. Dependente. Submisso. Retraído. Baixa energia pessoal;*
- *Dependente. Busca desesperadamente reconhecimento e aprovação. Necessita provar-se o tempo todo;*
- *Humor, oscilante. Vive entre o muito bem e o muito mal;*
- *Vítima. Dificuldades para recuperar-se das adversidades. Dificuldades para lidar com notícias ruins. Autocrítica excessiva.*

Foco no comportamento

No passado, aprendemos a desenvolver competências, mas hoje descobrimos que é preciso conter comportamentos específicos que reduzem a efetividade pessoal e profissional.

A unidade básica de desenvolvimento pessoal é o comportamento.

  Nunca nas empresas se lidou com as mudanças pessoais com tanto foco, objetividade e determinação, captando o interesse das mentes mais pragmáticas. É notória a preocupação para com os gestores que não correspondem ao papel esperado de suas lideranças. Um investimento cada vez mais expressivo vem sendo feito em *coaching* com foco nos comportamentos específicos capazes de derrubá-los. Com a opinião de subordinados, colegas e chefes através das pesquisas 360 graus, e de ferramentas de avaliação de preferências comportamentais, os gestores são levados a pensar em suas áreas de risco, seus comportamentos indesejados, aqueles que não estão ajudando a atingir seus objetivos e atrapalham o sucesso de suas carreiras.

  Aquele gestor havia acabado de receber os resultados do seu teste de personalidade. Analisou com carinho seu relatório e identificou algumas tendências pessoais que podiam lhe derrubar e com as quais deveria redobrar seus cuidados. Entre elas, estavam: subestimar considerações e restrições mais pragmáticas; uso de explicações excessivamente intelectuais e teóricas; fazer apresentações pouco simples; dificuldade para abandonar ideias não práticas; obsessão por detalhes não importantes ou irrelevantes; não se ater aos fatos essenciais; e duas que lhe atormentavam muito: não perceber quando parar e se sobrecarregar com ideias e possibilidades.

Comportamentos indesejados atrapalham nosso sucesso e nos fazem sofrer.

  Há muita disposição no ar. Entretanto, as pessoas que já tentaram fazer mudanças em seus comportamentos se depararam com as naturais barreiras internas e sabem o quão difícil isso pode ser. O que ainda poucas sabem é que precisam domar forças subjacentes em suas mentes. Nascemos e vivemos boa parte da existência sem uma compreensão de nossas tendências, propensões e impulsos. Muitos gestores acreditam que são como são, e pouco ou nada fazem a respeito. Alguns negam suas piores características, vivem alienados de sua própria condição, deixando verdades perigosas escondidas de si mesmos, mas expostas ao mundo, num intrigante paradoxo.

Fazendo uma retrospectiva profissional, lembro-me de alguns poucos colegas demitidos por deficiência técnica, e uma maior quantidade por não estarem alinhados às expectativas comportamentais das suas empresas, de seus chefes. Como vimos, a vida profissional se assemelha a uma gangorra na qual subimos à medida que desenvolvemos competências e caímos quando fazemos alguma bobagem que afeta nossa imagem profissional e pessoal. Hábeis são aqueles que se mantêm em ascensão mesmo com os percalços que criam para si mesmos.

Comportamentos indesejados

Dominados por nossos animais internos, dois são os tipos básicos de resposta que dispomos: ataque ou fuga.

Comportamentos indesejados, como disse Aaron T. Beck, criador da terapia cognitiva, são comportamentos disfuncionais que representam a falta de habilidade de uma pessoa na solução de certos problemas sociais. São capazes de gerar uma perda social e um custo emocional (e às vezes físico). Todos nós podemos fazer uma lista desses comportamentos, mas nem sempre temos consciência deles. E, em se tratando de fazer bobagens, nós, humanos, somos de uma criatividade ímpar.

As avaliações e feedbacks das chefias têm particular importância porque, em geral, possuem poder sobre decisões que dizem respeito a carreira e oportunidades dentro da empresa. Nem sempre concordamos com essas opiniões, mas não saber quais são nos impede de poder trabalhar para modificá-los. Por outro lado, cada vez mais se evidencia a incompetência dos gestores em dar feedback, uma limitante enorme na construção de melhores profissionais.

Independentemente da responsabilidade de cada gestor em favorecer o crescimento de seus subordinados, isso não nos isenta da nossa necessidade para abrir a mente e se perceber de uma maneira mais objetiva e honesta.

Temos a natural propensão para obedecer cegamente a comandos genéticos e crenças sociais.

A seguir, estão algumas capacidades que favorecem o autodesenvolvimento e precisam ser desenvolvidas gradualmente através da prática:

- O aumento do autoconhecimento, em particular, quais comportamentos podem derrubá-lo;
- O controle consciente das decisões e respostas em temas e situações importantes para a vida. É o que chamamos de "assumir o controle da nave";
- O ato de manter um conjunto de crenças, regras, rituais, normas sociais realistas, informadas e responsáveis. Livrar-se das piores crenças irracionais, criando diferentes interpretações da realidade;
- A ação de dominar os impulsos internos e as emoções decorrentes de desejos fúteis baseados em crenças irracionais que apenas nos fazem parte da grande manada humana, na qual cada um caminha seguindo o rabo dos demais sem saber para onde ou o real objetivo daquela caminhada.

PORTFÓLIO DE COMPORTAMENTOS E TRAÇOS INDESEJADOS

• A lista que se segue tem como função organizar o raciocínio do leitor no sentido de identificar seus potenciais comportamentos com mais chances de derrubá-lo. Em essência, o leitor deve ser capaz de responder às seguintes perguntas: Quais dos seus comportamentos profissionais mais lhe desagradam e que persiste em tê-los? Quais podem causar danos à sua carreira e à vida profissional? Sobre quais tem pouco controle? Quais tem mais dificuldades de mudar?

*Não basta nomear a competência.
É preciso especificar o comportamento a ser mudado.*

Para ajudar a responder essas questões, você pode começar fazendo um exercício que consiste em imaginar o que seus subordinados, colegas, chefes e clientes diriam quando perguntados sobre seus melhores e piores comportamentos na realização dos trabalhos.

Sentimentos de prazer e de dor no corpo é o termômetro de sucesso e felicidade.

Compare as características pessoais identificadas nas páginas anteriores e que estão por trás desses comportamentos e inclua na sua relação.

Depois dê uma olhada na lista e complete com alguns comportamentos e atitudes que possam compor seu painel.

A relação de comportamentos e traços apresentada a seguir é uma coletânea de indicações reais feitas em processos de estimativas de competências, avaliações de desempenho, planejamento de desenvolvimento, projetos de coaching e nos workshops de autodesenvolvimento que conduzo. Ela tem como função estimular a percepção do leitor em suas potenciais oportunidades de desenvolvimento.

• ***Comportamentos relativos às relações interpessoais***
Indicam as dificuldades para se estabelecer comportamentos produtivos com as demais pessoas, tais como comunicar-se mal, gerar conflitos desnecessários etc.

➢ ***Cooperação.*** *Postura ganha-perde. Não acessível. Gera rivalidades internas. Tem convicções exacerbadas. Isola-se, não contribui. Não se expõe;*

➢ ***Gestão de conflitos.*** *Dificuldade para lidar com conflito: ataca ou foge. Toma as coisas pelo lado pessoal. Ataca para provar que os outros estão errados. Pune excessivamente. Gera conflitos desnecessários. Gera inimizades. Evita confrontos. Briga para marcar posição. Não consegue sair da briga. Contesta tudo e sempre. Acha que sabe tudo;*

➢ ***Imagem pessoal.*** *Mau exemplo pessoal. Gera desconfiança. Excessivamente educado. Submisso. Envia sinais misturados. Não é transparente. Vendedor demais (excede em seus argumentos, não sabe quando parar). Não tem roupagem gerencial/ executiva. Brincadeiras em excesso. Exagero de informalidade. Fala o que não deve;*

➢ ***Jogo de cintura.*** *Não tem bom jogo de cintura em situação de pressão. Excesso de autenticidade. Quando vai direto ao ponto, o faz sem tato. Indelicado. Mal-educado. Coercitivo. Agressivo quando contrariado;*

➢ **Comunicação.** *Ouve mal. Conclui antecipadamente. Não questiona. Não é atento ao interlocutor. Prolixo. Expressa mal suas ideias. Não convence. Não é claro nem direto;*

➢ **Responsabilidade.** *Inconsequente. Não percebe o impacto dos seus comportamentos nas pessoas e na empresa. Faz críticas indevidas veladas ou abertas a pessoas, outras áreas e a empresa. Paternalista, protege e supervaloriza alguns. Omite-se por conveniência. Insubordinado;*

• **Comportamentos relativos à sensibilidade situacional**
Indicam as dificuldades que a pessoa tem para ler o que realmente está acontecendo nas situações. Demonstram miopia situacional, uma incapacidade para perceber e, consequentemente, influir nas forças sociais que estão atuando em cada situação.

➢ **Leitura do ambiente.** *Não pondera bem as situações. Tem perspectiva distorcida. Visão contaminada. Não percebe os interesses em jogo. Desconsidera políticas e valores da empresa. Evita a realidade e, tendencioso, a julga por critérios estritos e limitantes. Privilegia seus pontos de vista. Só dá atenção ao que lhe interessa;*

➢ **Lógica pessoal.** *Não pondera as implicações, riscos e consequências de suas ações e decisões. Não avalia probabilidades. Tem pensamento limitado. Falhas na lógica pessoal: faz conclusões sem uma boa base de dados, tem uma visão simplista da situação. Faz julgamento contaminado a partir de juízos tendenciosos. Detalhista em excesso, perde a visão de conjunto. Superficial em excesso, perde a visão dos detalhes. Senso analítico exacerbado;*

➢ **Visão sistêmica.** *Não percebe as interfaces e as interdependências. Não tem visão operacional. Não desdobra metas para integrar pessoas. Não alinha estratégias;*

Sabendo a opinião de seu chefe, de seus colegas e de seus subordinados, você pode dirigir suas mudanças para os sentidos que mais ajudam na sua carreira.

• ***Comportamentos relativos aos resultados pessoais e organizacionais***

Demonstram a falta de clareza sobre suas metas e valores pessoais, e dificuldades para manter foco e disciplina, deixando a pessoa ser levada por metas colidentes que derrubam seus esforços e bem-estar.

➢ ***Foco nos resultados.*** Inicia, mas não conclui. Não vende seus resultados. Gera incêndios (para fugir da meta e ser o bombeiro herói). Não realinha prioridades. Indisciplinado;

➢ ***Iniciativa.*** Toma iniciativas erradas. Não toma iniciativa. Demora a agir. Não decide. Não aceita desafios. Não aprende com os erros. Demanda acompanhamento, orientação e supervisão. Delega para cima. Escala decisões desnecessariamente. Abdica, repassa e abandona. Aceita decisões sem questionar;

➢ ***Solução de problemas.*** Procrastina. Reage tardiamente. Não resolve problemas. Não supera obstáculos. Não persiste. Intuitivo em excesso, não é capaz de explicar as bases de sua decisão. Não antecipa problemas. Foca nos efeitos. Não investiga as causas. Falta de competência técnica;

➢ ***Tomada de decisões.*** Decisões erradas. Julga e conclui precipitadamente. Soluções imediatistas. Não obtém consenso. Não prevê consequências. Centraliza. Não compartilha decisões. Não aproveita seus recursos. Assume autonomia fora dos seus limites. Comete arbitrariedades;

➢ ***Expertise.*** Não está preparado para o trabalho que realiza. Falta expertise de negócios. Falta expertise de gestão organizacional e de pessoas. Carece de acuracidade nas informações que passa. Apresenta detalhes não confiáveis. Superficial, foge do que não sabe. Tem dificuldades para lidar com detalhes;

➢ ***Gestão da mudança.*** Resistente. Não assume riscos. Dificuldade para lidar com o que é diferente da sua maneira de ver, pensar, fazer. Reluta em aceitar coisas que lhe deixa inseguro. Não sai da

São muitas as possibilidades de comportamentos indesejados. Alguns não percebemos outros não queremos ver.

zona de conforto, segue regras. Dificuldade de trabalhar sob pressão. Dificuldade com situações pouco claras. Pega as coisas ao pé da letra. Humor afetado pelas situações de tensão;
➢ ***Comprometimento.*** *Não se envolve com o que não é de sua área. Não se expõe. Tende a concordar para evitar conflito;*
➢ ***Foco no cliente.*** *Não ouve o cliente. Demonstra nervosismo, insegurança. Postura/apresentação inadequada. Falta de tato, ingenuidade, pouco político. Compete com o cliente. Desconsidera os clientes internos. Não consolida relacionamento de confiança e lealdade. Não antecipa necessidades, não resolve problemas, tem baixa velocidade de resposta.*

Seleção do comportamento crítico

Tendo uma relação de comportamentos, chegou a hora de definir aquele que merece sua atenção imediata. Para tal, avalie cada comportamento e selecione o mais crítico usando como critérios:

As consequências sociais causadas por ele: causa grande impacto na sua vida profissional, afetando parcerias, imagem, carreira, benefícios/ perdas materiais;

• As consequências emocionais que ele causa: penaliza você gerando sentimentos negativos sobre si tão logo perceba o que fez, o erro cometido;

• A frequência e repetitividade do comportamento: repete-se com frequência.

Mantenha em mente esse comportamento que merece ser trabalhado ao longo da leitura para que possa associá-lo aos conceitos apresentados.

Vivemos a acreditar e desejar coisas contraditórias.

LISTA DE COMPORTAMENTOS INDESEJADOS	ÍMPETO A=ALTA | M=MEDIA | B=BAIXA		
	Consequências sociais	Consequências emocionais	Frequência e repetição

"A expansão do cérebro humano foi um dos episódios mais rápidos da complexa trama evolucionária da vida."

Edward O. Wilson

Consequências sociais: na carreira, na imagem pessoal, na perda de bens e valores, nas alianças, na confiança, nas amizades, entre outros.

Consequências emocionais: sentimentos de dor, infelicidade, vergonha, culpa, pena ou raiva de si mesmo decorrentes do comportamento indesejado automático (isto é, que ocorreu sem o seu controle).

Frequência e repetição do comportamento: observação sobre a repetição cíclica do comportamento em situações, de alguma maneira, semelhantes.

Um cérebro não totalmente confiável

A conversa que se segue tem a intenção de apresentar ao leitor características sobre o funcionamento do cérebro que ajudem a entender as forças subjacentes que estão por trás dos comportamentos e podem atrapalhar a qualidade da ação gerencial e da vida como um todo.

  É importante saber que o cérebro é dono de uma dinâmica própria, a qual independe do que nós, conscientemente, desejamos ou pensamos. Essa dinâmica é formada por uma programação genético-operacional – a que comanda o funcionamento do corpo –, uma programação genético-social – a que determina as bases gerais do comportamento social – e mutações hereditárias, todas modeladas pela vivência social, em particular as ocorridas na primeira fase da vida. Essa mescla particular cria a nossa individualidade e determina uma perspectiva a partir da qual respondemos as ameaças e as oportunidades que se apresentam.

Não confie totalmente no seu cérebro. Ele tem suas próprias prioridades e interesses.

Grande parte do comportamento social é predeterminada e nos limita ser quem quisermos ser.

A evolução do cérebro

  O cérebro faz parte do organismo como um todo e trabalha em conjunto com as demais partes para garantir a sobrevivência. Segundo António Damásio, neurocientista de Harvard, há um impulso, um comando em cada célula do corpo que a predispõe a lutar pela sua existência enquanto tal assim exigir. Cada célula do cérebro, os neurônios, existe para lutar pela vida do organismo, mas, embriagados pela realidade social, eles nem sempre agem nesse sentido.

Estima-se que o organismo que dispomos já estivesse pronto há setenta mil anos, e que de lá para cá as mutações orgânicas tenham sido marginais. Entretanto, a história evolutiva do cérebro pode ter sido outra. E para melhor entendê-la é preciso separar o hardware, sua forma e tamanho, do software, os programas que orientam e controlam tanto o funcionamento do corpo como os comportamentos sociais.

Estima-se que o cérebro tenha crescido em tamanho, pelo menos em três vezes, desde o surgimento do hominídeo, que viveu há quatro milhões de anos, até chegar ao quase um quilo e meio que tem hoje, uma massa significativa quando comparada à relação massa-corpo de outros mamíferos. Mas não só seu tamanho distinguiu a evolução humana. Suas programações se desenvolveram lentamente, mas deram aos humanos enorme superioridade sobre as demais espécies, tanto em termos de sobrevivência como na qualidade dessa sobrevivência.

Como uma máquina, o corpo opera de forma automática e inconsciente para proteger o organismo.

A evolução é um processo que ocorre através de mudanças hereditárias aleatórias, as quais de alguma forma favorecem a sobrevivência. E com o cérebro não foi diferente. A evolução do cérebro é marcada por uma longa fase na qual se aprimorou e se sedimentou a programação biológica responsável pelo funcionamento do corpo, desde a época do ancestral remoto em que o cérebro e as demais partes do corpo caminhavam juntas, uma modelando a outra, para atender aos desafios e ameaças ambientais que se apresentavam. Essa parte mais antiga do cérebro iguala todos humanos, a medicina e a biologia têm um vasto conhecimento sobre ela. Como estudaram De Salle e Tattersall, dentro de nossas cabeças ainda reside o cérebro do peixe, do réptil, do mamífero primitivo e todo o aparato que como primata tivemos à nossa disposição. Foi a partir disso que se desenvolveu a programação social do cérebro ampliando imensamente a capacidade de sobrevivência, e a qualidade da mesma.

Surgiram mutações as quais, de alguma forma, contribuíram para a sobrevivência daqueles que as possuíam, permitindo que fossem transmitidas hereditariamente para novas gerações. Foram essas mudanças genética-sociais que fizeram toda a diferença.

Essas mudanças evolucionárias do cérebro são marcadas por funcionalidades sofisticadas e diferenciadas: a consciência, a mente e o eu. Ao contrário da estrita programação genética, a programação social não impõe respostas, apenas indica sentidos, define vertentes que serão modeladas a partir das experiências do indivíduo no mundo social em que vive. De caráter essencialmente subjetivo, a mente social faz cada pessoa única. Dentro dessa programação genético-social, surgem comandos, propensões, impulsos e instintos que potencializam, mas que também limitam e condicionam a maneira como organizamos a vida social no que ela tem de bom e de perverso.

A mente social surge a partir da mente genética e faz de cada pessoa única.

Note-se que grande parte das funcionalidades do cérebro, as quais parecem ter surgido nos últimos séculos, já estavam disponíveis, e foram os novos desafios e formas de interação da realidade social que criaram as condições para que elas florescessem. Hipoteticamente, as conexões entre os neurônios já estavam disponíveis faltando apenas ser ativadas para dar solução a novos problemas humanos. Dentro desta perspectiva, não estamos necessariamente mais inteligentes hoje do que fomos ao passado, mas estamos, com certeza, aprendendo a usar muito rapidamente os mecanismos cognitivos, a inteligência, que a seleção natural nos disponibilizou. Seguindo os estudos de Darwin, podemos concluir que as mutações não estão ocorrendo, elas já ocorreram.

A mecanicidade do cérebro fica mais evidente quando sabemos que ele opera por meio de minúsculos impulsos elétricos – impulsos nervosos – de 100 milivolts (0,1 volt) de intensidade.

Um ponto de particular importância para o entendimento dos comportamentos indesejados é que eles sofrem enorme influência da programação genética, em particular na maneira automática, impensada e incontrolável como percebemos ameaças e deliberamos as respostas. Isso quer dizer que muitos de nossos comportamentos sociais emergem através de mecanismos da mente genética. São respostas sociais definidas por uma operação inconsciente a qual define preferências, tendências, respostas padronizadas, e assim por diante. Como o leitor pode intuir, isso constitui uma substancial restrição ao que chamamos de livre-arbítrio.

O diferencial cognitivo

Cada animal tem seu conjunto de armas genéticas físicas e mentais para sobreviver e procriar. No caso dos humanos, as vantagens físicas não foram tão predominantes quando comparadas a velocidade, força, capacidade de voar e visão no escuro desenvolvidas por outras espécies. Entretanto, algumas características mentais nos deram vantagens compensatórias enormes, inclusive sobre os demais hominídeos que, pela suposta ausência delas, desapareceram da face da terra incapazes de se adaptar às novas condições que se apresentaram. O caso mais contundente é o dos nossos primos neandertais os quais aparentemente foram extintos por um animal feroz, o *Homo sapiens* (nós).

A seleção natural brindou o cérebro humano com um conjunto de funcionalidades e programações cognitivas excepcionais, as quais fizeram toda a diferença. Entre elas, a fala, a percepção do eu (individualidade), a aprendizagem, o pensamento abstrato, a inteligência (capacidade para superar obstáculos incomuns). Entretanto, essa maquinaria apresenta algumas características que podem causar impacto negativo em nossa vida social no trabalho.

O genético modela o social

A homeostase é um conjunto de programações dedicado à proteção e ao bom funcionamento do corpo dentro de parâmetros geneticamente aceitáveis. São respostas orgânicas que surgem através dos instintos, impulsos, propensões e reflexos para garantir a sobrevivência física e a qualidade dessa sobrevivência, enfim, o bem-estar. Essa programação é essencialmente orgânica, mas interfere, modela e limita o comportamento social.

Assim como os outros mamíferos, temos também uma programação que define comportamentos sociais, que induzem a maneira como nos organizamos e resolvemos nossos problemas através da interação com as demais pessoas. Mas nenhuma programação social tem a maleabilidade e a criatividade disponível na mente humana. A programação genético-social, trans-

---

O que mais importa é a capacidade para aprender com nossos erros e rapidamente nos recuperarmos deles.

Não somos capazes de ver as coisas como são, mas apenas como algo que somos capazes de entender.

O eu é o personagem central que conversa consigo mesmo na cabeça das pessoas. Ele observa, avalia, comenta e julga. É nele que todas as informações são integradas.

mitida hereditariamente, não impõe comportamentos, apenas define vertentes que são modeladas através da vivência social, criando relações (culturas) específicas pela maneira como cada grupo resolve, com sucesso, seus problemas sociais e físicos e, consequentemente, as empresas que gerenciam. Definem também a maneira como os humanos formam sua identidade.

Grande parte do comportamento social (ou todo ele) é predeterminada por impulsos e propensões hereditárias, e isso naturalmente impede ou reduz a liberdade para sermos quem quisermos ser. Certas possibilidades são eliminadas ou mesmo rechaçadas de nossa maneira de pensar. Por exemplo, ninguém cogita a hipótese de que deveríamos premiar aqueles que nos traem e nos roubam, que abusam do poder etc. Em geral, comportamentos sociais que destroem o valor da vida são a princípio negados e combatidos. Mas isso pode mudar quando certa sociedade percebe que agir de outra maneira é melhor para a maioria, ou para o grupo no comando. (Um tema preocupante frente à crise moral por que passa a nossa sociedade). A programação genético-social tem grande importância para compreensão de nosso lado sombrio, nossos comportamentos indesejados.

Depois de desenvolvida uma verdade absoluta ela será defendida como se fosse em comando genético.

As operações econômicas do cérebro podem nos levar a conclusões que colocam em risco nosso discernimento.

É preciso ficar atento, pois uma base operacional genética primorosa define como o organismo, inclusive o cérebro, se forma e funciona, mas parte dessa programação operacional nem sempre atende nossos interesses. A seguir, estão reunidos alguns aspectos do funcionamento do cérebro que merecem atenção porque podem estar afetando a qualidade de nossas repostas.

Repetindo respostas, o cérebro economiza energia.

A economia direciona o cérebro

Temos pouco controle da nossa operação mental, a qual funciona como se fosse um piloto automático ligado a questões de consumo de energia. O cérebro tem 2% da massa do corpo, mas usa 20% da energia total consumida por ele. Entre suas múltiplas funcionalidades, estão observação, identificação, percepção, suposição, comparação, associação, imaginação, composição, recordação, ponderação, investigação, interpretação, avaliação, julgamento, análise, cálculo e metacognição (refletir sobre o próprio pensamento). Apesar de dispendioso, foi programado para ser uma máquina econômica. Para minimizar o consumo de energia, usa estratégias que afetam as respostas no dia a dia. De acordo com Fernanda Tovar-Moll, numa de suas palestras no TED, o cérebro tem uma arquitetura que maximiza a eficiência dos processos de informação a muito baixo custo de conectividade. Usa princípios operacionais básicos para levar o corpo a manter as coisas como estão, e isso nos possibilita dar as mesmas respostas para riscos e problemas semelhantes. Programações seguidas rigorosamente permitem antever como nós e outras pessoas vão reagir frente a certos estímulos.

Temos pouco controle das operações mentais conduzidas pelo nosso piloto automático.

• ***Quais destas estratégias de economia do seu cérebro podem estar afetando a qualidade de suas respostas?***
  ➢ *Dispersão e distração. Atenção e concentração limitadas em poucas coisas ao mesmo tempo;*
  ➢ *Concentração em temas não prioritários aos interesses maiores;*
  ➢ *Visão limitada ao que interessa e incapacidade de lidar com o que não quer ver;*
  ➢ *Processamento sequencial. Foco em uma coisa por vez;*
  ➢ *Criação de visões frágeis, tendenciosas, frente à falta de informações;*
  ➢ *Respostas automáticas e repetitivas.*

Tendemos a processar as coisas em sequência, pois fazer mais de uma coisa por vez gasta muita energia. A atenção e a concentração são recursos mentais que ajudam o cérebro a tornar a realidade mais simples e, para isso, ele procura formas operacionais econômicas de funcionar. Ele concentra sua energia naquilo que acredita ser mais importante, no que lhe interessa mais. Assim, temos muita informação sobre o que está sendo focado, mas perdemos muitos dados do que está ao nosso redor e que poderia fazer diferença em nossas avaliações e decisões.

Uma seleção é feita pelo inconsciente definindo o que deve ser percebido ou ignorado. Com um foco seletivo, muitas vezes não somos capazes de perceber mudanças importantes inesperadas que estão ocorrendo. E ainda tem uma variável que não pode ser esquecida: tendemos a ver o que queremos ver, e não ver o que não queremos.

Por outro lado, a mente dispersa, distraída, em devaneio, nos desloca do aqui e agora retomando ou criando imagens e lembranças do passado e do futuro. Isto tira a atenção ao que se está fazendo: não ouvir o que as pessoas estão falando, não absorver o texto que está sendo lido, não se atentar aos riscos presentes no ambiente que podem nos ferir.

> Quando dirigimos e falamos ao celular ao mesmo tempo, sofremos momentos de cegueira que nos colocam em risco. Escrever mensagem de texto aumenta substancialmente o risco. Rever um relatório importante e falar ao telefone ao mesmo tempo também pode ser desastroso. Ficamos incapacitados para perceber ocorrências inesperadas.

Um mecanismo maluco e maldoso da mente nos estimula a fazer bobagens e depois nos pune pelo que fizemos.

Pior fica quando conjecturas mentais interferem na atenção, criando ruídos na maneira como vemos a realidade. Incapaz de não dar respostas necessárias a certa situação, o cérebro é capaz de preencher lacunas para dar sentido ao que está acontecendo, mas tenderá para interpretações que atendam suas próprias expectativas e interesses.

Partes mais primitivas do cérebro nos mantêm cativos às operações fora do consciente. A operação do consciente é realizada por áreas mais recentes e hierarquicamente mais frágeis sendo facilmente dominadas pelas mais antigas e cristalizadas.

- *Quanto você fica ausente em reuniões importantes?*
- *Quanto está perdendo do que está acontecendo a sua volta à medida que está vivendo outra realidade mental?*
- *Quão suscetível você é destes apagões mentais?*

Respostas a ameaças

Na mente instintiva, estão comandos fundamentais para nossa sobrevivência, e por isso reagimos automaticamente frente a estímulos sensoriais percebidos como ameaças. Ao que Hurson comenta ser a parte de nosso cérebro que se com-

Ameaçadas, pessoas boas fazem coisas más.

para com o do jacaré. Como ocorre no cérebro de muitos animais, essa é a parte responsável pelas respostas impensadas de ataque ou fuga. Aquela em que a percepção do risco faz aflorar uma emoção que prepara o corpo para a ação. Quando isso ocorre, só muito depois quando assume o consciente, a mente racional, somos capazes de medir as consequências de forma ponderada e objetiva.

Esses mecanismos são igualmente usados pela mente social para se confrontar com os riscos sociais, é quando, por exemplo, ideias diferentes e colidentes com as nossas podem ser igualmente percebidas como risco, acionando nossa mente reptiliana.

Desbalanceamentos químicos

A presença ou ausência de certas substâncias no cérebro redefine quem a pessoa é.

A partir da presença adequada das substâncias químicas no cérebro é possível definir quem a pessoa é. O excesso e a ausência, por sua vez, definem quem ela não é. A maquinaria cerebral funciona a com base em reações e disparos eletroquímicos dos neurônios, criando uma operação mental complexa e, segundo o neurocientista brasileiro Miguel Nicolelis, barulhenta.

A química orienta a vida no planeta desde o seu princípio e são os componentes químicos, neurotransmissores e hormônios que disparam ou inibem a rede neural que ativa nossas reações fisiológicas e comportamentais. Um desequilíbrio no balanço químico do cérebro leva a modificações e a respostas emocionais e comportamentais. É quando a pessoa se torna quem não é, ou não deseja ser.

Graças ao entendimento do papel da química no funcionamento do corpo, os cientistas vêm desenvolvendo drogas capazes de interromper sentimentos de dor e desconforto, restabelecer funções das quais o cérebro parece já não dar conta, e também criar alucinações e estados de prazer. Grande parte da humanidade é hoje medicada para retomar o equilíbrio, o bem-estar da mente e do corpo, quando a homeostase ou a consciência não conseguem.

Certo executivo teve por muito tempo comportamentos de forte irritabilidade e agressividade os quais incomodavam muito as pessoas com quem trabalhava e a si mesmo. Foi através da orientação médica para uso de alguns medicamentos que conseguiu restabelecer o equilíbrio químico de seu cérebro e não se deixar dominar por humores que levavam a comportamentos indesejados.

No congresso Brain, Emotions and Behavior (São Paulo, 2013) foram apresentadas algumas evidências que ajudam a entender certos comportamentos indesejados no dia a dia de trabalho. Por exemplo, substâncias químicas definem os impulsos sexuais e, apesar de ser um tema raramente tratado abertamente nas empresas, o leitor sabe que ele faz enorme diferença nas relações de trabalho. A importância da química nos comportamentos sexuais foi bem elucidada naquele evento pelo doutor Hermano Tavares, da Universidade de São Paulo. Ele narrou um experimento que envolvia a presença e a ausência de certos hormônios e neurotransmissores (oxitocina e vasopressina) no cérebro de dois tipos de ratos.[1]

A química opera o corpo. O cérebro faz o corpo produzir substâncias químicas (feromônios e os alomônios) capazes de influir no comportamento de outras pessoas ou de outros animais.

Cada um deles foi colocado num ambiente que dava acesso a diferentes compartimentos, em cada qual estava uma fêmea. Solto o ratão da pradaria, ele rodou um pouco, logo decidiu se acasalar com uma das fêmeas e estabeleceu com ela um relacionamento duradouro ao ponto de não mais buscar outra. Por outro lado, o ratão do cerrado fez uma lambança e praticou sexo com todas as fêmeas e não se fixou com nenhuma. A investigação mostrou que havia no cérebro do ratão da pradaria a forte presença de oxitocina, o que o fazia ser naturalmente monogâmico, pois essa substância reduz o ímpeto genético de distribuição dos genes. Por outro lado, seu primo ratão do cerrado tinha o cérebro banhado pela vasopressina, o que faz dele um ativo agente distribuidor de genes, levando-o a praticar sexo com toda fêmea que encontra. No experimento, aplicaram oxitocina no ratão do cerrado, o que provocou uma mudança de resposta, tornando-o monogâmico.

Pesquisando sobre o assunto na internet, encontrei um site que vende o spray de oxitocina para aplicar em companheiros com esse intenso impulso de distribuição de genes, também conhecidos como "puladores de cerca". É acessível a qualquer interessado.

---

[1] Experimento narrado também no artigo "Amor patológico: um novo transtorno psiquiátrico" em coautoria com Eglacy C. Sophia e Monica L. Ziberman, na *Revista de Psiquiatria* (Vol. 29, número 1, de março de 2007).

Régua de valores: preferências predefinidas

Em *O livro da consciência*, Damásio nos fala que temos um mecanismo mental que, operando fora do consciente, controla e estima probabilidades sobre o que pode causar danos ou oferecer oportunidades que interessam ao organismo. Sugere também que esse mesmo mecanismo é usado para avaliar as situações sociais e induzir o consciente nas suas avaliações e decisões.

Funciona como uma régua de valores, de preferências, que o cérebro usa para medir tudo que se passa a nossa volta e em nossos pensamentos. Enquanto que o valor biológico vem de fábrica, a régua de valores é modelada pelas experiências vivenciadas e pelas nossas propensões. Uma ferramenta simples e rápida é usada automaticamente a cada instante de vida, sem que percebamos.

Para fazer valer suas determinações definidas pela régua, um mecanismo de recompensa e punição, básico e primitivo é usado: aumentar o prazer e reduzir a dor.

Isso quer dizer que nossas preferências de ação são predeterminadas pelo cérebro numa operação inconsciente na qual ele faz um prejulgamento do ambiente interno e externo e depois induz nossos pensamentos e ações. Assim, escolhas e decisões conscientes nunca são totalmente livres e racionais, o que não impede que sejam inteligentes. Nossas respostas são limitadas por um trabalho de base que avalia as hipóteses mais prováveis, estima probabilidades de sucesso e prevê os potenciais impactos.

O cérebro não para de julgar um instante sequer, nos fazendo uma máquina que compara, julga e atribui valor a tudo. De forma imediata e não refletida, indica caminhos a seguir ou a serem evitados. Identifica situações ou pessoas das quais devemos nos aproximar ou nos afastar. Entretanto, nem sempre a resposta é a que melhor atende aos interesses da mente consciente e racional. Pela experiência e com a maturidade, aperfeiçoa a régua de valor.

> Por algum motivo que nem ele conhecia, aquele gerente de marketing tinha um impulso que o levava a ter sérias restrições ao novo gerente de finanças. Uma vez perguntado por que ficava com as

Escolhas e decisões conscientes nunca são totalmente livres e racionais, o que não impede que sejam inteligentes.

defesas abertas não soube explicar. Esse sentimento atrapalhou o relacionamento entre os dois executivos. No início, o sentimento era unilateral, mas, com o tempo, o cérebro do outro captou a "ameaça" e passou a adotar igual reação, de forma velada, mas evidente a quem dominava as sutilezas do ambiente.

Os estereótipos de outro gestor o induziram a uma atitude negativa em relação a um candidato a diretor de marketing. Seu "feeling" o alertava para sua aparência a qual não era a típica de um marqueteiro. Felizmente, após alguns minutos de conversa, percebeu sua tendenciosidade e se encantou com a pessoa. No final das contas, foi o candidato quem recusou a oferta – um resultado absolutamente imprevisível para uma entrevista que começou daquele jeito torto.

O valor biológico e a régua de valor estão diretamente associados às necessidades, pois o não cumprimento de um comando social ou orgânico faz gerar uma carência, uma sensação de dor ou desconforto que nos leva à ação para eliminá-la.

Prazer e dor modelam nossos interesses

Na essência dos comandos mentais, estão dois fundamentais que garantem que a programação genética e a social sejam cumpridas: a recompensa pelo cumprimento (que induz à busca pelo prazer e pela redução da dor) e a punição pelo não cumprimento da programação, por não seguir as determinações da régua de valor (sentimentos de dor e desconforto). É esse mecanismo que nos faz naturalmente interesseiros, nos impulsiona a aumentar o prazer e a aliviar carências e necessidades, mesmo quando para isso adotamos comportamentos que não desejamos.

É através desse mecanismo que nossa régua de valor se assegura que suas indicações sejam seguidas. Cabe ao cérebro (sistema nervoso) modelar comportamentos por meio de sentimentos de dor e prazer. O prazer e o bem-estar são sentidos quando os comandos genéticos e as crenças sociais alojadas em nossas mentes são obedecidos através de pensamentos e comportamentos. A dor e o mal-estar, por sua vez, são sinais de que estamos os contrariando de alguma forma.

A mão exposta ao calor excessivo leva à dor e provoca sua imediata retirada. Caso a não entrega de um relatório no

O cérebro garante que o corpo cumpra seus comandos punindo ou recompensando a si mesmo com dor ou prazer.

A dependência do prazer nos faz imediatistas e interesseiros.

prazo estipulado fira alguma crença pessoal muito forte (por exemplo, "não posso falhar com meu chefe" ou "minha carreira depende desta entrega"), substâncias químicas serão lançadas no cérebro e na corrente sanguínea e um sentimento de culpa e medo será acompanhado de dor, induzindo comportamentos automáticos que possam reduzi-lo ou mesmo para assegurar que na próxima vez o problema não se repita. O mesmo ocorre quando apenas refletimos sobre coisas que somos proibidos de pensar.

Dimensões da dor do comportamento indesejado

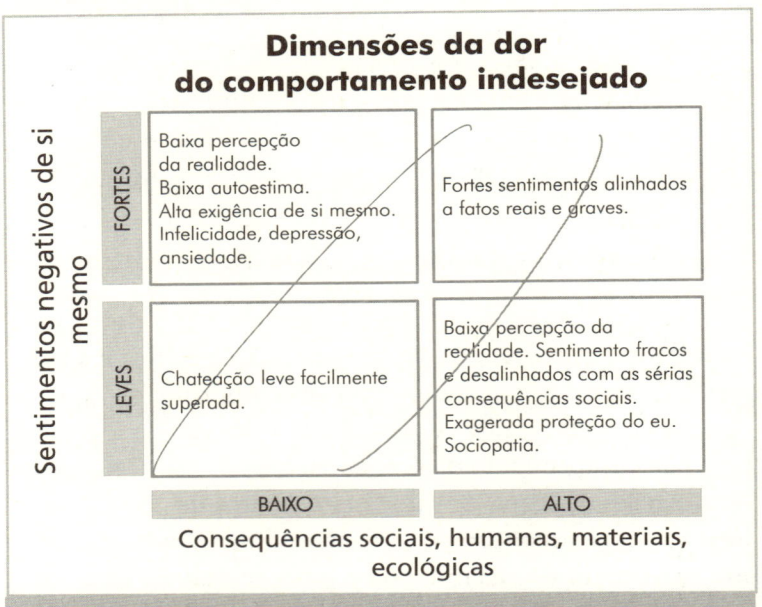

Os objetivos mais nobres sucumbem frente à dor.

Dimensões da dor do comportamento indesejado

Sentimentos negativos de si mesmo	Consequências sociais, humanas, materiais, ecológicas		
		BAIXO	**ALTO**
FORTES	Baixa percepção da realidade. Baixa autoestima. Alta exigência de si mesmo. Infelicidade, depressão, ansiedade.	Fortes sentimentos alinhados a fatos reais e graves.
LEVES	Chateação leve facilmente superada.	Baixa percepção da realidade. Sentimento fracos e desalinhados com as sérias consequências sociais. Exagerada proteção do eu. Sociopatia.

Podemos avaliar a importância de um comportamento indesejado pelo impacto que causa ao mundo material, orgânico e social, e pelo consequente risco que provoca a nossa segurança ou a nossa qualidade de vida. E também pela força dos sentimentos negativos que desenvolvemos. Na maior parte da vida, felizmente, nossos comportamentos indesejados são do tipo *baixo/leves*, isto é, têm pequeno impacto no mundo, provocando em nós leves sentimentos negativos, aqueles que desaprovamos em nós mesmos. Em geral, se dissipam facilmente.

Eventualmente, não escapamos de gerar uma situação grave, de alto impacto e que nos causa enorme pesar, culpa.

Nesse caso, o comportamento indesejado gera forte sentimento negativo. Aqui o que mais importa será a capacidade para se recuperar da situação e não se deixar naufragar nela.

As outras alternativas apresentadas na figura, indicam oportunidades para o desenvolvimento pessoal. Numa, sofremos imensamente por um comportamento que, visto com mais objetividade, não tem o valor correspondente. Insistimos em nos sentir mal como se estivéssemos punindo a nós mesmos, ou como se não tivéssemos o direito de nos sentir bem. Na outra, não nos damos conta do mal causado pelo comportamento, e, consequentemente, nada, ou pouco sentimos. Isso pode ocorrer por pura ignorância, mas também pode decorrer da tentativa de proteção do *eu ideal*, distorcendo ou negando a realidade, amedrontado pela incapacidade de lidar com a situação. Em ambos os casos, a mente está aprisionada à sua maneira de perceber e interpretar a realidade.

Quando não houver dor ou prazer, há indiferença, e nesse caso não nos movemos. Cada crença ou comando genético tem na sua essência a convicção de que o seu cumprimento lhe trará recompensas, isto é, na visão operacional do cérebro, obter substâncias químicas que dão ao corpo sensação de prazer ou redução de dor. A cada resposta alinhada a um importante comando genético ou social, o cérebro é banhado por substâncias que dão prazer. O comportamento será incentivado a se repetir. A moeda da recompensa, do prazer, é a dopamina, que nos induz a buscar novas fontes de prazer. Por outro lado, quando o comando é contrariado, são despejadas substâncias que levam à dor, incentivando a imediata correção do pensamento, da ação. Sua repetição não é mais incentivada.

Uma importante fonte de dor no dia a dia é o risco social, como, por exemplo, o descumprimento de uma crença, o não atendimento de uma expectativa, o desrespeito a um ritual. É quando somos atacados por fortes sentimentos, perdemos o controle da mente, e das nossas ações, podendo ser conduzidos a respostas indesejadas.

Quando não houver dor ou prazer em jogo, o cérebro não se interessa e o corpo não se move.

A força dos comandos e crenças rígidas

Através da vivência de sucessivas situações bem e malsucedidas, o cérebro define conceitos, princípios e crenças sobre a experiência, as quais ficam definidas como as que melhor atendam (ou não) seus interesses. Por exemplo, o cérebro percebe que ser elogiado favorece à ascensão social, e isso traz vantagens à qualidade de sobrevivência e pode fazer a pessoa ficar dependente da aprovação social. Assim, quando ela não recebe os elogios esperados é como se algo se rompesse, como se fosse ofendida. Um desequilíbrio se instala deixando a mente perturbada e o corpo é assolado por sentimentos de dor (ansiedade, medo, culpa, raiva). Na visão automática da mente, a única solução para acabar com o sofrimento é ir em busca do elogio, da atenção, mesmo que faça isso da maneira mais prejudicial a si mesma

Resistência química à mudança

Não mudamos porque dói mudar. A interrupção e a mudança de comportamentos indesejados podem ser vistas metaforicamente como uma guerra eletroquímica entre grupos de neurônios: os que processam o interesse da mudança *versus* os que não querem mudar. Mudanças comportamentais e emocionais são, a princípio, uma ameaça ao eu, e o cérebro cria obstáculos por meio da dor. Habituados a certos comportamentos, ficamos dependentes deles, e o cérebro já não pode se dar ao luxo de modificá-los facilmente, assim, fará de tudo para manter as coisas como estão. E quando contrariado, age como se estivesse em crise de abstinência pela ausência da recompensa química que recebia quando tinha tal comportamento. A dor emocional leva à perda de controle e a respostas intempestivas, ingovernáveis.

Na visão do cérebro, nossas crenças representam nosso melhor interesse. Lutamos por elas, pelo prazer que sentimos ao atendê-las.

Um executivo usava como técnica forçar uma pessoa a mudar criando uma dor insuportável caso ela não se alinhasse com a mudança proposta – por exemplo, ou aceitava o novo cargo ou era demitida. Nesse caso, a pessoa optava pela dor menor. Ele denominava essa estratégia de "plataforma ardente", numa alusão à opção entre decidir não mudar e ficar em uma plataforma de petróleo em chamas, ou pular de 50 metros de altura em um mar gelado e, quem sabe, sobreviver.

Uma perspectiva imprecisa, única e limitada

A imprecisão da nossa percepção gera lacunas na formação de padrões mentais, as quais são preenchidas pelo cérebro com aquilo que lhe é familiar, confiável, desejado. Isso leva a cada um de nós dar significados familiares mesmo a dados fragmentados e, com isso, fazer julgamentos, imaginar futuros distintos, estimar diferentes vantagens e riscos. Imagine como isso pode, num ambiente racional e organizacional, gerar muita confusão e desentendimento, favorecer o surgimento de ameaças onde elas não existem e desperdiçar energia mental e organizacional na defesa de ideais. Parte dos problemas entre pessoas decorrem das diferentes perspectivas que cada uma possui. Uma mente primitiva pode ser percebida quando a pessoa extremamente convicta das suas ideias deixa de considerar a hipótese de estar frente a uma verdade discutível. Aprisionada a suas redes neurais, é impedida de acreditar que outras perspectivas possam contribuir para atender suas metas e objetivos. Pois novas concepções representam uma ameaça para si.

É muito difícil se estabelecer uma perspectiva precisa da realidade quando se é ao mesmo tempo santo e pecador, verdadeiro e hipócrita, bom e mau, obediente e violador, verdadeiro e falso.

Técnicas de análise e soluções de problemas consideram a fragilidade da mente recomendando foco sobre os fatos e dados.

> Aquele gestor era uma pessoa tipicamente dogmática e nunca aceitava ideias que não fossem as suas. Quando um subordinado lhe apresentava uma ideia, ele automaticamente a refutava. Como era um sujeito inteligente, sua mente logo lhe dizia que estava desperdiçando uma melhor solução para sua necessidade. Porém, incapaz de ceder à proposta de outro, o seu cérebro criava uma manobra mental e ele, alguns dias depois, na maior cara dura, apresentava a ideia como se fosse sua.

Enganado pelos sentidos

A maquinaria cerebral é maravilhosa, mas não é perfeita. Ela cria suas próprias interpretações, cria ilusões visuais, nos leva a perceber somente o que lhe interessa ou o que conhece, filtra as memórias que chegam ao consciente, e, com isso, pode nos levar a percepções, sentimentos e comportamentos inadequados. Pode induzir a pessoa a cometer erros, inclusive contra si mesma. É preciso sempre lembrar que o cérebro pode estar sendo enganado pelos sentidos, que lhe dão as dicas sobre o que está acontecendo. Ele identifica mais facilmente aquilo que lhe é conhecido ou familiar. Constrói sua própria imagem da realidade a partir do que mais lhe interessa e é conveniente. Não somos capazes de ver as coisas como são, mas apenas como algo que somos capazes de interpretar e entender. O cérebro cria sua própria perspectiva através de percepções e informações subjetivas adquiridas nas relações interpessoais.

Respostas previsíveis, automáticas e impensadas

Habituados a certos comportamentos, ficamos dependente deles.

O cérebro é rápido na resposta, mas não improvisa. Nele tudo é predefinido, inclusive os sinais de alarme e as saídas de emergência. Caso não seja estimulado a agir de maneira diferente, sempre se utiliza das mesmas estratégias na solução dos problemas que encontra e que lhe pareçam semelhantes a problemas anteriores. Resistente, não aceita mudanças e faz o que for preciso para manter as coisas como estão.

Repetitivo, o cérebro nos permite antever que vamos errar nas mesmas coisas.

> Fazendo uma reflexão sobre seus piores comportamentos, aquele gestor logo percebeu que não era o único a tê-los. Que as pessoas no trabalho tendem a repetir sistematicamente as pequenas e grandes bobagens, e têm grande dificuldade para mudá-las, mesmo as mais simples.

O cérebro é um arquivo de informações subjetivas e verdades indiscutíveis que ele cria sobre o que considera certo ou errado, bom ou mau. Cria comandos inquestionáveis e crenças arraigadas. E é com base nelas que reagimos frente às situações vivenciadas. Depois de desenvolvida a verdade absoluta, ela é defendida com todas as armas, das mais sublimes às mais sórdidas, de forma automática e impensada.

> Quando ele estava frente a um chefe com crenças arraigadas, automaticamente sabia que não era produtivo discuti-las. Com os

subordinados, era diferente. Sua mente era conduzida por uma crença que respeitava: "O chefe sabe o que é melhor e o subordinado tem de acatar".

Busca por ameaças

Um maravilhoso mecanismo desenvolvido em milhões de anos induz os sensores do corpo (órgãos do sentido) para ficarem atentos às ameaças e às oportunidades, e já ter prontas as melhores respostas automáticas, imediatas. É quando o corpo pula e se desvia do carro que vem em sua direção. Regula sua própria temperatura. Acelera o ritmo dos batimentos cardíacos para dar conta do combate. Transtorna a mente frente à necessidade sexual. Opera de acordo com a situação, mas sem qualquer controle.

Essa mesma dinâmica mental ocorre quando o cérebro aciona os sensores para encontrar riscos e oportunidades para proteger (e validar) suas crenças. Muitas vezes não é estímulo externo que leva ao comportamento. É a dinâmica mental e a preparação emocional que vão em busca do estímulo e, quando não acham, criam um, que permite a explosão do ataque ou a implosão da fuga.

Nem sempre a reflexão permite especificar as razões que levam à mudança da química cerebral de um estado emocional que prepara o corpo para o combate ou a fuga. Sabemos que quando isso acontece já perdemos o contato com a realidade, com o corpo, já puxamos o gatilho que liberou nosso animal interno, nosso pior comportamento. Algumas vezes podemos fazer como um jogo, para provar crenças negativas que temos de nós mesmos. Mensagens hormonais lançadas na corrente sanguínea nos levam à perda do controle. É quando passamos as fronteiras do proibido.

Somos viciados em ameaças. Durante milhões de anos nossos ancestrais viveram sob a ameaça de vida, e isso deixou uma forte marca genética na maneira como reagimos no dia a dia.

A evolução do cérebro, a inteligência humana, foi favorecida quer pelas ameaças de dentro do grupo, e pelas ameaças de outros grupos humanos.

Memória não plenamente confiável

Um vasto depósito de conhecimentos factuais sobre as situações vivenciadas é composto por imagens mentais, sons, palavras, emoções, sentimentos, e ruídos são pré-selecionados

A inteligência social cresceu conjuntamente com a memória e o pensamento e nos permitiu imaginar intenções, predizer respostas, imaginar cenários nas futuras interações. Avaliar alianças, rivalidades, dominação, lealdade, decepção, traição.

As memórias mais acessíveis são aquelas às quais o cérebro atribui algum significado que lhe interessa.

na memória, pelas preferências do cérebro quando são trazidos à atenção da consciência. Toda experiência vivenciada é guardada para servir de referência às novas experiências. Ainda que esquecidas, estão associadas às preferências do corpo. Sendo as percepções emocionalmente interpretadas, nunca se sabe quão fiel é o conhecimento em relação à realidade "absoluta". Ao reviver mentalmente uma situação, marcações emocionais espalhadas pelo corpo são acionadas e dão à experiência mental uma enorme consistência e impressão de verdade, levando a pessoa a esquecer que não passa de criação mental, neural e biológica.

As informações captadas são arquivadas como experiências pessoais completas em termos de imagens visuais, olfativas, textuais, emocionais etc., compondo cenas que, quando lembradas, recuperam, além das informações, a sensação completa do momento. Vão do medo ao prazer. Entretanto, a maior parte da memória não é acessível ao consciente para tomadas de decisão com base na vontade, mas fica influindo subliminarmente em pensamentos e ações.

As gravações da memória são fragmentadas, subjetivas, se misturam e se modificam conforme novas situações são incorporadas. Lá também ficam informações captadas pelos sentidos, muitas das quais nunca serão percebidas pela mente consciente.

As memórias mais acessíveis são aquelas às quais o cérebro atribui algum significado. Entretanto, é preciso cuidado, uma vez que é difícil ter certeza de que as lembranças representem o que realmente aconteceu, pois o cérebro promove em caráter permanente ajustes marginais de modo a se manter compatível com seus interesses e sua realidade. O material captado se mistura com necessidades, desejos, julgamentos, sentimentos e emoções, bases da subjetividade humana. Não é incomum uma pessoa alterar, agregar ou mudar fatos sobre uma mesma história, contada cada vez de uma forma.

> Certo executivo tinha a especial habilidade de fazer mudanças nas histórias que contava repetidamente. Esse processo era favorecido depois de algumas taças de vinho.
>
> Outro mudou consideravelmente sua interpretação dos fatos quando acalmou seu ódio, adotando uma perspectiva que era mais adequada aos seus interesses.

A memória a que temos acesso é a de trabalho. Um conjunto de informações que o inconsciente seleciona e libera para o consciente e faz parte dos nossos pensamentos. Com sua crise de energia, e capacidade de armazenagem limitada, dispomos de poucas informações ao mesmo tempo. Sendo sua atenção unidirecional, o que está fora do seu interesse é relegado a um segundo plano e pode nunca vir ao consciente.

Permanentemente atrasados

Como comentou Damásio, estamos irremediavelmente atrasados em relação à nossa consciência. Estamos sempre um pouco mais velhos do que percebemos. O presente nunca está aqui. Barros Filho, autor de *A vida que merece ser vivida*, diz que na mente humana o que achamos que está ocorrendo agora, na verdade, acontece sobre um estado de eu passado de alguns instantes. O presente torna-se continuamente passado, pois, quando nos damos conta, já estamos em outro presente. Como sugere em suas palestras, "quando lhe perguntarem, como vai você?", sua melhor resposta será "não vou, já fui!", porque somos um deixar de ser a cada instante.

Estamos sempre um pouco mais velhos do que percebemos.

Potenciais disfunções do cérebro podem atrapalhar o bem-estar e a qualidade da ação gerencial. É preciso saber quando se tem alguma característica que pode trazer transtorno. Segue uma lista para checagem pessoal. Ressaltando que às vezes algum dos aspectos a seguir pode merecer uma investigação médica.

- *Falhas operacionais*
    - ➤ *Equilíbrio, perspectiva espacial;*
    - ➤ *Visão, audição, tato, olfato, sabor;*
    - ➤ *Deficiências orgânicas em geral (problemas de saúde).*

- *Falhas cognitivas*
    - ➤ *Confusão de percepção (sobre uma mesma situação ou evento);*
    - ➤ *Dificuldade de concentração, excesso de dispersão;*

> *Respostas excessivamente repetitivas automáticas e pouco criativas;*
> *Lapsos de memória. Dificuldade de recuperação de informações. Lapsos de raciocínio, inversão, cálculo, estimativas, confusão na linguagem;*
> *Deterioração de conteúdo;*
> *Tendenciosidade, preferências conflitantes com o ambiente social. Rigidez. Subjetividade;*
> *Incapacidade de isenção do julgamento.*

- *Falhas emocionais instintivas*
  > *Reações instintivas inadequadas. Incapacidade para conter apelos primários, como assédio sexual ou moral;*
  > *Sequestro emocional: percepção indevida da presença de um grande risco.*

O cérebro de cada pessoa é único, com suas mutações hereditárias. É preciso explorá-lo para saber as funcionalidades que nos privilegiam e as que nos derrubam.

A genética modelando as organizações

Geração após geração, muitas das espécies bem-sucedidas se organizam entre si da mesma maneira, repetindo os mesmos tipos de comportamento para se protegerem. E isso é bastante evidente entre os mamíferos. Entre eles, da mesma maneira que o desenho e as funcionalidades orgânicas são predeterminados e transmitidos hereditariamente, também são certas propensões, tendências e preferências sociais, aquelas que colaboram para o sucesso individual e da espécie. Isso quer dizer que as propensões para os diferentes comportamentos sociais de cada espécie têm base genética, e são predeterminados. Uma incômoda constatação para uma espécie arrogante acostumada a pensar em si mesma como filha de entidades divinas e como tendo livre-arbítrio para ser e se organizar como bem entenda.

Os conflitos internos com os quais nos deparamos decorrem da nossa incapacidade para balancear nossas forças instintivas egoístas e altruístas.

No preço da inteligência humana veio embutida a complexidade da vida social.

A coevolução genética e social

Ocorreu simultaneamente à evolução genética uma evolução da mente social, baseada na pressuposição de uma unidade psíquica da humanidade. Firmou-se a crença de que as pessoas de todas as raças têm as mesmas propensões genético-sociais, de que há uma natureza humana universal, na qual todos os povos são geneticamente dotados do mesmo aparato mental com o potencial para as mesmas vertentes que formarão as diferentes bases culturais.

Vivendo um novo limiar de discernimento vemos com clareza nossas fragilidades.

Segundo Robert Wright, a evolução cultural é uma tendência intrínseca da espécie humana, levando-a a estágios de cognição incomuns. À medida que se expande em formas mais complexas de relacionamento, também leva ao desenvolvimento de ferramentas, utensílios, armas, domínio da natureza e de processos produtivos, decorrentes da sofisticação dos processos mentais. Favorecida pela natural propensão para criar e cumprir regras, a espécie humana, inconsciente e instintivamente, busca por vantagens coletivas moldando a estrutura social para esse fim, e é daí que surge uma complexa teia de relacionamentos, inclusive a moral, a ética e os valores. Vale ressaltar que grande parte dos *insights* da psicologia evolucionista decorrem das pesquisas da biologia social, entre elas as apresentadas por Robert Trivers sobre os reflexos e impulsos de caráter social na vida de alguns animais.

A evolução cultural levou ao aumento da complexidade social e, nesse ponto, às ameaças essencialmente físicas e concretas foram adicionadas às ameaças sociais abstratas, imprevisíveis, simbólicas, tomadas como reais riscos de vida. O efeito mais positivo das ameaças sociais foi a pressão seletiva que levou ao aumento da nossa inteligência. Observa-se que espécies não ameaçadas tendem a não apresentar no tempo qualquer aumento do tamanho cerebral nem da inteligência.

A vida social é uma estratégia genética comprovadamente bem-sucedida, mas o sucesso de uma sociedade é medido por critérios diferentes.

Um impulso genético nos induz a vivermos juntos pela simples razão de que isso favorece a sobrevivência.

Propensão social

A propensão social faz parte do desenho genético-social de várias espécies com a função de induzir os indivíduos que a elas pertençam a viver em conjunto, o que constitui uma vantagem, uma arma genética competitiva para a sobrevivência individual e coletiva. Entretanto, cada espécie se organizou de diferentes maneiras para a vida em conjunto em função das suas demais características genéticas e das condições do meio ambiente – riscos e oportunidades – onde cada uma se desenvolveu.

Algumas desenvolveram modelos sociais bastante simples; outras, bastante amplos e complexos, mas independente do resultado, cada indivíduo se sente impelido a viver com os demais por determinação genética. Sociedades de morcegos, golfinhos, formigas, abelhas e elefantes, por exemplo, desenvolveram seus próprios modelos sociais, e cada espécie seguirá a sua maneira até que uma mudança ambiental induza a florescer outra mutação, já disponível, a qual seja uma melhor alternativa.

Como as demais espécies, a humana tem um conjunto de comandos genético-sociais na forma de vertentes comportamentais, as quais definem tanto como somos individualmente e como nos organizamos para nos proteger. As informações fósseis de nossos ancestrais, da pré-história e da história, mostram que partimos de bandos, grupos, famílias, e chegamos a sociedades, nações e, consequentemente, empresas.

Uma importante indagação levaria a identificar as caraterísticas embutidas em nossos genes, que nos fazem como somos e nos organizamos socialmente. Quais armas genético-sociais nos são favoráveis, e quais nos levam a dar um tiro no próprio pé? Como nos elevam e nos derrubam?

Ressalto que é de Robert Wright, em seu livro *Animal moral*, a maior parte das ideias que compõem este capítulo. Diz ele que as preocupações com o status, senso de justiça, gosto pelo mexerico, sentimentos de culpa, gratidão, vergonha, remorso e orgulho são exemplos de traços evolutivos.

Somos compulsivamente levados a pertencer a grupos, e grupos competem entre si forjando comportamentos sociais avançados.

Vertentes rígidas e maleáveis

Muita gente acredita ser livre para ser e fazer o que bem entende, mas a naturalidade com que fazemos coisas maravilhosas e estúpidas decorre de impulsos, de propensões genético-sociais sedimentadas no cérebro a cada geração ao longo de milhões de anos. Agora no limiar de um novo ápice de discernimento nos damos conta do eventual impacto negativo de parte dessas programações em nossas vidas, nos permitindo contrapor nossas piores respostas automáticas.

O instinto humano é igual aos dos demais animais, mas não é tão geneticamente inflexível e invariável como ocorre com a maioria deles.

> Aquele gestor parecia o dono do mundo e acreditava poder fazer o que bem entendia. Entretanto, não sabia que apenas repetia impulsos primitivos sobre os quais não tinha qualquer domínio. Tinha tanta liberdade mental para organizar sua empresa como abelhas na colmeia ou formigas no formigueiro.

A psicologia evolucionista estuda a presença de propensões e comportamentos sociais similares, classificáveis, previsíveis

Somos hipócritas sempre que isto nos convém.

e repetidos por todas as pessoas em todos os agrupamentos humanos, no presente e no passado. Tais propensões fazem parte dos comandos contidos no DNA e nos impulsionam para naturalmente sermos e agirmos de determinadas maneiras. Regras genético-sociais estão presentes em muitas espécies, entretanto, nem abelhas nem formigas, nem jacarés nem borboletas têm a permissão genética para alterar os papéis sociais que a evolução lhes reservou. A espécie humana foi privilegiada com muita liberdade ao ponto de nos fazer acreditar sermos nós mesmos os detentores da decisão de como as coisas devem ser. As mesmas vertentes comportamentais podem ser encontradas entre os nossos primos primatas, e, muitas vezes, é neles, por não viverem no mar de hipocrisia em que vivemos, que ficam mais evidentes.

O que nem sempre nos damos conta é de que o modelo mental usado na construção de nossas organizações repousa sobre nossos comandos genético-sociais. É de lá que emergem suas principais disfunções, entre elas:

- A proteção daqueles que portam nossos genes;
- A proteção daqueles com quem mantemos relações de reciprocidade;
- Metas baseadas em interesses egoístas;
- Competitividade e luta para ascensão ao poder;
- Troca de submissão por privilégios sociais;
- Moral e ética flexíveis para atender interesses pessoais.

As empresas espelham a condição humana, podendo ser igualmente maravilhosas e deploráveis, divinas e diabólicas.

Cada pessoa e os grupos sociais dão a essas vertentes diferentes configurações comportamentais, podendo mesmo estar em sentidos opostos. O mesmo ocorre com os valores adotados por pessoas e empresas para orientarem suas vidas, os quais podem significar na prática coisas muito diferentes. As "personalidades" das empresas espelham a condição humana, podendo ser igualmente maravilhosas e deploráveis, divinas e diabólicas.

Somos livres para ser o que quisermos dentro de um, é preciso que se diga, amplo, mas predeterminado, painel de possibilidades. Entretanto, estamos tão condicionados, ou mesmo inebriados pela realidade social, que não conseguimos imaginar o mundo a partir de outras variáveis e enfoques. Chegamos mesmo a ficar chocados quando alguns pilares sociais definidos pela genética são questionados. Um território muito explorado pela ficção científica.

Inteligência e complexidade social

Steven Pinker e Robert Wright acreditam que o aumento da inteligência está correlacionado ao aumento da complexidade da vida social. Quanto mais ideias, símbolos e artefatos valiosos são trocados entre os indivíduos de uma mesma espécie, mais inteligentes ficam, mais aumenta o tamanho do cérebro (em relação ao corpo).

A complexidade organizacional induz ao desenvolvimento da inteligência.

Por outro lado, com as modificações do ambiente social, muitos padrões comportamentais perdem sua utilidade na defesa do organismo e das crenças, mas continuam interferindo na maneira como as pessoas se relacionam. Por exemplo, já não é preciso lutar fisicamente pelo controle do grupo ou território (para poder disseminar e fazer prevalecer os genes), mas ficou a orientação genético-social da luta pela liderança, que ocorre de maneira direta ou dissimulada na competição pela criatividade, estética, intelectualidade, consumo e aquisição de símbolos de poder.

Richard Dawkins, no seu *O gene egoísta*, comenta como seria muito desagradável viver em uma sociedade baseada apenas em leis da seleção natural, mas considera que mesmo que não gostemos de algo, esse algo não deixa de ser verdadeiro. Nossa vantagem é sermos a única espécie capaz de frustrar os intentos genéticos egoístas. Para tal, é preciso conhecer e encarar os comandos genéticos de frente. Mas é preciso cuidado, pois a mesma cultura que nos modela cria os mecanismos para evitar que escapemos dela.

Propensões genético-sociais afetam nossas vidas no trabalho e nossa maneira de gerenciar, podendo cada uma delas seguir rumos éticos e morais distintos. Algumas serão comentadas a seguir.

Instintivamente protegemos aqueles que portam nossos genes.

Seleção de parentesco

Um dos ímpetos primitivos leva os humanos a protegerem prioritariamente os que portam seus genes e, no outro extremo, a desprezar os demais. Os empreendimentos empresariais, em geral, respeitaram fielmente essa diretriz até bem recentemente, e uma grande quantidade de empresas familiares (inclusive as que não são mais familiares, mas são administradas como se o fossem) ainda fazem valer esse imperativo genético. A seleção de parentesco é uma forma de um gene beneficiar a si mesmo através de outra pessoa que compartilha uma réplica sua. De acordo com Pinker, dessa vertente decorre a essência do amor, o prazer que um sente pelo bem-estar do outro e a dor, no dano.

No mundo atual das empresas, essa força genética vem sendo ponderada, dando passagem às novas tendências culturais que privilegiam mais as competências do que os laços de sangue. É sempre bom lembrar que as pessoas amam seus filhos porque são induzidas geneticamente a agirem dessa maneira e não conseguem fazer diferente. E quando tentam, sofrem com isso.

> Aquele empresário colocou sua empresa em risco quando insistiu em privilegiar seus filhos no processo de sucessão, em vez de procurar pessoas realmente qualificadas para as principais posições de comando. Despreparados, em pouco tempo, o pai se viu obrigado a voltar para tirar a empresa do sufoco que havia entrado pelas decisões de negócio erradas que haviam sido tomadas.

Altruísmo recíproco

As interações humanas se baseiam na troca de expectativas e o seu não atendimento leva ao rompimento.

Outro impulso genético-social leva os humanos a estabelecerem relações com outras pessoas que possam resultar em benefícios para ambas as partes. Ele tem por objetivo prático proporcionar um intercâmbio vantajoso. Para provar que nosso espírito interesseiro tem seu lado bom, nessa vertente encontramos a generosidade, a gratidão, o senso prestativo de obrigação, a empatia crescente e a confiança, as quais levam a intercâmbios confiáveis e que geram muito prazer. O que talvez não fique bem claro é que fazemos tudo isso porque nossos genes, egoístas e amorais, levam o cérebro a acreditar que, agindo assim, eles ganham alguma vantagem.

O altruísmo recíproco não é uma reação humana piegas, pois exige intelecto para ponderar as situações complexas que nem sempre são explicitadas pelos envolvidos. É um impulso igualmente encontrado entre nossos parentes mais próximos, os chimpanzés, que têm uma natural propensão a tal comportamento.

O altruísmo recíproco nos leva a ter consideração com os amigos e conhecidos com quem travamos relações cooperativas de longa duração. Comenta Wright que, para um esquimó, o melhor lugar para armazenar seus excedentes é no estômago de outra pessoa. Ou, segundo Pinker, o melhor lugar para se armazenar sobras de comida na época em que não havia refrigerador era no estômago de alguém que pudesse retribuir o gesto mais à frente. Afirma ainda que nosso estilo de vida e nossas mentes são particularmente adaptados às demandas do altruísmo recíproco, que é a fonte de muitas emoções humanas. Amor, compaixão e empatia são fibras invisíveis que conectam genes em corpos diferentes. Em síntese, é o que ocorre quando um animal se comporta de maneira a beneficiar outro, mesmo se expondo a sofrer perdas.

Nossa genética nos faz pessoas individualistas e egoístas, mas também altruístas e generosas.

Em empresas em que o altruísmo recíproco é baixo, as pessoas vivem em permanente estado de desconfiança mútua, sempre à espera que alguém venha lhes puxar o tapete. Vivendo em estado de ameaça, desperdiçam suas energias em lutas abertas e ocultas em vez de alocá-las na consecução dos objetivos de negócios.

Um traço evolucionário que surgiu entre os insetos é a divisão do trabalho altruística. A cooperação gera formas complexas de organização social.

> Aquele gestor tinha como convicção que a troca sadia e o sucesso do trabalho em equipe dependiam muito do fato de que ao distribuir o sucesso entre os membros do grupo, garantia sua parte quando esse viesse a se repetir.

As relações humanas no trabalho se sustentam na troca de expectativas e mira vantagens para ambas as partes, mas nem sempre as pessoas se dão conta disso. Essa perícia inconsciente faz parte da natureza humana. A cooperação nas empresas e a sinergia dela decorrentes podem parecer um objetivo de gestão, mas são primariamente do interesse genético. De sua ausência, surgem a avareza, a preguiça, o engodo e o parasitismo, criando uma situação de ameaça que gera reações de indignação moral ou ressentimento.

CHECKLIST: COOPERAÇÃO POR INTERESSE

☐ *Sua cooperação só é obtida em troca de algo de interesse imediato;*
☐ *Não colabora quando coagido;*
☐ *Necessita de uma força externa para empurrá-lo em certos sentidos;*
☐ *Não se compromete quando a decisão não e sua;*
☐ *Na maior parte das vezes subliminarmente joga contra.*

Temos consideração por aqueles com quem travamos relações nas quais levamos alguma vantagem.

Controlamos as pessoas quando não confiamos que elas cumpram com a reciprocidade esperada.

Quando não há reciprocidade as relações ficam frágeis.

Pessoas egoístas podem derrotar outras altruístas. Mas grupos altruístas se organizam melhor e derrotam grupos egoístas.

Quando não há reciprocidade no atendimento das expectativas em uma empresa, as relações ficam frágeis. Há um desbalanceamento no atendimento dos interesses. Uma relação positiva de trabalho demanda a crença de que as partes, de alguma maneira, direta ou indiretamente, estarão atendendo às expectativas uma da outra.

Como resultado do risco de não sermos atendidos, ganhamos a tendência inata de monitorar as contribuições alheias, quer consciente ou inconscientemente. Um clima de ameaças se instala quanto mais dúvidas houver sobre o cumprimento de determinado compromisso pelo outro, e mais intensos serão os mecanismos de controle. Em ambientes organizacionais onde não há confiança recíproca, as relações de trabalho são permeadas por normas rígidas e punições. Vêm dessa mesma vertente os comportamentos sociais como a barganha e a permuta, que impulsionam a sociedade na direção de maior complexidade nas relações.

Muitos aspectos da nossa formação genética têm como função manter a sociedade coesa para melhor proteger os genes daqueles que dela fazem parte. E vários comportamentos de base genética existem para o bem da espécie. Esse é o caso do altruísmo recíproco, que valoriza a bondade, a integridade, o senso de justiça, e estabelece uma relação positiva. Afinal, é dando que se recebe algo em troca, e assim todos saem ganhando.

A propensão social que nos mantém juntos potencializa essa união através do altruísmo, da compaixão, do amor e do senso de justiça. Esses mecanismos sociais funcionam como uma argamassa que modela nossas relações. Entretanto, a natureza não determina o sentido moral da aplicação desses mecanismos. Tudo depende do solo de onde brotam e florescem. Aplicados essencialmente a partir dos interesses pessoais, podem tomar sentido manipulativo ou maléfico. Wright sugere que a atitude de não retribuir, associada à busca pela ascensão social, pode ser responsável pelo alto teor de desonestidade verificável em nossa espécie.

Bondade e generosidade

Um dos pontos nem sempre bem recebidos da psicologia evolucionista reside no fato de que não fomos desenhados para nos preocupar com a felicidade de ninguém, exceto nos casos em que tal preocupação beneficie nossos genes. Right nos diz que, olhando com objetividade, não há nada de místico na bondade, na fraternidade, na humanidade, pois são estratégias, vertentes predefinidas, caminhos para melhor atender aos interesses genéticos de se viver e de proteger a espécie. Esse é um bom exemplo de que seguir as diretrizes genéticas não é um mal em si. Entretanto, é preciso cuidado para não acharmos que somos naturalmente bondosos, generosos, íntegros. Muitas pessoas criam uma roupagem nobre que as faz pensar que seus comportamentos são bons e defensáveis mesmo quando são dúbios.

Das ações mais nobres às mais mesquinhas, todas estão ligadas a interesses genéticos.

> Os macacos são menos dissimulados que os humanos, pois, quando ajudam as fêmeas a se alimentar, elas sabem que eles são movidos pela expectativa de obter privilégios de sexo.

Qualquer ação humana se destina, em última instância, à sobrevivência, à proteção dos nossos genes, como é o caso das estratégias morais e éticas. Entretanto, a seleção natural não é clara nem honesta nas suas estratégias e se utiliza de qualquer artifício para atingir seus objetivos de preservação da espécie. Nosso grande risco é que nossos impulsos genéticos nem sempre estão associados à qualidade da sociedade, mas à qualidade e à amplitude da transmissão genética que tal sociedade atinge, ou seja, à garantia de que nossos genes sejam copiados o maior número de vezes possíveis. A vida social é uma estratégia genética, mas o sucesso de cada sociedade é medido por critérios diferentes. Acostumados às regras morais das coisas da vida, achamos difícil fazer uma avaliação fria da seleção natural, mas é preciso reconhecer que ela foi muito bem-sucedida uma vez que, há setenta mil anos, alguns poucos *Homo sapiens* atravessaram a África, invadiram outros continentes e se multiplicaram, chegando aos 7 bilhões que somos hoje. Por outro lado, o fato de um bilhão de humanos passarem fome mostra o insucesso da evolução social e valida a constatação genética.

Todas essas características fazem do homem um animal naturalmente contraditório, e seria bom comentar outros atributos que colidem com o altruísmo recíproco e explicam tão bem nossa natural maneira de ser, e consequentemente, de gerenciar.

O individualismo, a ambição e a competitividade são forças genéticas evolucionárias, mas colidem com nossas expectativas sociais presentes.

Individualistas, ambiciosos e competitivos

O individualismo, a ambição e a competitividade são forças genéticas que promovem o desenvolvimento da espécie à medida que cada indivíduo compete para fazer prevalecer seus genes e vencem os que portam genes mais competentes no campo daquela competição. É preciso ter em mente que a orientação genética pela busca da sobrevivência e pela primazia de proliferação de nossos genes nos faz animais individualistas, que focam prioritariamente na satisfação dos próprios interesses. Em um ambiente social em que os problemas de sobrevivência estão relativamente superados, nosso ímpeto se move para a defesa e a elevação de si mesmo. Já não é mais o corpo que tem necessidades. É o eu premido pelos desejos sociais. É ele o interessado em atendê-los e faz qualquer coisa para tanto.

O ambiente organizacional replica a vida animal quando estimula empregados e líderes a lutarem por cargos, projetos, conhecimento. Um impulso genético que não deixa de ser uma forma de aprimoramento de capacidades. Os genes de cada pessoa acreditam que são os melhores e que devem prevalecer sobre os demais. Wright crê que o ego de um homem tenha sido produzido pelas mesmas forças que criaram a cauda do pavão, e a humanidade poderia ser definida como uma grande batalha genética sob o encanto hipnótico de uma única verdade, a de que o material hereditário de cada um é o mais importante. Assim, a tendência à individualidade e ao egoísmo são reações saudáveis de um traço genético que insistimos em condenar, quando visa a proteger apenas os interesses dos genes do humano hospedeiro.

A vantagem de sermos assim é que a espécie é induzida ou impulsionada a um tipo de corrida armamentista – onde cada um desenvolve ao máximo suas armas genéticas, tendências, habilidades, competências – para que os genes melhor qualificados assumam a liderança.

> Certo gestor se deleitava em jogar os subordinados um contra o outro. Pedia a mesma coisa para diferentes pessoas e elas acabavam colidindo, para, no fim, haver um vencedor. Como acontece na selva, nas disputas entre dois fortes competidores. Entretanto, em certa ocasião, o desgaste foi tal que o gestor acabou perdendo ambos os contendores.
>
> Pela indecisão da empresa na escolha do sucessor do presidente, o melhor candidato acabou aceitando a mesma posição em outra organização, para tristeza dos colaboradores em geral.

"A opinião dos nossos inimigos (a nosso respeito) chega mais perto da verdade do que as nossas."

La Rochefoucaud

A evolução da vida social continua sendo um jogo genético, e tem sido um importante fator evolucionário em todas as áreas – gestão, artes e ciências – em que a competição visa a vitória do mais competente. Entretanto, todo traço genético tem sempre um lado indesejado. Há sempre o risco de o ambiente competitivo de uma empresa se exacerbar na busca pela vitória a qualquer preço mesmo com prevalência da hipocrisia, da mentira, da ganância, do engodo, da corrupção e do suborno.

O neo-capitalismo selvagem reflete um modelo de gestão dogmático-egoísta.

O modelo econômico-social no qual operamos traz dentro de si princípios genéticos que podem ser destrutivos socialmente, entre eles: competitividade desleal e destrutiva, aprimoramento das armas genéticas (competências de negócios) visando a destruição da concorrência, o crescimento ou a morte.

Interesseiros e egoístas

> *Os genes nos impulsionam a automaticamente atender nossos desejos, mas é a sociedade quem define quais são eles.*

> *Na luta pela sobrevivência, a ordem genética é simples: salve a si mesmo e os seus, e só salve os outros quando isso for do seu interesse.*

> *"Não fomos desenhados para nos preocupar com a felicidade de ninguém, exceto nos casos em que tal preocupação beneficie nossos genes."*
>
> Robert Wright

O egoísmo pressupõe que tudo que um indivíduo faz deve reverter em seu benefício, ao atendimento de suas necessidades. É um impulso embutido em todas as nossas ações, mesmo as de caráter moral mais elevado. Quando uma crença arraigada toma conta da mente humana, o cérebro passa a acreditar que ela é do seu melhor interesse e fará de tudo para atendê-la. Quando não consegue, é punido por si mesmo com sentimentos de dor e desconforto.

Temos o ímpeto, o desejo, a necessidade de agir naquele sentido porque o cérebro busca por recompensa, quer ser banhado por substâncias que lhe tragam prazer. São o desejo e a necessidade impostos pela crença que nos movem, conscientemente ou não, a fazer o que for necessário, às vezes sem qualquer pudor.

> Boa parte dos comportamentos inconvenientes daquele gestor era desconhecida dele mesmo. Achava que o mundo girava em torno de si. Falava obscenidades às pessoas, em geral mulheres. Sabia-se extravagante, mas não se via como inadequado. Sendo uma pessoa importante para os negócios da empresa, o constrangimento que ele causava foi suportado pelos demais diretores por um longo tempo, até que finalmente foi demitido.

Na luta pela sobrevivência, a ordem genética é simples: salve a si mesmo, e só salve os outros quando isso for do seu interesse. Na luta social, a regra é a mesma. É sempre útil lembrar-se do exemplo de Pedro Simão ao negar Jesus, seu mestre. Obviamente, como bons hipócritas, sentimo-nos chocados com essas constatações. É difícil aceitar que só nos movemos para aumentar o prazer ou reduzir a dor, e que a bondade e humildade são qualidades só exercidas quando há algum interesse presente. Segundo Steven Pinker, com frequência, nos desiludimos sobre quão benevolentes e afetivos nós realmente somos.

CHECKLIST: INTERESSEIRO E MANIPULADOR

- ☐ Suas decisões, mesmo as mais racionais, têm sempre como ponto de partida seus próprios interesses;

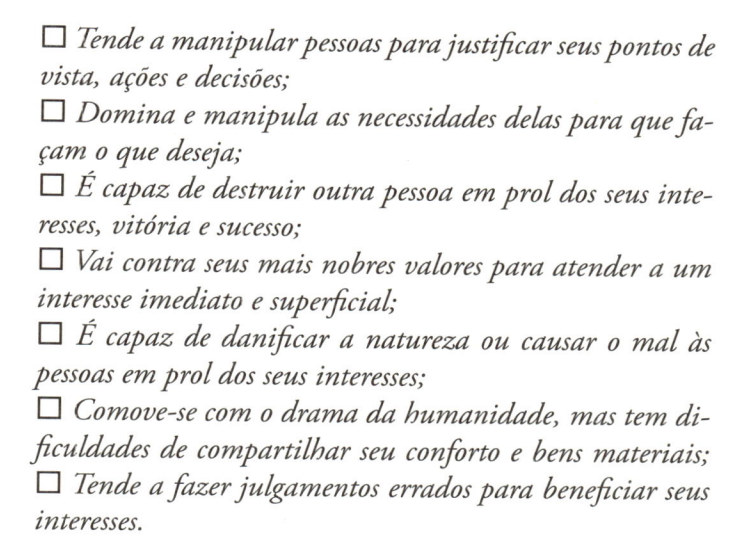

☐ *Tende a manipular pessoas para justificar seus pontos de vista, ações e decisões;*
☐ *Domina e manipula as necessidades delas para que façam o que deseja;*
☐ *É capaz de destruir outra pessoa em prol dos seus interesses, vitória e sucesso;*
☐ *Vai contra seus mais nobres valores para atender a um interesse imediato e superficial;*
☐ *É capaz de danificar a natureza ou causar o mal às pessoas em prol dos seus interesses;*
☐ *Comove-se com o drama da humanidade, mas tem dificuldades de compartilhar seu conforto e bens materiais;*
☐ *Tende a fazer julgamentos errados para beneficiar seus interesses.*

Quando olhamos todo o potencial negativo contido em nossa programação genética e social, pode parecer desesperador. Entretanto, como ninguém será capaz de nos tirar nossa natureza, não se trata de lutar contra ou negar o modelo genético, é preciso conhecê-lo e usá-lo a nosso favor. Nossos ímpetos genéticos são maleáveis, e uma empresa toma um melhor rumo moral quando dispõe de mais genes convencidos de que ser moralmente correto e justo constitui a melhor estratégia para a sobrevivência individual, dos negócios e da espécie. E, como se vê, não é isso que boa parte dos genes está fazendo por aí. Moralmente, queremos que esses genes vençam, proliferem, se espalhem pela sociedade, pois somente assim conseguiremos uma mudança social sustentável.

Obviamente os genes não nos obrigam a fazer nada, são uma metáfora para lembrar que os humanos, seus hospedeiros, são induzidos a certos padrões comportamentais. É a sociedade que induz o sentido da ação. Fazer prevalecer os genes de hospedeiros que favorecem comportamentos sociais mais benéficos à espécie não é coisa fácil. Hoje, a humanidade ainda está dividida em grupos com interesses antagônicos entre si, com diferentes perspectivas sobre o que é melhor para si e para o mundo. E o lado evoluído da mente sempre corre o risco de sucumbir frente ao outro lado, o primitivo, quando suas necessidades mais básicas afloram frente a uma ameaça. Adoramos

Vangloriamo-nos do sucesso e acusamos as circunstâncias para explicar nossos fracassos.

Para não ferir nossa imagem, nos autoenganamos mostrando-nos alegres e satisfeitos com as bobagens que fazemos.

competir por competir, favorecendo a ambição que facilmente se transforma em egoísmo. E, além dos impulsos sexuais, como assinala Robert Wright, a propensão para o egoísmo tem sido o ponto genético mais duramente atacado pela sociedade.

Egoístas são os genes e não as pessoas. São eles que impulsionam comportamentos automáticos indesejados. DNA não tem sentimentos. A essência egoísta não está necessariamente nos motivos de uma pessoa, mas nos objetivos metafóricos dos genes. Os genes não são a pessoa nem seus motivos inconscientes. Seria egoísta Madre Teresa de Calcutá? Steven Pinker sugere cuidado quando tratamos de questões científicas. Diz que a ciência moralista não faz bem para a ciência nem para a moral.

Não é a genética. É a sociedade que nos faz líderes, ou submissos conformados.

Hierarquia social: submissão e comando

Os humanos, como outros animais, são propensos a criar e a obedecer hierarquias que favoreçam a sobrevivência dos genes e da espécie.

Para os evolucionistas, a hierarquia, bem como a busca pela ascensão social, induz à evolução da inteligência, pois pressupõe perícias que tragam resultados genéticos e sociais superiores para organizações e indivíduos. Hoje, a hierarquia já não responde *per se* pelo privilégio da proliferação de genes, mas se mantiveram as ações de coordenação de pessoas, organização de recursos, planejamento, decisões e ideias que elevam o potencial criativo de resultados. Estilos diferentes garantem o domínio do grupo, quer seja como as galinhas que bicam a cabeça das outras para subjugá-las, quer seja uma composição mais harmoniosa por meio do altruísmo recíproco.

> Aquele gestor sempre teve dificuldades para entender e aceitar a vida social alicerçada sobre as relações hierárquicas. Manteve a expectativa de que um dia seria capaz de encontrar formas menos subservientes de relacionamento. Apesar de idealista, hoje percebe que suas expectativas dificilmente serão atendidas, pois a espécie é instintivamente induzida a essa maneira de se organizar socialmente para atender seus interesses coletivos.

Os atos de servir e comandar são estratégias genéticas diretamente associadas à hierarquia e, da mesma forma, favorecem a sobrevivência, aumentam a complexidade social e aumentam a inteligência. Remontam à formação da vida multicelular, da sociedade de células que forma o organismo, onde a cooperação e o autossacrifício são inigualáveis. De acordo com Damásio, em nosso corpo a maior parte das células é estéril e tem uma contribuição complementar, pois só o espermatozoide e o óvulo se prestam à reprodução, mas elas atuam plenamente satisfeitas com a missão de trabalhar pelo conjunto do organismo.

Aceitamos a hierarquia organizacional, quer disputando a liderança quer buscando a aprovação dos que estão acima.

Para Dawkins, nossos genes mostram que a preocupação genética não é com a preservação, o cuidado ou a felicidade do veículo hospedeiro – o humano que leva a célula em seu corpo –, mas com a informação genética contida nele. Podemos concluir que a determinação genético-social não é necessariamente um mar de rosas. Isso fica mais evidente quando lembramos que algumas espécies destinam parte dos seus membros à morte em prol do grupo; que alguns membros ocupam posições superiores e outros, inferiores; que alguns são estéreis e poucos têm o privilégio de fecundar as fêmeas que garantirão a preservação da espécie. Guardando as devidas proporções, essa descrição lembra muito a sociedade humana, ou mesmo a vida em algumas empresas.

> Naquela companhia, era muito difícil criar um ambiente cooperativo na medida em que o instinto dominador do macho alfa imperava na mente do líder. Para ele, era preciso vencer, derrotar o opositor, subjugá-lo. Assim determinavam seus genes. E assim ele fazia.

O cérebro é muito perspicaz, tem sua perspectiva própria e é capaz de nos induzir a fazer coisas que não gostaríamos, quando acredita ser aquela a melhor resposta frente a uma ameaça ou oportunidade. E assim nos faz submissos às nossas crenças, uma estratégia genética econômica para poupar tempo e recursos consumidos desnecessariamente. Agora, seria a submissão um requisito natural para a segurança da sociedade? Poderíamos concluir que há indivíduos que nascem para servir e outros para comandar? Seria a desigualdade social uma condição genética para o desenvolvimento da espécie? Para Wright, essas são questões difíceis de responder, e o máximo que podemos fazer é observar que são raras as espécies na vida animal em que a hierarquia social não existe.

> Empresas primitivas estão baseadas em fortes relações de submissão social. Líderes com poderes instituídos comandam mentes submissas incapazes de perceber que podem existir alternativas diferentes de relações de trabalho. Mentes interesseiras e comodistas acreditam que o mundo é assim mesmo, que o que possuem já é uma benesse. O resultado é que essas organizações tendem a se tornar empresas com pouca inteligência disponível, a qual quando aparece pode se manifestar na forma de corrupção ou vingança.

"Se a seleção natural optou pela desigualdade, ela não nos obriga a aceitá-la como certa."

Robert Right

O leitor pode retrucar lembrando os avanços obtidos pela democracia moderna. Entretanto, raros são ainda os casos em que a democracia se provou plenamente eficaz. A razão desse insucesso está justamente nos impulsos primitivos que imperam nas mentes dos líderes, que não resistem à tentação do poder e dos benefícios sociais que ele traz consigo. O que poderá nos salvar é a maleabilidade dos instintos que nos permite contê-los e modelá-los no sentido da sociedade que queremos construir. E isso não vem gratuitamente. Demanda evolução e desenvolvimento pessoal, abandono de crenças e desejos irracionais frente ao interesse coletivo.

Como aponta Wright, a existência de uma hierarquia social natural é uma proposição arriscada, mas ela não deixa de ser viável, pois pressupõe que sua existência é para a proteção dos genes. Darwin acreditava que, se tivesse existido a igualdade social perfeita, ela teria retardado o desenvolvimento da civilização. Acompanhando a evolução social desde quando os humanos passaram a viver juntos, imagina-se sempre a presença de um líder, um chefe coordenador de funções e recursos, e desde então essa figura teve privilégios, quer pela prioridade na fecundação, quer pelo acúmulo de recursos e poder, quer pelo privilégio das suas relações divinas. O que se viu desde que os grupos de coletores caçadores viraram nações é que o poder se fortalece e as diferenças sociais se ampliam.

Quando a desigualdade é social

Ao longo da evolução de muitas espécies, a força física foi uma determinante óbvia na definição da liderança do grupo. Entretanto, no mundo social humano, o fato de a seleção natural ter optado pela desigualdade entre indivíduos não nos obriga a aceitá-la quando isso se mostre inconveniente para nossos propósitos maiores. A seleção natural não predefine que alguns nasçam para serem líderes e outros para serem submissos, pois essa questão depende muito das circunstâncias do ambiente social e do acaso. Mesmo que alguns tenham nascido com alguma vantagem genética para a disputa social, os sucessos dependem em igual proporção das vantagens culturais que permitam que aptidões e propensões aflorem.

Para Wright, todos nascem com a capacidade de produzir serotonina para agir como um primata de posição elevada. Mas não é próprio da natureza humana destinar as pessoas à liderança. Ela apenas as equipa para o caso de a liderança ser alcançada. Os genes criam impulsos que denominamos de ambição, competitividade e sentimentos de orgulho e de vergonha de acordo com o sucesso alcançado. Grandes desigualdades em termos de riqueza e privilégios têm mais fundamento social do que genético.

Liderança traz vantagens

A busca pela posição de liderança sempre foi induzida pelo impulso sexual e não há nada que nos diga que as coisas deixarão de ser assim. Como ironiza uma importante executiva, "a história do mundo se resume ao fato de que os homens buscam o sexo; as mulheres, a vingança."

A deferência aos grandes e poderosos abre caminho para a organização hierárquica complexa. A liderança na realidade social está associada a privilégios sociais dados a pessoas quando se destacam pela sua aparência, posse, eficácia, atração, força, inteligência. À medida que as classificamos como superiores, elas passam a receber padrões diferenciados de atenção, concordância e respeito. O paradoxo humano é que somos, de um lado, gregários e cooperativos e, de outro,

À medida que a competição se estabelece, a espécie como um todo ganha.

Homens contam bravatas sexuais porque sabem que é vantajoso fingir que se é extremamente apto.

O cérebro produz automaticamente substâncias que precisamos para impressionar as pessoas.

competitivos – tudo ao mesmo tempo. Wright explica que nossos primos primatas são um excelente espelho para nós. A maneira pela qual os humanos garantem sua liderança é muito parecida com o procedimento dos chimpanzés na busca pela posição social. Ela está ligada ao traquejo social. O macho alfa tende a garantir seu poder pela obtenção regular de apoio e dá em troca tratamento preferencial e retribuição de favores, o que pode implicar a autorização de relacionamento com fêmeas em ovulação ou mesmo outras formas mais complexas e difusas.

Os chimpanzés resolvem as questões sexuais com o poder, por sua vez, os bonobos (ou chimpanzés pigmeus) usam o sexo como troca na interação social, mais ou menos como nós usamos dinheiro. Há uma insinuação de que somos mais próximos dos bonobos, mas nossa proximidade é igual com os dois. Na verdade, bonobos e chimpanzés são parentes mais próximos dos humanos do que são os gorilas. Em qualquer desses grupos, a disputa é parte da dinâmica social. Dawkins nos lembra de que quando se avalia a hierarquia social dentro das gangues que matam, roubam e traficam drogas, vê-se que o caráter da competição é o mesmo que em qualquer outro ambiente onde se busca ganhar respeito das pessoas cujas opiniões mais interessam.

Impelidos geneticamente lutamos pelo nosso território, nossas fêmeas, nossas posições sociais, pela prevalência dos nossos genes.

> É um traço comum dos colaboradores e gestores fazer de tudo para angariar respeito dos membros mais significativos da organização. Dizem que no meio político existem pessoas que podem chegar ao extremo de agir honestamente para angariar apreciação, mas desafortunadamente são poucos os casos.

Quando fugir é a melhor falta de opção

A moeda de troca do corpo é o prazer, mas, em certas circunstâncias, reduzir a dor já é uma boa estratégia. Há momentos em que a humildade ou a covardia é uma estratégia melhor do que o ataque. Optamos por ela quando queremos evitar um confronto em que a perda é iminente e poderá conduzir à humilhação. Há momentos em que o bom senso evolutivo pode nos induzir a ter uma opinião mais modesta sobre nós mesmos. São episódios em que os genes que prosperam são os que sabem que não vale a pena desafiar e colidir. Na perspectiva evolucionária, isso não é uma questão moral, ou de honra, envolve apenas uma decisão prática.

O homem primitivo vivia melhor sem as restrições aos seus impulsos impostos pela plena consciência.

Às vezes, nos surpreendemos com a escolha de certo executivo para uma alta posição, principalmente quando ela recai justamente sobre aquele que menos se destacava e apenas concordava com as decisões superiores. Nossa surpresa só demonstra nossa ingenuidade e relativo desconhecimento do jogo social.

No passado temíamos apanhar, ser mortos. Hoje temermos perder vantagens sociais, ser humilhados publicamente.

Ascensão social

A busca contínua pela ascensão social é parte da dinâmica social e também gera vários de nossos comportamentos inadequados. Todos procuram aumentar sua estatura social impressionando pares e superiores. Foi Immanuel Kant quem disse que na busca da honra, poder ou propriedade, a pessoa é levada a buscar o status entre seus companheiros, gente que não suporta conviver, mas também não suporta deixar. Sem a busca pela elevação social, a mente e muitas qualidades humanas permaneceriam ocultas e não aflorariam. Se "Deus escreve certo por linhas tortas", como se costuma dizer, a natureza segue seus passos.

Entre as necessidades mais primitivas que orientam a mente humana está a busca pela aceitação alheia, e, depois, por obter distinção. Somos naturalmente impulsionados a buscar posição social diferenciada dentro do grupo. Nossa necessidade de destaque, diferenciação e distinção faz com que utilizemos várias estratégias para nos tornarmos mais atrativos e, assim, ganharmos alguns privilégios.

A luta pelo poder e pela ascensão social elevam a inteligência do animal humano.

A posição social originalmente trazia privilégios no processo de distribuição dos genes, e ainda hoje somos impelidos a estar o mais próximo do topo para obter vantagens distribuídas por quem está lá e continua necessitado de apoio dos ocupantes do andar de baixo. Essa propensão à busca de posições sociais mais elevadas nos leva a nos compararmos com os que estão acima na hierarquia.

Aquele gestor lutava por ascender no conceito e na aprovação dos acionistas e dos executivos. Era capaz de tripudiar sobre a imagem e a reputação dos colegas e de outras pessoas para favorecer o seu próprio engrandecimento. Vangloriava-se dos seus pequenos sucessos e atribuía a circunstâncias inesperadas seus fracassos.

Somos impelidos a mostrar nossas armas genéticas para nos distinguirmos ou para apenas fazermos publicidade enganosa, e convencer os outros e a nós mesmos da superioridade dos nossos genes. Assim fazendo, induzimos os genes dos demais a fazerem o mesmo. À medida que a competição se estabelece no conjunto, a espécie como um todo ganha. O que não quer dizer que em uma visão social mais evoluída tenhamos ganhado. Hoje, ser o mais bem-sucedido não significa ser o mais vigoroso, mas, sim, o que melhor se adaptou às ameaças e às oportunidades apresentadas pelo ambiente, seja por meio da camuflagem, da astúcia, ou de qualquer outro mecanismo que haja contribuído para a ascensão. Ainda hoje, nas sociedades mais primitivas ou em momentos primitivos de sociedades evoluídas, os machos tendem ao exibicionismo, tentando evidenciar suas aptidões, bem como as fêmeas tendem instintivamente a atrair o interesse dos machos que consideram mais aptos a atender a seus melhores interesses, hoje já não necessariamente o de reproduzir. Os homens contam bravatas sexuais porque sabem que é vantajoso fingir que se é extremamente apto.

No passado, o macho alfa se destacava por meio da imposição física. Hoje, o faz a partir de posições que envolvem empregos bem remunerados, posses materiais, qualidades intelectuais. Vale-se também da beleza física, da elegância, do bom gosto aplicado a diversos aspectos da vida. Podemos mesmo fazer uma adaptação de um ditado antigo: ou a pessoa nasce com genes capazes de fazê-la vitoriosa pelo próprio esforço, ou com genes espertos o suficiente para casar com alguém que possa facilitar seu acesso a posições sociais mais elevadas.

O leitor pode estar curioso sobre qual seria a interpretação sobre a significativa ascensão das mulheres no mundo dos negócios. A meu ver, essa ascensão, aparentemente irreversível, ainda é como uma ilha isolada num oceano onde

"O mundo se divide em pessoas boas e pessoas más. As pessoas boas têm um sono tranquilo. As pessoas más se divertem muito mais."

Woody Allen

prevalecem imperativos genéticos e culturais, barreiras que se mostram fortes na maior parte do mundo. Entretanto, é o exemplo vivo que os imperativos genéticos podem ser moldados a novas perspectivas sociais. Essa página da evolução social está sendo escrita e por certo representará uma mudança positiva na história das organizações, desde que os genes femininos não procurem se transvestir em genes masculinos, pois nesse caso nada mudará.

Carentes de estima social

Uma das grandes fraquezas humanas é o vício pela estima social, a dependência de aprovação e elogios. O horror ao sentimento de culpa nos persegue, pois a culpa representa o risco de não ser querido. Na fase inicial da vida, a aceitação pela mãe, pelo pai, por coleguinhas e demais adultos foi um alimento psicológico muito importante. Entretanto, quando não somos adequadamente satisfeitos nessa fase permanecemos carentes. Isso fica evidente na ansiedade com que buscamos aumentar nosso prestígio. Cedo na vida, aprendemos que os impopulares são empurrados para fora dos grupos sociais. E aprendemos pela dor, pela vergonha e pela humilhação.

Há sempre o risco de nos parecermos com um poodle carente pulando sobre aqueles de quem queremos atenção.

> Uma das deficiências daquele gestor era sua incapacidade de lidar com feedbacks negativos de superiores ou mesmo de pares e subordinados. Sofria amargamente. Certa vez, ao receber o relatório de avaliações 360 graus, passou mal e precisou de atendimento médico. Sentimentos negativos de si mesmo invadiam sua mente e estragavam sua vida.

A busca desenfreada pela aceitação social e pelo prestígio pode nos levar a sermos muito zelosos com as aparências ao ponto de não nos incomodarmos tanto em não dar, mas muito em dar sem ser vistos ou em sermos observados não dando, ironiza Wright.

CHECKLIST: CARENTES DE ESTIMA SOCIAL

☐ *Segue a manada social para se sentir incluído;*
☐ *Sofre por não receber a aprovação explícita dos outros;*
☐ *Passa a maior parte do tempo pensando sobre o que os outros pensam de si;*
☐ *Deixa-se violentar para ganhar evidência e tornar-se uma celebridade;*
☐ *Sofre muito quando não tem o que outros possuem.*

A seleção natural nos deu tudo o que precisamos, mas insistimos em nos deixar aprisionados por certas programações sociais.

Na vida corporativa, é sempre bom de ter um amigo ocupando uma posição superior, pois disso sempre resulta algum benefício. Desde muito cedo, descobrimos a utilidade de se ter amigos em posição mais elevada. Somos capazes de muita coisa para manter essas relações convenientes.

> As relações daquele superintendente com seu presidente lhe resultaram em boas vantagens. Sua afeição pelo chefe era enorme e recebia de bom grado os pequenos presentes que ele lhe oferecia, por mais modestos que fossem. Nunca tomava seriamente suas ofensas e fazia de tudo para não o desapontar. Contentava-se com a pouca atenção que recebia, afinal ele tinha tantas coisas para fazer e muita gente para cuidar.

Wright faz um bom apanhado da maneira como a aceitação e a estima nos afetam. Tendemos a julgar os mais bem-sucedidos, os superiores, com mais indulgência, mas, quando eles perdem sua posição social, é comum fugirmos deles. Damos particular valor à amizade de pessoas com status mais elevado, mas tememos cair em desgraça juntamente com elas. Nossos neurotransmissores produzem automaticamente as substâncias necessárias para impressionarmos as pessoas. A aprovação social é um bem que está sempre na mesa das negociações sociais, e nos sentimos ameaçados quando a mente percebe algum risco sério de perda de estima social. A essência bioquímica do pânico associada ao perigo de morte remonta aos nossos dias de répteis, mas o pânico pela perda da posição social é uma adaptação mais recente, do tempo dos primatas nos últimos milhões de anos, quando passamos a ser capazes de criar abstrações sociais via pensamento e palavras. Orgulhosamente ostentamos troféus, e não raro nos vangloriamos exageradamente. Aprendemos que admitir a derrota não é uma boa estratégia e, para tal, são válidas todas as armas sociais, como a mentira, a hipocrisia, o desprezo, a bajulação. Enquanto outros organismos são capazes de apresentar mudanças físicas assemelhando-se à forma que melhor atenda a seus interesses de ataque ou fuga, os humanos obtêm melhores resultados com comportamentos dissimulados.

Eduardo Gianetti acredita que os humanos vão além do reino animal quando se deixam arrebatar por suas próprias representações, iludindo a si mesmos para poder melhor iludir os outros. E quando isso ocorre, a honestidade da autoavaliação fica fora do alcance. Foi Robert Trivers quem concluiu que, em um mundo repleto de detectores de mentiras, a melhor estratégia é acreditar em suas próprias invencionices.

Amoral e não ético

As bases éticas da sociedade não são formadas apenas pela criatividade e pelas circunstâncias. Crenças e regras sociais sofrem influência direta ou difusa de interesses genéticos que podem induzir comportamentos no sentido da sobrevivência, ou mesmo na busca de qualidade de vida. Isso quer dizer que tudo que compõe a realidade social está de alguma maneira direcionado pelos nossos comandos genéticos. E isso obviamente inclui a cegonha, o Papai Noel e o coelhinho da Páscoa.

A genética de cada animal o obriga a respeitar o planeta. A genética-social humana favorece a sua destruição.

Os próximos passos da evolução humana e, por que não dizer, da evolução de cada um de nós, já nos foi disponibilizado pela seleção natural, cabendo a cada um nos utilizarmos deles. É nesse sentido que o Modelo de Autoevolução[1] a ser detalhado a seguir usa o termo. Significa passar a usar recursos genéticos que já estão disponíveis para o autodesenvolvimento. Os recursos genéticos já estão em nossos cérebros. Mas dependerão da harmonização e consolidação da mente humana, do aumento do domínio da pessoa sobre os próprios pensamentos, desejos e sentimentos que resultam em ações. Depende da capacidade de

Autoevolução é o uso de recursos genéticos disponíveis para promover o autodesenvolvimento.

---

1 O leitor poderá encontrar o conceito de Autoevolução com outros significados do aqui apresentado. Entre eles, alguns com o significado da evolução de si mesmo, outras como o processo robótico de máquinas que desenvolvem a si mesmas.

A autoevolução passa pelo fortalecimento da consciência de modo a promover o autoconhecimento e o autcontrole.

cada uma para contrariar impulsos perniciosos a si mesma e à sociedade. Passam pelo fortalecimento da consciência, os caminhos para melhor harmonizar os interesses genéticos e sociais, bem como os que dizem respeito à preservação do planeta. Somente com uma consciência autocrítica, lúcida, capaz de fazer julgamentos em prol do todo é que poderemos dar uma guinada nas relações humanas da vida em geral e, particularmente, em nossas relações de trabalho. Para Darwin, o estágio mais elevado da cultura moral a que podemos chegar ocorre quando reconhecemos a necessidade de controlar nossos pensamentos. E mentes primitivas não controlam pensamentos; apenas respondem ao comando de crenças, muitas delas irracionais. É o imediatismo do inconsciente que impede o autodesenvolvimento, pois o gene vencedor não vislumbra o futuro. Para ele, prevalecem as necessidades e desejos de efeito imediato. Num mundo primitivo, a ideia de autodesenvolvimento é um luxo que a genética permitiu seguir. Mas como é do seu feitio, ela oferece possibilidades e, ao mesmo tempo, cria dificuldades.

"Embora acredite no progresso moral como um fato, creio também que estamos muito mais próximos do seu início que do seu fim."

L.P. Jacks

> *Entre as características abaixo, estão algumas que afetam negativamente os relacionamentos no trabalho. Encontre as suas:*
>
> • *Nepotismo: tendência a proteger e favorecer parentes em detrimento da competência;*
>
> • *Protecionismo: tendência de proteger e favorecer aqueles com quem mantém relações de reciprocidade mais estreita em detrimento da competência;*
>
> • *Submissão à hierarquia: tendência a respeitar exageradamente pessoas hierarquicamente superiores e símbolos de poder social;*
>
> • *Hipocrisia: Tendência de falar apenas o que mais convém à situação, aos seus interesses, e não necessariamente o que pensa ou sente;*
>
> • *Egoísmo interesseiro: ação visando atender prioritariamente interesses pessoais;*
>
> • *Ambição para ascensão social: anseio exagerado por posições econômicas e sociais superiores;*

- *Carência de estima:* Dependência excessiva do reconhecimento e aceitação dos mais poderosos para se sentir aceitos;
- *Moralidade flexível:* abrir mão da moral e ética pessoal quando essas colidem com desejos e interesses imediatos;
- *Autoritarismo:* tendência a subestimar a contribuição dos outros. Tendência a impor suas ideias e desconsiderar as dos demais. Tendência a exigir obediência irrestrita;
- *Luta destrutiva pelo poder:* uso de artifícios danosos, ilícitos, imorais, para derrubar opositores;
- *Dogmatismo:* uso da força física, econômica, moral e religiosa para impor pensamentos e ideias;
- *Animalismo:* reações de ataque e fuga a partir de reações emocionais explosivas e implosivas.

"Naquela época, os homens muitas vezes ingeriam veneno por ignorância; hoje em dia, mais bem instruídos, eles envenenam uns aos outros."

Lucrécio

*Grande parte
dos fenômenos
sociais indesejados
corresponde ao processo
evolucionário de um
primata que ainda
está longe da sua
maturidade.*

Investigando seu nível evolutivo

Com certeza, o leitor está se beneficiando de muitas vantagens que a evolução disponibilizou. Entretanto, pode estar desperdiçando energia de vida por não estar conectado a suas partes menos produtivas que estão levando a respostas, ações e comportamentos indesejados. E ter partes primitivas em si mesmo não é um problema, mas uma condição da existência humana. Nosso desafio é o de conhecê-las mais para melhor lidar com elas.

"Precisamos não só de mapas, mas de encontrar maneiras de mudar quem faz os mapas."

Ken Wilber

> Como todos nós, aquele gestor era contraditório. Por um lado, era conhecido como uma pessoa divertida e correta nas trocas sociais; por outro, seus piores comportamentos de liderança fugiam de qualquer critério de bom senso gerencial. Muitos não entendiam por que havia sido colocado no cargo. Outros, por que continuava nele. Entretanto, ele não tinha noção de que as pessoas o viam daquela maneira.

A partir deste capítulo, será apresentado o Modelo de Autoevolução, com o objetivo de motivar o leitor a uma reflexão de si mesmo e dos outros. Considerando que, com nosso nível de consciência e discernimento se elevando, é preciso rever nossos modelos mentais e reconfigurar a maneira como julgamos a nós mesmos e aos outros. O modelo é baseado em hipóteses, na observação e em teorias que indicam que a mente humana foi construída lenta e sequencialmente à medida que a vida social se tornou cada vez mais complexa, e que funciona de maneira fragmentada, como se diferentes pessoas habitassem uma mesma cabeça, formando um conjunto de diferentes estados mentais. Na prática, isso pode ser percebido pela dinâmica mental, isto é, pela conversa que roda em nossa mente, pela maneira como nossos pensamentos falam entre si concordando, discutindo, ralhando uns com os outros. São como se tivessem vida própria, fossem inquilinos que às vezes concordam sobre as respostas a serem impostas ao corpo para executá-la. A cada uma dessas pessoas, foi atribuído um estado mental, com um perfil bem delineado, e cada um deles está associado a diferentes momentos da evolução da mente social, mesmo que muito entrelaçados entre si.

Aquele gerente tendia a falar sozinho, mesmo quando não estava no celular. Muitas vezes ficava irado e ralhava consigo mesmo, deixando perplexo quem estivesse por perto.

Descrição dos estados mentais

No livro *Uma teoria de tudo*, de Ken Wilber, encontrei o modelo de evolução da mente social que deu base aos estados mentais aqui apresentados. São eles:

"É um grande desafio admitirmos nossas capacidades e tendências instintivas como parte da nossa natureza humana."

Robert Wright

- *O estado mental genético.* Formou-se num longo período evolucionário à medida que o corpo se constrói. Nele estão as decisões para proteger o organismo e fazer com que as coisas funcionem bem. É também o responsável pelos impulsos, reflexos e propensões das programações genético-sociais que servem de base nas demais mentes. Deles decorrem os impulsos de ataque e fuga que nos assemelham aos demais animais.
- *O estado mental dogmático.* Começou a se formar à medida que os humanos passaram a ter vida em comum e relações sociais, criando normas de convivência que favoreceram de sobremaneira a sobrevivência e a proteção da espécie. Nele estão as crenças, valores que mantêm juntos ou separam pessoas e grupos. É o estado mental responsável pelos comportamentos exacerbados de imposição ou submissão.
- *O estado mental egocêntrico.* Decorre de um estágio no qual a vida em comum já havia progredido e as diferenças individuais passam a ser usadas como armas genéticas, ampliando ainda mais as capacidades de sobrevi-

vência. É a fase em que a diferenciação entre membros e a competição forçam o desenvolvimento da mente e da inteligência, tornando a vida social ainda mais complexa. Dele resultam os comportamentos decorrentes da submissão cultural e da diferenciação a qualquer custo.
• *O estado mental racional social.* É o mais recente, o mais sofisticado, porém o menos potente nas decisões mentais. Aflora quando os humanos alcançam estágios de discernimento superiores e passam a ter alguns controles sobre os demais estados mentais. Através deles passam a dar à vida humana novos significados. É quando já não basta estar vivo. É preciso alcançar estágios de qualidade dessa sobrevivência. Dele resultam os comportamentos conscientes, ponderados e alinhados às metas e objetivos pessoais presentes e futuros

Como veremos, não são estados puros e muitas vezes se combinam entre si gerando dogmático-egocêntricos e egocêntrico-dogmáticos

Evoluir é o processo de se utilizar ao máximo o potencial contido dentro de si e de controlar amarras genéticas que levam a respostas indesejadas.

Vertentes da evolução

Apesar de ser uma única mente, cada estado mental se manifesta à sua maneira a partir de um conjunto de funcionalidades que evoluíram no tempo. Essas funcionalidades definem o conteúdo (a programação), o sentido (as necessidades) e o controle (níveis de consciência) de cada uma de nossas ações, de nossos comportamentos.

• *A programação define o conteúdo da ação.* Cada estado mental obedece a comandos, crenças e princípios que definem o conteúdo da ação. Comandos genéticos e programações sociais que definem o que é melhor para si (mesmo quando não é). Programações podem ser alinhadas ou contraditórias, úteis ou defasadas da realidade e de nossos mais profundos valores
• *Necessidades definem o sentido da ação.* Cada estado mental tem suas próprias *necessidades, desejos e vontade*s as quais definem o *sentido na ação na busca pelo prazer*

ou pela redução da dor. Movem o corpo no sentido de atender o cumprimento das suas crenças e expectativas;

• *Estados de consciência definem o grau de controle da ação.* Cada estado mental opera num estado de consciência o que define o grau de controle que a pessoa tem da sua programação, de suas necessidades, enfim, do seu próprio comportamento.

Premissas de funcionamento dos estados mentais

Temos ferramentas genéticas que nos permitem aprender, ensinar, aprimorar o conhecimento passado, e isso é que faz a grande diferença na evolução humana.

Algumas características e premissas definem a maneira como os estados mentais funcionam:

• Predomínio das funcionalidades mais antigas. Em termos de evolução, o tempo pesa. As funcionalidades mais antigas (primitivas) têm mais força e dominam as mais recentes;

• A luta pelo controle da mente. Cada estado mental tem seus próprios interesses, que lutam entre si para dominar a mente e definir a ação. A mente se debate entre diferentes interpretações e soluções para os riscos e oportunidades que se apresentam. E quanto mais desarmonia houver, maiores serão os conflitos íntimos, mais contraditória e paradoxal é a pessoa. O estado mental que assume o controle da mente influi nas percepções, sentimentos, pensamentos e comportamentos adotados.

Sua mente e seu corpo estavam sempre agitados e automaticamente lhe vinham à mente fatos e ideias perturbadoras com as quais não concordava e tinha que lutar contra. Entretanto, como sempre acontecia em situações similares, ele se deixava levar por comportamentos de ataque, mesmo quando isso não era uma boa resposta. Quando as coisas davam errado, outra parte de si se culpava e se punia pelas bobagens cometidas.

CHECKLIST: MENTE FRAGMENTADA

☐ *Partes de si vivem em conflito;*
☐ *Pensamentos recorrentes negativos estão sempre dominando sua cabeça;*
☐ *Pensa de uma maneira e age da maneira oposta;*
☐ *Acredita em uma coisa e faz outra;*
☐ *Surpreende-se com suas respostas automáticas e indesejadas;*
☐ *Sofre com as coisas idiotas que faz (pior ainda, quando não sofre);*
☐ *Consistentemente, repete as mesmas bobagens;*
☐ *Não controla comportamentos que lhe criam problemas.*

• Estados mentais definem quem somos. Oscilam no controle da mente, mas tendemos a nos fixar mais tempo num deles e a ter lampejos dos demais. O estado mental com mais frequência no controle da mente inclina-se a definir como somos percebidos. Definem se somos viscerais, dogmáticos, egocêntricos ou racionais.

Aquela diretoria era composta por pessoas muito competentes, cada qual com um perfil evolutivo diferente. Um diretor era claramente dogmático. Suas respostas eram frequentemente marcadas pelo seu senso crítico e fortes convicções. Era uma pessoa inflexível quando alguém apresentava um ponto de vista diferente do seu. Outro diretor nitidamente defendia soluções que beneficiassem de alguma maneira sua imagem pessoal, ou lhe dessem vantagens exclusivas. Outro tinha seu sangue sempre fervendo e, ao menor sinal de ameaça, atacava com ferocidade. A sorte do grupo era ter um líder ponderado, racional, que alinhava o que cada um tinha de bom na busca do melhor resultado.

O Modelo de Autoevolução é uma ferramenta para o leitor estimular seu autoconhecimento, através da identificação de comportamentos e traços que possam atrapalhar sua vida pessoal e profissional. Ajuda posicionar em qual estado mental uma pessoa tende a estar quando tem seus piores comportamentos.

O quadro a seguir sintetiza o pensamento das várias teorias que compõem o Modelo de Autoevolução, as quais podem ser mais bem identificadas na bibliografia. Sugere que a mente

Temos lampejos de uma mente consciente capaz de julgar nossas programações e ver as que já não nos servem.

Somos a soma das nossas respostas, com especial destaque para as piores.

A desarmonia mental faz da nossa vida um inferno de contradições e de descontroles comportamentais.

evoluiu de uma base puramente genética e se enriqueceu com o desenvolvimento dos estados mentais sociais. A espécie partiu (e ainda mantém) de um estado mental genético puramente orgânico, animal. O qual é seguido pelo estado mental dogmático voltado às relações tribais, suas crenças e seu grupo genético mais próximo. A mente egocêntrica é favorecida pela complexidade social, por ambientes sociais que valorizam a diferenciação, as competências. O estado mental racional social representa o ápice, mas longe de ser consolidado, e é o que tem mais chances de realmente nos fazer um ser humano.

Indica as qualidades de cada estado da mente, mas também suas fragilidades frente ao mundo social. Mostra que, à medida que se fortalece a mente racional social, há um aumento gradual do discernimento, da compreensão de si mesmo, dos outros e do mundo.

VERTENTES DO AUTODESENVOLVIMENTO	ESTADO MENTAL GENÉTICO	ESTADO MENTAL DOGMÁTICO	ESTADO MENTAL EGOCÊNTRICO	ESTADO MENTAL RACIONAL SOCIAL
Características	Orgânico, instintivo, animal.	Arcaico, tribal, guerreiro, submisso, tradicional.	Individualista, consumista, manada social.	Moral, coletivo, responsável, atualizado, flexível.
Programação	Genética. Inata.	Social inicial. Crenças, regras e expectativas adquiridas na fase inicial da vida.	Social inicial. Crenças, regras e expectativas adquiridas na fase inicial da vida.	Social madura. Valida a programação infantil, e a conveniência da genética. Novas crenças são adquiridas na fase adulta.

VERTENTES DO AUTODESENVOLVIMENTO	ESTADO MENTAL GENÉTICO	ESTADO MENTAL DOGMÁTICO	ESTADO MENTAL EGOCÊNTRICO	ESTADO MENTAL RACIONAL SOCIAL
Necessidades	Básicas, baixas. Impulsos. Fome, sono,	Desejos. Média baixa. Proteção, aceitação. Poder, domínio.	Desejos. Média alta. Pertencer, seguir a manada social. Prestígio, popularidade, Diferenciação Social. Individualismo.	Vontade. Necessidades altas. Autorrealização.
Estado de consciência	Inconsciente. Inacessível.	Não consciente. Acessível.	Não consciente. Acessível.	Consciente.
Nível de discernimento	Inexistente	Percepção do Nós	Percepção do Eu	Percepção do Todo

Programados previsíveis e repetitivos

O cérebro avalia o que está acontecendo dentro e fora do corpo e decide quais serão nossas reações e comportamentos com base numa programação composta por comandos genéticos e por crenças, regras e expectativas aprendidas nas relações sociais. Seu objetivo é o de proteger o organismo e o eu reduzindo riscos que possam levar a dor, ou aproveitando oportunidades que se apresentam para aumentar o prazer. Econômico, ele faz isso padronizando os estímulos e as respostas correspondentes. E isso nos torna, na maior parte do tempo, seres repetitivos e previsíveis. Os comados genéticos recebidos do DNA definem como o corpo e a mente se formarão e funcionarão. A programação social sofre primariamente influências de comandos genético-sociais, que definem nossas tendências e propensões, mas é na vivência do dia a dia que ela se forma, se ajusta, se sedimenta.

Cada uma das respostas sociais, comportamentos no cotidiano, tem por trás de si uma crença, um princípio, uma expectativa de agir daquela maneira, que é a melhor estratégia definida pelo cérebro. Repetindo, é por economia da ener-

Discernimento é a capacidade de perceber que o mundo mudou e que nossas crenças já não são adequadas aos nossos interesses pessoais.

gia mental que frequentemente agimos como máquinas de respostas prontas, o que não é necessariamente mau. Entretanto, com uma mente fragmentada, parte dessas respostas, dessa programação, colide com outros interesses, trazendo consequências sociais e emocionais negativas que afetam nosso bem-estar pessoal, nossa alegria, e, muitas vezes, é o nosso corpo quem paga a conta.

Viciados em crenças

"A moralidade pode ser um conceito nobre, mas jamais mudará a natureza da fera. Nunca o fez, nunca o fará."

Yehuda Berg

Cada crença só tem razão de existir para o nosso bem, mas isso nem sempre ocorre. Muitas são absorvidas em momentos em que o indivíduo não tem capacidade para discernir pela sua adequação aos seus interesses presentes e futuros, entre elas estão as irracionais, sem qualquer fundamento na realidade. Viciados em crenças, somos incapazes de agir sem ter uma delas a nos dizer o que fazer, sendo que algumas se tornam parte da nossa maneira de ser, tal qual um braço, nossa pele.

A seguir, serão comentados vários aspectos sobre a criação, a dinâmica e a eventual mudança de crenças e princípios que orientam nossos comportamentos. Delas decorrem as respostas e os comportamentos por meio dos quais um gestor é julgado como adequado e apto para o cargo que exerce numa determinada empresa.

Somos o que acreditamos

A maior parte das pessoas não percebe que somos muitas vezes uma máquina automática de respostas prontas, as quais atendem aos interesses genéticos e às expectativas daqueles que colocaram as regras sociais em nossas cabeças. Também é difícil perceber, mas, apenas numa pequena parte do tempo, somos capazes de ponderar, avaliar, decidir sobre quais respostas dar. Em síntese, somos a soma das nossas respostas, com especial destaque para as piores.

Gestores primitivos e racionais

A maneira como gerenciamos é determinada por crenças, princípios, regras gerais absorvidas intuitivamente – inconscientemente, sem que percebamos – ao longo das nossas vidas e muitas delas, mesmo que esquecidas, interferem e limitam a liberdade do pensamento e da ação. Na cabeça do executivo, do gestor, coexistem comandos sociais e genéticos capazes de fazê-lo um animal primitivo ou um protótipo sofisticado de ser humano. O primeiro grande desafio que uma pessoa encontra no processo de desenvolvimento pessoal consiste em checar sua programação e validá-la. Certificar-se de que cada uma de suas crenças continua útil e alinhada aos seus interesses, e eliminar aquelas que possam estar atrapalhando sua vida profissional e pessoal.

O primeiro grande desafio da autoevolução é checar a própria programação e validá-la.

A capacidade para modelar o ambiente social é um diferencial genético formidável e que chega a ser um privilégio. A seleção natural nos aparelhou para observar, aprender, copiar, testar e aplicar comportamentos. Entretanto, nossa mente é tendenciosa e cheia de lacunas, ou como disse Joseph Heller em seu livro *Ardil-22*, capaz de nos fazer ter os dois olhos do mesmo lado do rosto, sem perceber esta fragilidade. É através da educação gerencial que atualizamos, adquirimos e eliminamos crenças, princípios, conceitos, modelos e teorias que afetam as atitudes e comportamentos mais apreciados em cada empresa.

> O perfil dos gestores daquela empresa tinha forte influência militar, o que os levava a interpretações muito particulares da realidade. Muitos vinham de famílias de militares e vários seguiram a formação dos pais. A maior parte deles era formada em engenharia. Essa enorme influência definia os padrões e princípios de gestão da empresa bastante disciplinados e estruturados, mas com o risco de deixar de lado aspectos emocionais que não cabiam dentro da perspectiva predominante.

Crenças e princípios organizacionais

A imagem ideal de nós mesmos é que nos leva ao autoengano.

A realidade social da empresa não é algo concreto, algo que existe em si. Cada uma tem a sua. Ela se forma a partir de crenças, princípios e símbolos abstratos de seus fundadores ou gestores e passa a ser tratada como se fosse uma verdade absoluta. O que existe, na verdade, são conjecturas mentais compartilhadas, regras, crenças, hábitos, costumes, valores abstratos e simbólicos que habitam as cabeças das pessoas. Enquanto no passado dos nossos ancestrais o bem-estar dependia de questões concretas relativas à sobrevivência, hoje em nossas empresas esse bem-estar depende do atendimento de expectativas criadas artificialmente.

A qualidade de vida de um gestor numa empresa resulta do alinhamento e do conflito entre suas crenças pessoais e as expectativas e princípios organizacionais. Por um lado, somos impulsionados a seguir religiosamente as crenças que nosso cérebro acredita serem as melhores. Por outro, a empresa estabelece, explicitamente ou não, como espera que os negócios e as pessoas sejam gerenciados. Da ausência de intersecção entre esses dois conjuntos de interesses, surgem alguns dos desafios de desenvolvimento gerenciais.

Em algum momento da vida, é preciso checar a própria sanidade e limpar expectativas e imposições sociais medíocres.

Quando estava pensando em trocar de emprego, o gestor passou a considerar uma empresa de cultura germânica. No processo seletivo, teve uma impressão muito positiva dos executivos internacionais. Entretanto, o perfil do seu potencial chefe no Brasil era autoritário demais para sua educação gerencial adquirida em empresas americanas de cultura mais democrática. Prevendo o insucesso, recusou a oferta de emprego, em linhas gerais atraente.

Outro gestor sucumbiu às pressões sobre seu estilo de gestão baseado em princípios de delegação e confiança nos subordinados, enquanto que a expectativa reinante na empresa era a de acompanhar as ações corpo a corpo e duvidar de tudo que estava acontecendo. Aos olhos dos colegas e do chefe, ele parecia distante e desinteressado. Acabou sendo demitido.

A adequação ou não dos comportamentos de um gestor é medida a partir das crenças e expectativas que prevalecem no ambiente organizacional. E esse ambiente criará uma pressão social, gerando prazer e dor, para que o gestor se modele a elas. Avaliando insucessos dos gestores, nota-se que parte deles decorrem da incapacidade de adaptação do comportamento às exigências sociais da empresa.

Para Steven Pinker, toda criatura social vive entre os benefícios e os ônus da vida em grupo. A vida na empresa é a nossa melhor falta de opção quando nos obriga a ser e dar respostas que colidem com nossa natural maneira de agir. Mas é assim mesmo que funciona. Cada empresa resulta da síntese dos modelos mentais de seus fundadores, acionistas, conselheiros e principais administradores. E isso pode ser bom para eles, mas eventualmente pode ser ruim para os negócios e para os colaboradores.

> O destempero emocional, o foco nos interesses pessoais, o desprezo pelas reais necessidades das pessoas eram componentes da cultura daquela empresa. Lembrava um feudo da era da escuridão medieval. Era como se a instituição tivesse uma personalidade doentia onde as relações com as pessoas eram dominantemente manipulativas, falsas e interesseiras, sem que aflorassem sentimentos de culpa ou remorso em seus líderes – tudo isso num ambiente em que as decisões eram baseadas numa falsa grandiosidade.

Nem todos os gestores reconhecem a importância da cultura organizacional na modelagem do comportamento das pessoas.

Numa empresa socialmente evoluída, a pressão seletiva é canalizada para o desenvolvimento da inteligência e das competências, criando um processo competitivo sem ameaças. E isso a faz naturalmente complexa, demandando cada vez mais gente inteligente e mais próxima da sanidade. O resultado é o surgimento de uma inteligência humana qualitativamente diferente. A mesma pressão aplicada de forma inadequada – ou num ambiente insano – pode induzir a uma resposta social destrutiva.

> Grande parte da ineficiência e ineficácia de uma das grandes empresas de telecomunicações do mercado brasileiro decorria de conflitos entre as verdades pessoais e os reais interesses de seus principais sócios administradores. A empresa vivia num permanente clima de ameaças. A cada reunião da diretoria paralisava a operação. As pessoas ficavam à espera dos raios e trovoadas provenientes do Olimpo.

Existe um conceito organizacional retirado da física que explica a natural tendência dos ambientes organizacionais (das pessoas que nele vivem) caminharem para o caos e a destruição e para a consequente necessidade de gestão. É conhecido como entropia. Esse princípio diz que é preciso uma intervenção de gestão permanente, denominada de entropia negativa, pois a cada instante há o risco de as pessoas entrarem em estado de entropia, liberando o animal perigoso (improdutividade, gastos exagerados de recursos, redundâncias, competição improdutiva) que destrói a organização à medida que cada um segue suas próprias crenças, seus próprios interesses e tendem a comportamentos que levam ao caos.

As idiotices pelas quais lutamos e sofremos indicam nosso estado de primitividade.

Naquela empresa as coisas andavam naturalmente bem. As pessoas que chegavam rapidamente se encaixavam no modo de vida estabelecido. O ambiente favorecia a criatividade e a espontaneidade, dando a elas um sentimento positivo. Entretanto, quando os resultados pioravam e a pressão dos acionistas crescia, era como se o corpo gerencial ficasse doente e em estado febril. Falava-se, decidia-se e fazia-se coisas estabanadas e sem fundamento lógico. Felizmente, quando os negócios melhoravam, o mesmo corpo gerencial e a vida organizacional voltavam ao normal. Quando não, a cultura se modificava e a vida de cada pessoa virava um autêntico inferno.

Como atores interpretamos comportamentos exigidos pelo ambiente. Voltamos a ser quem somos quando as exigências cessam.

A cultura de uma empresa pode funcionar como inibidora da entropia decorrente da natureza humana considerando que ela difunde habilidades sociais, cria e repassa conhecimentos e formula soluções para os problemas, sem que cada novo gestor tenha que pagar o preço da descoberta a cada experiência. Ensinar acelera as coisas. Entretanto, em certos casos, a cultura funciona como impedimento à busca de estágios evolucionários superiores.

Eu: selva ou paraíso interior

À medida que nossos ancestrais se perceberam separados do ambiente físico e dos demais indivíduos, começaram a formar uma imagem de individualidade. Passaram a ter uma concepção subjetiva do mundo e de si, e não só a responder aos comandos sociais, mas conjecturá-los. Criou-se o eu que se incorpora à mente, e que ingenuamente se acha dono do corpo que o hospeda.

No seu melhor desempenho, temos o eu real, com um conjunto de crenças e expectativas bastante realistas e honestas e capaz de conviver em relativa harmonia com suas próprias características. Entretanto, o mundo social favoreceu o desenvolvimento do eu ideal, um eu projetado a partir de expectativas, exigências e crenças as quais o indivíduo se vê obrigado a atender. O fracionamento da mente humana demonstra o desencontro entre o eu real e o ideal cada qual com suas crenças e expectativas sobre como o mundo, as demais pessoas e o próprio eu devem ser. O eu ideal impõe uma imagem de perfeição que nos impede de ver e lidar positivamente com nossa primitivismo.

À medida que o eu se expande, passa a incluir objetos, pessoas, ideias, princípios, hábitos, costumes como parte de si e qualquer ameaça a esses passa a ser uma ameaça a si mesmo. É dessa maneira que o cargo, a sala, o prestígio passa a ser a pessoa, e qualquer ameaça a eles é sentida como um risco de vida.

Um eu arrogante e ingênuo acredita que suas regras e expectativas são verdades absolutas. Exige que o mundo faça as coisas que determina. É o dono da bola do jogo mental. É através do fortalecimento do eu real que o gestor reduz as dissonâncias entre crenças e desejos e suas reais possibilidades, e se aproxima de um ser único, individual e o mais independente que consiga ser.

Uma importante diferença entre o eu real e o eu ideal é que o primeiro se baseia em respostas e em nossas crenças adequadas, e o eu ideal se deixa seduzir por convicções que estão distantes dos verdadeiros valores de uma pessoa.

Ambientes empresariais tóxicos subjugam e condicionam o eu real (a espontaneidade, os habilidades e traços pessoais), dos gestores em vez de fortalecê-lo. Felizmente, graças à plasticidade do cérebro, a mente humana é capaz de fazer adaptações criativas e inteligentes em diferentes ambientes e riscos, e é assim que conseguimos sobreviver em muitos empregos.

Adaptação e ajustamento às regras sociais

Não somos capazes de escapar incólumes das regras sociais que colidem com as nossas crenças e expectativas. E nem sempre estamos dispostos a mudar nossa maneira de ser. Nesses casos, é possível refletir sobre as situações sociais que

Não basta sobreviver ao mundo físico. É preciso sobreviver ao mundo social.

colidem com nossas metas imediatas e nos desagradam, e com autodeterminação – autocontrole –, não deixar que se transformem numa ameaça e nos levem a adotar comportamentos falsos, não espontâneos, mas que atendem um objetivo pessoal maior. Hipocrisia, manipulação? Sim! Agora veja a diferença. Uma coisa é dar uma resposta repetitiva, automática e imediata que nos prejudica, outra é decidir conscientemente por um comportamento, mesmo que adaptado, que mais nos interessa, mesmo que indesejado. Nem sempre a mudança pessoal nos é útil e, para sobreviver, precisamos adaptar nossos comportamentos às exigências do ambiente sem necessariamente mudar nossas crenças e expectativas, desde que isso valha a pena para seus objetivos em longo prazo.

> Aquele executivo tinha clareza de seus objetivos de longo prazo e estava consciente de que teria de abrir mão de metas e desejos de curto prazo.

O ajustamento do nosso comportamento, isto é, a incorporação dele ao nosso repertório, só é feita quando o cérebro percebe ganhos evidentes na mudança.

> Certo gestor conseguiu perceber que para sobreviver no seu ambiente de trabalho precisava adotar alguns comportamentos que o desagradavam. Que colidiam de frente com as coisas que acreditava. Refletiu profundamente sobre seus interesses de se manter naquela empresa e decidiu que interpretaria os comportamentos como esperado pelo seu chefe. Às vezes se chateava, mas logo pensava nos seus interesses maiores e acalmava seus animais internos. Chegou mesmo a se divertir interpretando alguém que não era. No tempo conseguiu o que queria e passado o estímulo, mudou sua resposta para sua natural maneira de ser.

> Outro não teve tanta autodeterminação. Trabalhava numa empresa reverencial, onde a obediência era esperada. Incapaz de domar suas forças internas, colidia com as expectativas da direção e acabou demitido.

Somos impelidos a identificar e mesmo criar ameaças para justificar nossas crenças.

A invenção dos riscos sociais

Por um longo período da sua existência, nossos ancestrais conviveram apenas com o risco físico. Com a evolução da mente social, eles mesmos criaram os riscos sociais que afetam nossa imagem pessoal, nosso prestígio, nossas posses materiais, nossas ideologias.

O risco social é uma ameaça ao eu pelo não cumprimento de uma verdade pessoal – regras, crenças, expectativas, exigências – ou pela perda de algo que faz parte dele, como bens materiais, pessoas, cargos etc. Quando a própria pessoa ou outra contraria uma crença, automaticamente gera uma ameaça, uma violência sentida no corpo por meio do melhor mecanismo genético de convencimento: a dor. Contrariados, sentimos na carne as ameaças ao nosso eu.

Nosso cérebro fica atento ao ambiente na pressuposição de que uma ameaça há de surgir e nos impele a buscar e mesmo criar riscos na selva social em que vivemos. Coisas do tipo: uma ordem contrariada, um comentário negativo sobre nossa capacidade profissional, a exclusão da reunião que esperávamos participar. Tomamos isso como uma ameaça à vida e atacamos ou fugimos dependendo do que o cérebro considerar mais conveniente. Repetimos uma reação natural, um impulso vital herdado do caçador, predador.

Lutamos mais pelo brilho pessoal do que pelo atendimento dos objetivos organizacionais.

> Várias são as ameaças encontradas na cabeça de gestores que levam a comportamentos excessivamente agressivos. Aquele gerente tinha reações bastante agressivas quando alguém não fazia as coisas exatamente como ele queria. Muitas poderiam ser as suas crenças ameaçadas: acreditar que não existe outra maneira de fazer as coisas além da sua; que quem contraria sua ordem está querendo o derrubar; que as pessoas são burras e não entendem o que ele mandou fazer. E assim vai.

Acreditar que certas pessoas sejam incompetentes deixa muitos gestores em permanente estado de ameaça e seus animais internos ficam sempre prontos para explodir sobre elas frente ao menor erro encontrado.

É inacreditável como crenças e expectativas sociais inúteis nos levam a tantas bobagens. Nessa selva social, os riscos são abstratos, e as idiotices pelas quais lutamos e sofremos indicam a irracionalidade de parte das nossas crenças e expectativas. Deveríamos aprender mais com a sabedoria dos nossos antepassados. No budismo, por exemplo, se aprende que a dor é decorrente da nossa incapacidade de atender expectativas tolas que impomos a nós mesmos.

Não é por outra razão que algumas pessoas têm reações desmedidas quando são demitidas, ou preteridas numa concessão de aumento salarial ou numa promoção. No cérebro ficam as crenças de que ter um emprego, mesmo que ácido, ou ser promovido, mesmo para fazer algo de que não se gosta, é uma condição de sobrevivência. Quando a expectativa não é atendida, vira uma ameaça.

> Com a crescente dependência criada pelo consumo, não é difícil encontrar pessoas sofrendo amargamente pelo vazio de não ter algo que outras já possuem. Obviamente, cada um de nós tem sua cota de bobagens de consumo. É a bolsa Louis Vuitton, o novo tablet, o carro do ano, as férias em estação de esqui, e assim vai. Todos nós acreditamos que nossa felicidade depende de possuirmos algo que orientam nossas vidas. É preciso cuidado com isso.

É preciso cuidado para não sermos apenas a soma de nossas piores crenças.

Os ambientes sociais nos impõem costumes, crenças, valores e expectativas que se transformam em regras, normas de convivência. Algumas vezes excedemos na dependência que temos delas. Por algumas, estamos dispostos a lutar. Você já pensou em quais são as suas?

Algumas crenças e princípios perdem sua validade no tempo e mais atrapalham do que ajudam. Consegue identificar as suas?

- *Quais são inadequadas à sua maneira de viver?*
- *Quais têm dificuldade de contrariar?*
- *A quais se sente escravizado e sofre muito quando não as atende?*
- *Qual julgamento faz de si mesmo quando não atende a uma crença arraigada? Qual rótulo negativo atribui a si mesmo?*

A evolução das programações

O primeiro pilar do processo de autodesenvolvimento é nossa programação. Ela decide o conteúdo de nossas ações, pensamentos e sentimentos. A mente é formada por várias funcionalidades que evoluíram e é difícil dizer qual a seleção natural já havia disponibilizado a cada momento evolucionário. As hipóteses aqui apresentadas baseiam-se nos estágios da evolução social da espécie humana. Do hominoide (os grandes primatas inclusive os humanos) ao *Homo sapiens* fomos nômades, nos juntamos em grupos e com o desenvolvimento das nossas capacidades cognitivas fomos capazes de criar um ambiente social complexo e identificar soluções criativas como a divisão do trabalho e a especialização, que favoreceu a individualização. E com o aumento do discernimento ao longo de alguns milhares de anos estamos desenvolvendo, mesmo que pontualmente, uma mente racional. Tendo essa sequência em mente é que foram sugeridas as etapas evolutivas das funcionalidades a serem detalhadas no Modelo de Autoevolução.

A mente humana funciona a partir de regras, crenças, princípios que orientam nossas relações mentais e sociais.

Cabe a cada um de nós reduzir as influências maléficas das nossas programações.

Da experiência vivenciada o cérebro retém um princípio, uma crença para se utilizar dela em situações semelhantes futuras.

Evolução das programações

Mente Genético-Primitiva	Mente Social Dogmática	Mente Social Egocêntrica	Mente Racional Social
Programação Genética Reflexos, instintos, propensões, aptidões.	**Programação Social Inicial** Infância e juventude Crenças, expectativas e regras sociais		**Programação Adulta** Crenças, expectativas e regras sociais

Cada humano passa por estágios que, de certa maneira, reproduzem a sequência evolutiva. O homem nasce com a programação genética e com todo seu potencial genético-social que imediatamente passa a ser moldado à medida que o indivíduo vai sendo socializado, adquirindo as crenças que o acompanharão por toda a vida. Ao chegar à vida adulta, com a maturidade e o discernimento, passa a decidir qual programação melhor atente seus interesses mais profundos.

Somos uma espécie em evolução que sofre com a distância entre o que efetivamente somos e o que imaginamos poder vir a ser.

Programação genética

Quando nasce, a criança traz consigo comandos genéticos, que a ajudam a sobreviver, e um enorme potencial de armas entre elas, propensões, tendências, reflexos e habilidades a serem realizadas quando requeridas. Como concluiu Tomasello, mesmo ainda sem ser capaz de usar suas capacidades cognitivas, o novo humano passa por um processo de especialização adaptativa que modela suas orientações de ordem genética para gerar reações orgânicas e comportamentos automáticos voltados à proteção do organismo e da espécie.

Francis Crick, biólogo molecular ganhador do Prêmio Nobel de Fisiologia/Medicina de 1962 pela codescoberta da molécula de DNA, criou a hipótese surpreendente (The Astonishing Hypothesis) que retrata como nossa programação genética interfere em nossa vida social. Diz ele numa publicação na internet que nossas alegrias, tristezas, memórias, ambições e senso de identidade pessoal, mesmo nosso livre-arbítrio, são apenas respostas, comportamentos que decorrem de um vasto conjunto de células nervosas e suas moléculas associadas[1].

Já vimos quando falamos sobre o cérebro como a programação genética pode afetar nossos resultados. Ela opera através de instintos, propensões, aptidões, comportamentos sociais de origem genética, necessidades, emoções e tem enorme influência subliminar em nossa maneira de ser. O instinto de sobrevivência bem como o impulso sexual (para disseminação dos genes) continua ativo interferindo em nossas relações sociais, inclusive no trabalho identificando ou criando ameaças. Alguns instintos vêm sendo fustigados para se adaptar às expectativas e padrões sociais vigentes e, quando isso é malfeito, há sempre o risco de explosões e implosões emocionais às vezes bastante danosas. A convivência cotidiana entre homens e mulheres no dia a dia de trabalho lembra muito os pequenos bandos dos caçadores-coletores que se inebriavam com os hormônios que provocam a atração sexual, um importante impulsor para a procriação. Hoje, a realidade social tenta sublimar esse impulso e, em geral, problemas ocorrem quando não há consentimento, isto é, uma das partes se sente ofendida pelo avanço sexual do outro, gerando problemas sociais como o famoso *sexual harassment* – ou assédio sexual.

A cria humana nasce indefesa e permite aos agentes do mundo social modelar o que vai ser e como vai ser.

Outro aspecto das nossas características pessoais que nos toca no cotidiano das empresas são as preferências que cada um de nós tem para agir, atuar. Como vimos, algumas ferramentas conseguem indicar com bom nível de acurácia as tendências comportamentais do gestor, e, particularmente, suas áreas de risco.

Aprendemos cedo a trocar amor e aceitação por um comportamento social.

A programação social inicial

Tão logo a cria humana começa a interagir com o mundo social, as redes neurais passam a absorver ensinamentos na forma de princípios, regras e crenças sociais as quais for-

---
1 Disponível em:<http://www.theassc.org/files/assc/2336.pdf>. Acesso em: 22 set. 2015.

marão as referências mais profundas e para toda a sua vida. Tomasello diz que a própria mente desenvolve um sistema autorregulatório através de feedbacks orgânicos que favorecem o processo decisório, a capacidade cognitiva para representar mentalmente a situação e fazer inferências de forma casual ou intencional, elevando nossa capacidade de adaptação de comportamentos a diferentes ambientes.

Cada criança ao nascer traz consigo propensões comportamentais, como a liderança, cooperação a comunicação e uma grande capacidade cognitiva para aprender com os outros. Parte dessas propensões modeladas pelo ambiente social se torna uma vantagem competitiva, outras podem trazer problemas.

Aprendemos desde cedo a nos adaptar ao que não gostamos para se ter prazer em outras coisas.

Nossas crenças, expectativas, hábitos e costumes começam a ser definidos através das relações interpessoais, formando a base da mente social, de seus fragmentos, seus estados mentais. Grande parte das regras sociais aprendidas nessa fase é positiva, nutritiva, protetora e construtiva. Ajudam na organização social e emocional da mente trazendo alegria, satisfação, tranquilidade, segurança e conforto. Entretanto, algumas expectativas, imposições e regras são exigências e, em algum momento da vida, precisam ser checadas e eliminadas para se manter a própria sanidade. Expectativas e imposições sociais irracionais e medíocres nos levam ao apego a coisas sem valor e significado para nossas vidas. Muitas usamos apenas para nos mantermos dentro da manada social.

Mais interessados em apaziguar nossos próprios animais, pouco fazemos para criar indivíduos com espírito livre.

Crenças da fase inicial, boas ou más, nos perseguem por toda a vida!

Muitas das crenças utilizadas no dia a dia de trabalho estão direta ou indiretamente conectadas às crenças iniciais que favorecem ou atrapalham nossos relacionamentos com as pessoas e com o mundo. Estão ligadas também à maneira como definimos nosso autoconceito e nossa autoestima, a crença que temos de nós mesmos.

A operação do cérebro funciona como um aparelho de TV: pode ser muito sofisticada, mas sua real qualidade depende da programação que reproduz. Temos sistemas operacionais lógicos, mas precisamos ser estimulados a criar, ousar, caso contrário, apenas decidimos com base nas informações arquivadas das experiências vivenciadas, na qualidade dos comandos e nas crenças armazenadas. Por isso, experiências de vida pobres levam a perspectivas pobres. Não é sem razão que as empresas preferem contratar pessoas com experiências ricas de vida pessoal e profissional.

Parte das crenças absorvidas na fase inicial da vida não nos faz bem, mas o econômico cérebro agirá com base nas evidências que lhe demonstram ser do melhor interesse da pessoa, mesmo quando na realidade não são. Esse processo só é interrompido quando a mente consciente-racional assume o controle e faz as mudanças necessárias.

Trocamos crenças pela satisfação de nossas necessidades

A cada dia ocorre a transformação de crias humanas em humanos em potencial. Crenças iniciais são aceitas em troca do atendimento de necessidades básicas. A cria precisa sobreviver e não consegue fazer isso sozinha. Exposta ao meio social, suas necessidades precisam ser atendidas por outras pessoas. Ela solta seu grito primal e aprende instintivamente que, chorando, comunica suas demandas e recebe o que precisa. Sendo incapaz de fazer seus próprios julgamentos, aceita as exigências sociais feitas de maneira direta e velada, na forma de expectativas, crenças, regras sociais, hábitos e costumes as quais são incorporados como partes de si, formando aos poucos sua própria perspectiva do eu, dos outros e do mundo. Não é um processo opcional nem gratuito. A cria faz isso em troca de aparato material e psicológico, tais como alimentação, proteção, higiene, segurança, carinho, aceitação, inclusão. Mais tarde, com a consciência mais desenvolvida, perceberá que um adulto é apenas uma criança adulterada que, na luta pela sobrevivência social, é induzido a aceitar crenças sem valor real para sua vida.

Aquele executivo confessou que percebia o estrago que fazia na educação de seus filhos. Mais interessado em apaziguar seus próprios animais, imputava às crianças crenças irracionais contribuindo e pouco fazendo para criar indivíduos com uma visão mais objetiva da vida.

Nossa ética e moral se deixam dominar por necessidades imediatas, e essas são modeladas pelo ambiente.

Acostumados a reagir às programações, perdemos o hábito de criar nossas próprias respostas.

A cria humana nasce indefesa e fica à mercê de agentes do mundo social nem sempre qualificados: pais, professores, parentes, figuras significativas. Essas pessoas cuidarão de modelar sua mente social como bem quiserem. A maior parte é despreparada e o faz de forma intuitiva, sem prestar atenção no que estão fazendo e colocam em risco a sanidade e a felicidade dessas crianças por toda sua vida. É assim que, por exemplo, muita gente aprende que a vida boa não é esta que temos, mas outra que só será alcançada depois de padecermos nesta existência. Assim fazendo, de geração em geração garantimos um estoque de humanos incompetentes para a eternidade.

> Foi numa conversa sobre o tema que um gestor confessou que, como um típico pai humano, não poderia ter feito nada de diferente e cumpriu sua cota de irresponsabilidades com seus filhos. Tardiamente se arrependeu, e só lhe restou fazer seus filhos verem as idiotices que havia feito e implorar para que não as repetissem com seus netos. "Hoje", disse ele, "chego a acreditar que as crianças deveriam ter uma delegacia dedicada a protegê-las de progenitores irresponsáveis pelo que colocam nas cabeças deles."

Crianças nascidas em diferentes grupos absorvem diferentes conteúdos sociais e, não sendo capazes de digerir as diferenças, se transformam em adultos que colidem entre si gerando crises que transformam riscos de vida abstratos em concretos. Da rigidez da educação dogmática e da pobreza da egocêntrica surge o preconceito étnico, a maleabilidade moral, a subserviência a dogmas, a escravidão ao consumo, o culto à celebridade. Bem como preciosidades do tipo: como se comportar à mesa, como se vestir para ir a um casamento, quais cores combinam, tornando a pessoa elegante.

Crenças iniciais modelam a régua de valor

O leitor deve se lembrar de que possuímos um mecanismo de decisão automático que regula a cada instante nossas relações com as demais pessoas e com o mundo. Nossas crenças iniciais formam parte da régua de valor, a régua de preferências, os critérios usados pelo cérebro no julgamento intuitivo, instintivo (imediato, impensado) de cada situação de vida real ou imaginária.

Crenças iniciais são ótimas candidatas a dogmas e verdades absolutas.

Muitas das crenças absorvidas por um cérebro ainda incipiente serão esquecidas e só ficarão suas marcas emocionais as quais continuarão influindo ligadas às cenas de memórias liberadas para o consciente. Por isso, sem saber mesmo o porquê, nos sentimos ameaçados ou felizes em certas situações nas quais não existem evidências claras para tal. É o cérebro, por meio das emoções, avisando e preparando o corpo para algo que está para ocorrer. A qualidade da régua de valor da pessoa favorece ou complica sua vida. É o caso de experiências emocionais traumáticas esquecidas, mas que deixaram sua marca emocional registrada no cérebro e que orientam uma vida inteira.

> Aquele gestor tinha uma forte reação emocional frente a situações nas quais era submetido à uma imposição hierárquica. Ao ser enquadrado por determinações superiores, tendia a boicotá-las, a lutar contra elas, mesmo quando isso não lhe era conveniente.
>
> Outro tinha a reação oposta e se submetia exageradamente à figura de um superior hierárquico. E isso fazia mal à sua imagem profissional. Perguntados sobre o motivo que os levava a agir assim, não eram capazes de dizer. Apenas admitiam que sentiam impulso para tal.

São as crenças iniciais a melhor candidata a virar dogmas, ou verdades sociais, e crenças irracionais as mais difíceis de serem percebidas, de serem atacadas. São elas que formam os animais internos, sempre prontos para nos derrubar. Algumas se tornam imperiosas, absolutas e indiscutíveis. Tais quais as genéticas, são sentidas como parte da própria natureza humana. Presente e submerso na mente inconsciente, o dogma induz as preferências da régua. Crenças iniciais são protegidas a todo custo por grupos de neurônios que agem subliminarmente nas nossas melhores e piores escolhas e julgamentos. Induz a percepção, a maneira de ver, pensar e sentir. Uma mente recheada de verdades sociais fica inflexível e resiste a mudanças porque contrariá-las dói muito.

Em nossa bagagem social, sempre encontramos regras prontas para atrapalhar nossas vidas.

A programação social-adulta

O prazer e o bem-estar são recompensas que asseguram a repetição do comportamento.

A dor e o desconforto são punições que nos levam a mudar certo comportamento.

Algumas pessoas são melhores punindo do que recompensando a si mesmas.

À medida que o cérebro amadurece, delineia o eu, o si mesmo, e se prepara para receber novas crenças agora ponderadas e avaliadas frente às reais necessidades do momento e do futuro.

O cérebro leva até vinte anos para chegar ao seu potencial completo, permitindo à pessoa a ter mais controle das próprias respostas, crenças, necessidades e emoções. Com a chegada à idade adulta, perdemos a imunidade da menoridade, mas passamos a desfrutar de plena capacidade mental para perceber, julgar, manter, aceitar, mudar ou recusar novos mecanismos sociais e crenças e eliminar as que não atendem nossos interesses.

Os primeiros passos para o autodesenvolvimento são dados quando se é capaz de separar as coisas boas e as bobagens colocadas em nossas próprias cabeças. Retirar regras e crenças inconvenientes e tolas alimentadas sem se saber a razão. Entretanto, em alguns casos, as pessoas se tornam prisioneiras de suas crenças mais arraigadas, suas verdades pessoais, ficando mais difícil de se livrarem das amarras típicas das mentes dogmáticas e egocêntricas.

Mesmo quando trasvestidos de pessoas maduras, ainda sobrevive dentro de cada um as crenças da criança malvada, vingativa, medrosa ou assustada que gera pessoas insensíveis, arrogantes, autocráticas, excessivamente cautelosas, detalhistas, prolixas, inseguras. Muitos conseguem desenvolver uma programação social madura em alguns papéis que desempenham, mas nem sempre conseguem o mesmo sucesso em todas as partes de suas vidas.

A programação adulta só floresce quando já há algum autoconhecimento e autocontrole para promover mudanças que agregam valor à vida pessoal e profissional.

Crenças no dia a dia

Comportamentos, princípios e atitudes, inclusive os gerenciais, estão atrelados a comandos genéticos e crenças adquiridas nas fases iniciais da vida e ao longo do crescimento pessoal e profissional. Com uma enorme capacidade para aprender, copiar e imitar, o cérebro absorve as crenças sociais que se mostram mais úteis para sobreviver às privações iniciais e depois defender o eu. Faz isso intuitivamente pela observação de pessoas significativas (pais, heróis, autoridades, professores, chefes). Esse patrimônio é a base das referências a partir do qual o cérebro conduz nossa percepção, memória, sentimentos e comportamentos.

Os problemas aumentam quando uma crença irracional vira uma verdade pessoal.

Muitas são as crenças, princípios e expectativas aplicadas ao trabalho gerencial e que merecem atenção, foco e energia pessoal para promover mudanças. Como já foi dito, não é um trabalho fácil, pois a mente tem enorme dificuldade para identificar, avaliar e promover as mudanças necessárias.

> Aquele gerente tinha reações inadequadas e muitos feedbacks lhe foram dados. Ele não tinha nenhum controle sobre elas, e nem mesmo era capaz de perceber as consequências sociais de seus comportamentos. Mas ele era um bom chefe e seus subordinados relevavam seus excessos.

O não cumprimento de uma verdade pessoal nos faz sofrer, mesmo quando é uma mentira.

Não sabemos e nunca conheceremos todos os comandos genéticos e todas as crenças sociais que induzem nossos comportamentos, mas isso não nos isenta de trabalhar os comportamentos delas decorrentes que mais atrapalham nosso papel gerencial.

É com o uso e o desenvolvimento das nossas habilidades cognitivas que regras e crenças sociais determinam nossos padrões repetitivos de interação social. Sem pensar, estendemos a mão ao cumprimentar outra pessoa, alguns fazem sinal religioso na frente das suas igrejas, outros ainda se levantam quando uma mulher se aproxima.

Através das crenças e regras sociais, atribuímos significado ao mundo, sentimos e interpretamos a realidade e regulamos nossos relacionamentos com as demais pessoas. E a ideia é a de que à medida que o mundo muda, as regras e crenças se adaptam a novas realidades. Entretanto, quando algumas crenças (abstratas e simbólicas) se tornam verdades absolutas, elas ficam difíceis de mudar. É preciso cuidado, pois no mundo social nossa fama tende a refletir nossas piores crenças.

As crenças e regras sociais são invenções genéticas que têm na sua essência a finalidade de ajudar o organismo a sobreviver as circunstâncias sociais que estão mudando cada vez mais rapidamente. Entretanto, para serem mais úteis, deveriam ser mais maleáveis frente a novas demandas sociais. Quando não são, nossas respostas disfuncionais decorrem da maneira distorcida e desatualizada como percebemos e julgamos a realidade.

Recompensa ou punição: prazer ou dor

Quem vive em permanente estado de dor não é capaz de ouvir o próprio corpo.

Um dos comandos operacionais mais primitivos do corpo e que tem grande importância no processo de aquisição, solidificação e mudança de crenças é o de buscar o prazer e evitar ou reduzir a dor. Cumprimos crenças, expectativas e desejos, pois isso nos dá prazer ou reduz nossa dor. E quando não o fazemos, o cérebro nos pune com a dor. Isso nos faz seres voltados unicamente aos nossos interesses.

O sentimento de dor indica que um comando genético ou uma crença foi violado.

Quando aquele gestor fez um levantamento de suas crenças sobre como deveria gerenciar e liderar pessoas, percebeu que a aplicação de algumas delas não lhe era opcional. Por exemplo, sua mente racional dizia que devia acreditar nas pessoas, delegar mais, deixá-las fazer o trabalho da sua maneira e aprender e crescer com seus próprios enganos. Entretanto, nem sempre agia assim, pelo contrário. Outra crença lhe dizia que precisa ser bem-sucedido e, para tal, evitar erros que pudessem prejudicar sua imagem. Assim, na realidade impunha metas e estratégias de ação em detalhes. Acompanhava o trabalho corpo a corpo, dando aos subordinados pouca liberdade de ação. E, nessas ocasiões, quando caía a ficha, sentia-se mal, culpado, envergonhado, incompetente por não praticar aquilo em que acreditava.

Note nesta pequena história que há diferentes momentos de prazer e de dor, pois estamos lidando com crenças contraditórias. Uma crença (exemplo: "Não posso errar, preciso ser bem-sucedido", "não se pode confiar nas pessoas") exige que o gestor seja impositivo, diretivo, e, quando faz isso, é recompensado com prazer. A seguir, quando outro estado mental assume o controle, culpa a si mesmo por não cumprir outra crença (exemplo: "É preciso dar oportunidades para desenvolver as pessoas"). Grande parte dos gestores vive este tipo de dilema e paga o preço da dor por fazerem, por assim dizer, coisas que não deveriam.

Já comentamos que a força de uma crença pode ser medida pelas consequências emocionais que ela gera, em outras palavras, pelo tamanho do prazer ou da dor dela decorrente. O cérebro induz a fazer o programado, e garante que isso continue acontecendo recompensando com a sensação de prazer pelo cumprimento ou penalizando com a sensação de dor quando não o faz.

A orientação genética diz que a mãe deve amamentar o filho bem como a crença social diz que é preciso agir de forma ética e responsável. Quando age assim, a pessoa se sente recompensada com sentimentos de prazer e felicidade. Sente-se bem consigo mesma. Quando isso não ocorre, a pessoa é punida com sentimentos de dor, tais como a culpa e a ansiedade.

O prazer e o bem-estar são moedas de recompensa, reforço positivo e asseguram a repetição do comportamento. A dor e o desconforto são moedas de punição, reforço negativo e induzem a impedir a recorrência de certo comportamento. Os neurônios, dependendo do comando que estão acionando, disparam sinais eletroquímicos em função da adequação ou não da resposta. Assim a mente do gestor julga, premia e pune a si mesma. Dependendo da programação inicial, é possível algumas pessoas serem mais hábeis punindo do que premiando a si mesmas e esperam que o reforço positivo só venha de outras pessoas.

O impacto das emoções nas crenças

A hipótese aqui formulada é a de que as emoções resultam do cumprimento ou violação de um comando genético, uma crença ou expectativa. O sentimento emocional positivo reforça a crença, o negativo mostra que ela foi transgredida.

Damásio nos diz que as emoções são mecanismos genéticos primitivos e tem como função preparar o corpo para a ação. As respostas e os comportamentos se acentuam quando há um forte sentimento emocional envolvido e é quando, na maioria das vezes, a pessoa perde a consciência da sua ação, perde o controle da mente. O que não é um mal em si. Pois momentos de grande prazer dispensam perfeitamente a ação do consciente racional.

Cada crença está ligada a um estado emocional que lhe dá força e importância.

À medida que cada comportamento indesejado gera uma consequência emocional negativa, um mal-estar consigo mesmo, a identificação da dor emocional é sempre um caminho para se identificar as crenças feridas que lhe deram origem, que estão atrapalhando a vida profissional.

As emoções ficam arquivadas na memória, na maior parte das vezes associadas à situação vivenciada. Quando certa situação em que a pessoa se sentiu ameaçada é recobrada na memória, pode ir além de ser relembrada – pode ser revivida, e é possível captar o lado cognitivo e emocional da crença envolvida. A experiência traumática com uma pessoa pode refletir em relacionamentos futuros mesmo que o episódio em si seja esquecido. A marca emocional fica. Isto é, na relação crenças-emoções as crenças podem se diluir e se apagar na memória, mas a reação emocional continua presente quando, mesmo sem sabermos, uma crença já esquecida foi violada. Isso ocorre para muitas da fase inicial da vida quando a parte cognitiva é esquecida, ficando inacessível ao consciente, mas permanecem as emoções correlatas, dando a impressão de que o problema seja (somente) emocional. Na verdade, a emoção continua sendo apenas a reação da mente frente à ofensa da crença ofendida, esquecida.

No dia a dia, reagimos emocionalmente sem nos lembrar das crenças as quais estamos atendendo.

Há na internet a descrição de uma experiência feita com alguns macacos mostrando como eles, e também nós, podemos ser condicionados a criar verdades e reações emocionais a elas. Mostra que muitas crenças se formam a partir da experiência vivenciada, sem mesmo serem verbalizadas, mesmo sem o entendimento do seu porquê, e o conjunto delas se torna parte da cultura de um grupo. Com o tempo, muitas das crenças são absorvidas sem que saibamos as bases de sua existência. Mas elas continuam reforçando nossas respostas nos gratificando ou punindo quando não as seguimos, mesmo que não saibamos o motivo.

> Alguns macacos foram colocados numa jaula onde havia uma escada com um cacho de bananas no topo dela. Todas as vezes que um dos macacos tentava subir na escada para pegar uma banana, ele e todo grupo recebia um jato de água fria forte, que causava dor, fora o susto. Ao final de um tempo, todos os que tentavam

subir na escada passaram a ser impedidos e eram mesmo agredidos pelos demais. Com o passar do tempo, pararam de tentar. Aos poucos, os macacos foram trocados um a um e toda vez que um novo chegava e tentava subir na escada, os demais o impediam de fazê-lo e batiam nele se fosse preciso. Ele não sabia por que, mas parava de tentar. Quando chegava um novo macaco, este último assumia o comportamento do grupo e impedia um novo membro de subir a escada. Ao final, todos os macacos foram trocados e só existiam no grupo macacos que não haviam sido punidos com os jatos de água, mas que, com a chegada de um novo membro, logo o espancavam se tentasse subir a escada, mesmo que nenhum deles tivesse vivido a experiência frustrante e dolorosa.

Muita gente insiste em esperar pelo que não conseguirá para depois poder sofrer por isto.

Como mostra a experiência, somos capazes de aprender uma emoção a partir do reforço recebido por um comportamento. Punições sistemáticas, mesmo sem uma base cognitiva, podem levar a pessoa a criar um conceito emocional (uma emoção não relacionada a uma crença explícita) sobre si mesmo, sobre o que é certo ou errado e reagir automaticamente sem mesmo entender o porquê da sua ação. No seriado televisivo *Lost*, houve uma frase que espelha bem essa situação. Algo como: "Crianças são como os cachorros: se bater neles o suficiente, eles acabam acreditando que fizeram algo para merecer".

A paixão pelo futebol é outro bom exemplo para demonstrar a formação de crenças arraigadas aparentemente sem base cognitiva. Afinal, por que torcer por um time ou pelo outro? Se formos um pouco mais fundo, vamos perceber que a base dessa ligação está em nossas necessidades de afiliação, de senso de pertencer.

Qualquer sentimento seja ele de prazer ou de dor, dá ao corpo uma sensação de vida.

Um executivo confessou que adotava uma estratégia de doutrinação futebolística bastante eficaz – e, ao mesmo tempo, cruel – com seu filho. Apenas dizia a ele que, se torcesse por outro time, deixaria de ser seu filho.

Parte das crenças quando submetidas a questionamentos mostram suas fragilidades. Irracionais e irrealistas, elas são inúteis para nos proteger e ficam piores quando nos expõem a riscos sociais.

A importância das emoções em nossas vidas é indubitável. Mais à frente, o leitor vai encontrar um texto sobre como questões emocionais afetam nossa vida no dia a dia.

A dinâmica das crenças irracionais

Quando fazemos algo que nos prejudica, é quase certo que estamos atendendo a uma crença irracional.

O mesmo ocorre quando nos sentimos culpados pelo que fazemos.

Albert Ellis, psicólogo e psicoterapeuta que desenvolveu a Terapia do Comportamento Emotivo Racional, define a crença irracional como uma visão dogmática e absolutista de interpretação das situações. A base da irracionalidade está em exigir que as pessoas e o mundo façam o que determinam nossas crenças.

Crenças irracionais induzem a pessoa a fazer exigências que nem o mundo nem as outras pessoas estão dispostos a atender. E quando isso não ocorre, a mente se sente ameaçada. Crenças esquecidas e que fazem parte da nossa régua de valor são ou se tornam irracionais à medida que já não correspondem às reais necessidades de uma pessoa.

Elas personificam os animais internos e estão sempre presentes entre nossos pensamentos, buscando um estímulo para aflorar. O cérebro pressupõe que o organismo, a pessoa, deva estar atenta a certos tipos de ameaças e por isso mantém os animais presentes estimulando pensamentos negativos.

A proteção dos comandos genéticos é igualmente aplicada à proteção de crenças sociais, mas as consequências podem ser bastante diferentes. Em geral quando o organismo se sente ameaçado, o corpo sabe exatamente o que fazer para se recompor. Da mesma maneira, uma ameaça social, pode ser rapidamente corrigida. Quando uma pessoa passa na sua frente na fila, ela fere sua crença dos direitos de cada um. Seu corpo se reorganiza emocionalmente para um ataque e ligeiramente agitado, mas leve, polido e educado você imediatamente fala com ela, que se desculpa e procura o fim da fila. Sua mente volta ao equilíbrio.

Entretanto, algumas vezes sua resposta sai descontrolada e exacerbada. Imagine que a pessoa acima resolva engrossar o tom de voz e se recuse a se mover. Nesse instante a sua mente capta a ameaça a outra crença, por exemplo, "ninguém pode me fazer de bobo", "idiota não sou não". Em frações de segundo, você está acometido por um profundo sentimento de raiva e começa uma gritaria na frente do teatro. Como pode se comparar, a primeira crença faz todo sentido, a segunda baseia-se numa crença irracional, afinal o tema em si não merece tal desgaste emocional.

Respostas inconvenientes podem ser classificadas como irracionais, irrealistas, limitantes. A crença irracional leva a uma generalização inconveniente, e age subliminarmente influindo na maneira pela qual a pessoa pensa, percebe, compreende, interpreta, aprende e mesmo ensina.

Equipados com um cérebro preparado para julgar tudo, é possível chegar a conclusões insustentáveis baseadas em exigências irrealistas que levam a criar rótulos e generalizações sobre pessoas.

Checklist: Dominado por crenças e expectativas irracionais

☐ *Exige do mundo, das pessoas e de si mesmo coisas que não fazem sentido;*
☐ *Rotula pessoas que não cumprem com suas exigências;*
☐ *Acredita que a realidade que percebe é a única e verdadeira;*
☐ *Aceita regras, rituais, dogmas sem significado que lhe fazem mal;*
☐ *Sucumbe às crenças negativas sobre si mesmo.*

Muitas vezes, para agradar alguém, acabamos desagradando a nós mesmos.

Frente a uma ameaça rapidamente retrocedemos alguns milhares de anos.

Ameaças às crenças irracionais arraigadas, ou verdades pessoais absolutas, são aquelas pelas quais muitas vezes se está disposto a matar ou morrer e que levam a uma dinâmica mental diferente. Para começar, a presença delas já é sinal de perigo, pois estão conectadas a um estado emocional negativo, criam uma dinâmica mental negativa e a pessoa nem sempre se dá conta. Quando o estímulo ocorre, a pessoa entra na sua frente na fila e você se sente como seu ancestral sendo ameaçado por uma besta que quer lhe comer ou lhe roubar a comida. Perde o controle de si e imediatamente adota um comportamento totalmente inadequado às circunstâncias. Grita com a pessoa, pergunta se ela é cega, ou pensa que você é um idiota ou se acha melhor que você. Entretanto, um segundo após sua agressão, você percebe o excesso cometido, a eventual comoção nos olhos da pessoa, algumas lágrimas despontando e nota (mais uma vez) a besteira feita (aliás, que já havia prometido a si mesmo não fazer mais). Observa os olhares sobre si e se sente um crápula. Seu comportamento gerou uma consequência social negativa e uma interna emocional, a qual poderá acabar com sua noite ou lhe perseguir por alguns dias. Pior, quando esquece o acontecido e, um dia, repete o ato. Uma hipótese é a de que crenças irracionais existem para a pessoa poder punir a si mesma, provar uma outra crença também irracional a seu respeito, a qual pode ser percebida pelos rótulos que se atribui quando está se sentindo muito mal pela bobagem que fez: por exemplo, "Esse menino é um grosseiro, um imprestável, não sabe nem falar com as pessoas". É assim que ocorre a maior parte das vezes. Os comportamentos podem ser bastante diferentes do exemplo, mas a dinâmica é igual sempre levando a consequências sociais e emocionais.

A força da crença irracional

A crença irracional é sustentada por sentimentos e pensamentos negativos e intransigentes.

A crença irracional com força de verdade absoluta pode ser medida pelo descontrole emocional da resposta e pela gravidade das consequências.

Quando o cérebro e seus sensores percebem a ameaça ao eu, à nossa imagem, a nosso poder, a nossas ideias, a nossos dogmas, a nossa aceitação e a nosso reconhecimento, a mente se desestabiliza e reage como se estivesse frente a um risco de vida real.

Possuídos pelas emoções e pensamentos negativos, o cérebro define as respostas automáticas, inflexíveis, imaturas, explosivas ou implosivas, impensadas. É quando gritamos com as pessoas e exigimos que nos obedeçam; quando as abandonamos por não serem fiéis a nós como exigimos; quando por exigirmos sermos aceitos, amados e reconhecidos, fugimos rejeitados. É quando frente a uma ameaça retroagimos alguns milhares ou milhões de anos e nossas respostas são primitivas: de ataque ou fuga.

A narrativa a seguir é mais um exemplo da dinâmica gerada por uma crença irracional: (1) associada a um estado emocional negativo que (2) domina a mente, (3) leva a comportamento impulsivo e indesejado, gera consequências (4) sociais e (5) emocionais.

Quando saiu de casa para o escritório, mesmo sem perceber, aquela gestora já vinha mal-humorada. Estava atrasada e sua mente foi ficando cheia de trovões e raios por causa do trânsito que estava particularmente muito ruim aquele dia. Ela não percebia seus sentimentos negativos tomando conta de sua mente e a dor em certas partes do corpo.

Ao entrar no saguão do escritório, passou pela área de atendimento ao cliente que estava repleta de pessoas. Seus sensores em busca de algo para extravasar seus sentimentos negativos captaram um estímulo emocional perfeito para detonar seus sentimentos emocionais. Vê um jovem sentado tendo a seu lado, de pé, uma senhora idosa. Sente-se violentada. Uma ameaça a seus valores paira no ar: afinal, precisamos respeitar os mais velhos.

Sua dinâmica mental já não vinha boa e seu senso crítico ficava mais intenso. Sentimentos de raiva tomaram conta da sua mente. Vêm à cabeça generalizações tais como "os jovens de hoje são mal-educados" ou "as escolas já não cumprem sua missão". A gravidade da ofensa pode ser percebida pela agitação do seu corpo.

Num impulso, aproxima-se do jovem e com voz alta e firme lhe dá uma descompostura e um sentimento de satisfação lhe toma o corpo. Entretanto, tão logo termina suas palavras, outra parte de seu cérebro relê a situação e percebe que o jovem tem uma deficiência física que o obriga a ficar sentado.

A besteira está feita. Imediatamente percebe que outras crenças da sua mente foram ofendidas. Pede mil desculpas e vai para sua sala.

Sozinha coloca sua cabeça entre as mãos e se sente a pessoa mais miserável do mundo. Seu estomago dói. Lembra-se de que essa não foi a primeira vez que se deixou levar e perdeu a chance de fazer uma melhor avaliação antes de agir. Sabe que acabara de cometer uma grande besteira.

Na sua cabeça, ecoam palavras duras contra si mesma: "Você é uma idiota; o que seus colegas e seu chefe dirão? Vai acabar perdendo seu emprego. Como vai pagar a prestação da casa? Como vai explicar seu fracasso para sua família?" etc. Apesar de ser um erro específico e de efeito limitado, ela o deixa invadir outros campos de sua vida. Responde agressiva a um chamado da filha. Fala rispidamente com um subordinado. Não consegue ler com atenção o relatório que tem de apresentar ao seu chefe. Assim, confir-

Há sempre o risco de se estar jogando contra si mesmo.

mou a crença que já carregava desde a manhã; que a vida é uma infelicidade e o mundo está contra si.

Algumas vezes dá para antever, mas frequentemente só se percebe a besteira feita depois que ela ocorreu. Comportamentos automáticos de ataque e fuga surgem sem que a pessoa consiga decidir pela conveniência dos mesmos. Incapaz de perceber sua própria programação, o indivíduo reage ao mundo acreditando estar fazendo o melhor para si, isto é, preservando suas crenças e comandos genéticos que garantem sua sobrevivência física e do seu eu. Infelizmente, nem todas as nossas crenças nos são úteis. Nas crenças perigosas, está implícita uma exigência feita a si mesmo, às outras pessoas e ao mundo de que se curvem às suas expectativas, necessidades e desejos. Mas podemos ser irracionais quando exigimos o cumprimento de uma crença correta no momento e local errado.

Às vezes dá para antever, mas na maior parte das vezes só percebemos a bobagem depois de feita.

Certo gestor gostava de trabalhar na empresa e queria se manter no emprego, mas não foi capaz de controlar certos comportamentos que colidiam com as expectativas da presidência. Ele tinha consciência de que alguns executivos não gostavam da sua maneira de ser, mas acreditava que a melhor maneira de servir um empregador seria lutando pelas suas ideias. Lá não funcionou e foi demitido. Acabou se sentindo um idiota, um incompetente por não ter sido capaz de gerenciar a situação.

O problema é que acreditamos exageradamente em nossas verdades absolutas.

Poderia se agregar uma variável adicional à dinâmica da crença irracional. É quando a pessoa não percebe o impacto negativo da sua resposta, ou prefere distorcer sua percepção.

Graças ao lado consciente e racional da mente, pode-se resistir e mesmo mudar esse tipo de crença, ganhando a tranquilidade que se precisa para melhor exercer o trabalho gerencial. Uma crença irracional, por agir de forma primitiva, em geral está associada a uma meta, um desejo de curto prazo. Seu foco é ganhar uma batalha, fazer o eu sobreviver ao momento. Ter o gosto da vitória. E está desconectada dos interesses e crenças mais profundas, aquelas associadas a valores básicos da pessoa. Um gestor não precisa gostar de tudo e de todos, mas isso não o impede de ter uma visão mais ampla e objetiva de como mudar a si mesmo no curto prazo para atingir seus objetivos pessoais maiores.

Uma boa maneira para identificar crenças irracionais é listar comportamentos automáticos incontroláveis, repetitivos e indesejáveis que lhe causam dor emocional pela besteira feita.

Seguem amostra de crenças irracionais para estimular a percepção do leitor na busca das próprias.

Crenças que levam ao ataque:

- *Tenho que salvar as pessoas. Sou responsável pelos outros, seus problemas e preocupações;*
- *As coisas têm que ser da maneira que eu quero;*
- *As pessoas são não confiáveis;*
- *As pessoas são incompetentes. Só eu sei o que é certo;*
- *O mundo está aqui para me servir;*
- *Ser segundo não basta, é preciso vencer;*
- *Tem sempre alguém querendo me derrubar;*
- *É preciso levar vantagem em tudo, se não alguém vem e leva;*
- *Os fins justificam os meios.*

Crenças que levam à defesa:

- *Somente obedecendo se ganha a proteção das pessoas;*
- *Agradando as pessoas, elas pensarão bem de mim, não serei rejeitado;*
- *Ninguém reconhece meu esforço;*
- *Coisas ruins estão sempre para acontecer;*
- *É melhor fugir do que se confrontar;*
- *É melhor se calar do que dizer o que penso;*
- *É melhor deixar as coisas como estão;*
- *É melhor não arriscar e evitar novas responsabilidades;*
- *Nunca sou capaz, preciso de alguém que me ajude;*
- *Não gosto da maneira como ajo, mas nada posso fazer para mudar;*
- *Não sou capaz de decidir se não tiver todas as informações;*
- *O conflito é negativo e tem que ser evitado;*
- *Copiando todo mundo divido a responsabilidade se der errado.*

Comportamentos irracionais em geral são automáticos, impensados, incontroláveis.

Exigências irracionais

O modelo hierárquico organizacional favorece crenças irracionais, pois dá aos gestores poder para fazer exigências às outras pessoas, ao mundo e a si mesmos.

Per se não faz sentido exigir nada de ninguém. A presença da exigência já demonstra a distorção na idealização de um mundo perfeito onde tudo tem que conspirar a seu favor. Entre as exigências irracionais, se encontram preciosidades, tais como: exigir que as coisas sejam fáceis; que as pessoas façam o que se quer e do seu jeito, com perfeição e imediatamente. A proposta de Albert Ellis para combater crenças irracionais passa pela transformação de exigências em preferências. Diz ele que preferir que as coisas sejam de certa maneira é valido, exigir não o é. Assim, quando fazemos exigências, estamos ultrapassando os limites da racionalidade. É quanto a mente crê ser magicamente atendida. Quando suas crenças irracionais não são atendidas, o gestor sente-se ameaçado e libera seus monstros internos.

A paixão humana é a transformação de uma necessidade numa exigência.

Exigir é em si um ato irracional.

> *Na busca pelas crenças irracionais, outra estratégia é a de identificar no comportamento indesejado se ele está impondo uma exigência. Caso haja uma exigência, por certo se trata de uma crença irracional.*
>
> *A lista a seguir dá exemplos de crenças decorrentes de exigências comuns nas situações de trabalho. Caso encontre uma exigência, saiba que tocou numa crença irracional.*
>
> *• Exige obediência: "Quem não faz o que mando é meu inimigo, incompetente, burro, está querendo me derrubar";*
> *• Exige inteligência, competência (em tudo): "Tenho horror de gente burra, incompetente. Eles precisam entender na primeira vez que falo. Quando não entendem é porque são burros";*
> *• Exige submissão: "Só na porrada essa gente trabalha. Ou obedecem ou serão demitidos";*
> *• Exige lealdade: "Eles erram para me derrubar. Estão tramando algo contra mim. Os confiáveis são os que me obedecem sem questionar";*

- *Exige atenção, carinho, amor, aceitação:* "Quando meu chefe não me cumprimenta é porque devo ter feito algo errado";
- *Exige salvação:* "Eles têm que me guiar e resolver meus problemas";
- *Exige segurança:* "Eles precisam me proteger";

Exigências do mundo
- *Quais são as exigências que você faz do mundo para atender seus desejos e necessidades? Quanto isso afeta seu humor e estraga seus dias quando não é atendido?*

A moeda de troca nas relações interpessoais – no altruísmo recíproco – são as expectativas que cada um estabelece sobre o outro. Entretanto, quando expectativas viram exigências, o outro percebe a situação como uma ameaça e canaliza sua energia, não para fazer o melhor, mas para se defender. O mesmo ocorre quando um desejo vira uma exigência da pessoa para si mesma. Ela fica obcecada, transtornada por algo que deseja. Perde a racionalidade, fica sujeita a sedução e manipulação. Sofre uma dor imensa que precisa ser aliviada de alguma maneira.

Quando não atendem nossas exigências, reduzimos as pessoas a um rótulo negativo.

> Aquele gestor exigia que suas ideias fossem aceitas e tomava eventuais erros ou atrasos às suas determinações como uma ameaça. Reagia como um primata sendo testado por outro na sua liderança e liberava respostas agressivas de ataque. Estava apenas defendendo o seu *eu*.

Rótulos e generalização

Com uma mente desenvolvida para padronizar tudo e todos, nossos sistemas de julgamento e avaliação tendem a reduzir pessoas a rótulos. O econômico cérebro humano tende a padronizar tudo para ser mais eficiente: riscos, respostas, e também interpretações e julgamentos das pessoas e do mundo. Assim, quando alguém não cumpre o que lhe é exigido, recebe um rótulo, de irracional, idiota, incompetente, ingrato, desonesto, insensível etc.

Rotular traz alguma vantagem. Um rótulo simplifica, limita o olhar de uma pessoa sobre a outra, permite generalizar estendendo o conceito a todos os demais aspectos da vida dela. Entretanto, desconsidera que uma pessoa é muito mais que um comportamento específico, um papel que desempenha. Rotulando, passa a se relacionar com a pessoa através de apenas uma parte dela.

Os padrões já estão em nossa régua de valor. A nossa primeira reação a outra pessoa consiste em estabelecer uma impressão dela. Krech, Crutchfield e Ballachey denominaram de Efeito halo, quando se tende a exagerar nas percepções positivas ou negativas dando a outra pessoa uma imagem homogênea que não possui. Frente ao estímulo da presença ou da lembrança da pessoa, tende-se excessivamente a ampliar seus traços desejáveis ou indesejáveis, bastando só sua presença para o cérebro codificar a situação como uma ameaça e preparar o corpo para o ataque ou fuga.

Depois de rotulada, fica difícil se relacionar com a pessoa como um todo.

Como diz Rhandy Di Stéfano em suas aulas do Integrated Coaching Institute (ICI), um evento não representa o todo de uma pessoa e ninguém tem acesso à realidade completa de outra para poder fazer um julgamento abrangente. Só com o pensamento racional é possível separar o fato da pessoa, ampliar a mente para incluir as inúmeras coisas boas e más realizadas por ela. Rhandi formula algumas perguntas que ajudam a reflexão consciente e realista: quantas vezes uma pessoa boa tem que fazer uma coisa má para virar uma má pessoa? Quantas vezes uma má pessoa tem que fazer uma coisa boa para virar uma boa pessoa? A capacidade para reconfigurar os pensamentos, a dinâmica mental, para olhar a si mesmo e as demais pessoas de uma forma mais ampla e completa é mais um desafio do processo de autodesenvolvimento, e de enorme ajuda quando estamos sinceramente buscando melhorar nosso relacionamento com uma pessoa, como é o caso de quando damos feedback numa avaliação.

Sensibilidade racional

Albert Ellis indica a necessidade de desenvolvermos uma sensibilidade racional para podermos formular a crença irracional que está orientando subliminarmente nossos pensamentos, sentimentos e comportamentos, para então neutralizá-la e mudá-la. Segue uma linha de raciocínio alinhada à proposta dele:

- *Qual exigência estava fazendo quando teve o comportamento indesejado?*
    - *Exemplo: "Todo mundo tem que fazer as coisas como eu quero. As pessoas têm que me obedecer. As pessoas precisam gostar de mim."*

Crenças irracionais quando submetidas a questionamento, mostram suas fragilidades.

- *Qual rótulo atribuiu à pessoa quando não ela atendeu suas exigências?*
    - *Exemplo: "Quem não faz o que eu quero é incompetente. Quem não me obedece é um traidor. Quem não gosta de mim é injusto/ indelicado/ insensível."*

Evoluímos quando somos capazes de mudar nossa percepção sobre nossas crenças.

- Juntando numa frase a exigência e o rótulo identificado tem-se uma primeira formulação da crença. Ela enfatiza melhor a irracionalidade se agregar o sentimento de fundo e o comportamento indesejado.
    - *"As pessoas que não fazem o que eu mando são incompetentes e eu me sinto irado com isso. Por esse motivo grito com elas."*
    - *"As pessoas que não me obedecem são minhas inimigas e eu as odeio por isso. Por isso as demito."*
    - *"As pessoas que não gostam de mim são injustas e eu sofro muito com isso. Por isso em vez de mandá-las fazer as coisas, faço-as eu mesmo."*

Princípios de gestão

Uma das grandes dificuldades que encontramos para realizar mais a contento o trabalho gerencial é que ele é fundamentado em princípios racionais e nós não. Práticas de gestão tais como a definição de objetivos, planejamento e definição

As empresas são concebidas a partir de princípios racionais. As pessoas que as dirigem, nem sempre.

O risco ou a força de uma empresa está na qualidade da programação do piloto automático de seus gestores.

de padrões de eficiência perdem eficácia quando os gestores não têm controle de sua própria objetividade e apenas repetem programações que levam a respostas automáticas e impensadas, muitas vezes opostas aos melhores princípios de gestão. A ação automática não é em si inadequada, pelo contrário, é natural. O risco está na qualidade da programação que controla o piloto automático do gestor: regras e crenças imutáveis, convicções, dogmas e verdades absolutas irracionais.

> Aquele gestor tinha uma boa compreensão do quanto aquele novo sistema de avaliação de pessoas seria benéfico ao desenvolvimento das pessoas. Mas, internamente, relutava em adotá-lo. Não conseguia romper com a maneira intuitiva com que sempre havia aplicado essa ferramenta gerencial.

A lista a seguir apresenta exemplos de princípios irracionais aplicados nos processos de gestão. Algumas fazem parte do anedotário organizacional:

Crenças irracionais sobre as pessoas:

A melhoria contínua depende do uso da consciência e da racionalidade do empregado.

• Precisamos de mais controle. As pessoas não são merecedoras de confiança;
• As pessoas são ignorantes e incapazes de pensar por si mesmas;
• Só a diretoria sabe o que é certo;
• Pessoas com opinião contrária são maléficas à empresa;
• Para subir é preciso derrubar o outro;
• Pessoas só funcionam com pancada. Se não estão funcionando, é porque está faltando bordoada;
• A insatisfação se cura com mais trabalho;
• O feedback é desnecessário, cada um sabe o que precisa melhorar;
• Se as pessoas estão tendo tempo para pensar, dê mais trabalho para elas.

Princípios limitantes de gestão:

• Desde que haja qualidade no produto, o mercado está disposto a pagar qualquer preço;
• Não é preciso comunicar as mudanças, as pessoas descobrirão por si mesmas;

- Não é possível planejar com todas essas mudanças ocorrendo a cada instante;
- Gerenciar mudanças é perda de tempo, as coisas se ajeitam naturalmente;
- As pessoas se engajarão nas mudanças;
- Sem propina, não vendemos naquela empresa;
- O cliente precisa ser ensinado sobre o que necessita;
- Só recrutaremos empreendedores;
- Evite comunicar más notícias;
- A pesquisa de clima é por formalidade.

Tenha em mente o que está fazendo a cada momento para impedir que seus objetivos maiores sejam alcançados.

*Valores são propensões
fundamentais que
norteiam nossa maneira
de ser.*

Valores, objetivos e metas

Ainda como parte do entendimento de nossa programação, estão nossos valores, os quais definem nossos objetivos mais profundos de vida e formam as bases de nossa régua de preferências e influem na maneira como nos conduzimos no ambiente social para tirarmos dele o melhor proveito.

Os valores funcionam como uma espécie de grande objetivo, diretriz fundamental que guia e define em última instância nosso prazer pela vida, pelo nosso sucesso intrínseco. Situações em que vivenciamos nossos valores são desprovidas de ameaças. Nelas sentimos alegria e satisfação. No dia a dia, traduzimos esses valores em objetivos amplos de vida e esses em metas de curto e médio prazo.

Acredito que os valores façam parte de nosso repertório genético de preferências mais fundamentais ligados à proteção da espécie humana que nos leva a metas como casar, ter filhos. São eles que nos induzem a intuitivamente buscar empresas que respeitem as pessoas para podermos ter metas de ajudá-las a se desenvolverem. Ou buscamos aprovação dos outros quando nosso valor mais profundo é o de sermos aceitos e amados. Valores são profundos, nem sempre evidentes, e orientam objetivos amplos de vida e metas modeladas pelo ambiente social em que vivemos.

Nem sempre nossas crenças e nossos desejos estão alinhados aos nossos valores.

Entretanto, o funcionamento da mente não é linear nem lógico e numa mente fragmentada, em que habitam diferentes condôminos, é fácil perceber a contradição entre metas de curto prazo, objetivos de longo prazo e valores fundamentais de vida.

Crenças determinam nossas metas as quais operacionalizam nossa vida cotidiana baseadas no imediatismo da

Quando não se sabe o que realmente importa, qualquer comportamento serve.

mente, voltadas à satisfação imediata do eu. São estratégias de curto prazo. Parte delas pode decorrer de exigências de um fragmento mental primitivo. Muitas são preferências superficiais, mas suficientemente fortes para mobilizar nossas mentes e ações. Entretanto, quando é contraditória, ou irrelevante aos nossos objetivos e valores, seu atendimento gera uma sensação de vazio, de incompletude, e mesmo de dor. É, por exemplo, quando fazemos o que não queremos.

Se os valores definem grandes objetivos de vida, no cotidiano a mente fragmentada se entretém com metas nem sempre alinhadas a eles. Suscetíveis aos apelos da vida social, a pessoa perde contato com seus valores mais importantes e se deixa levar por metas de pouco ou nenhum valor à real qualidade de vida, e pior, que a fazem sentir culpa quando não são atingidas. A inebriante vida social cotidiana cria desejos e carências que nos distanciam de nossos valores e movem nossa atenção e motivação para imperativos sociais vigentes. E à medida que focamos em nossos desejos, encobrimos nossas reais necessidades. Parte do nosso desafio é o de sair do superficial e ir mais fundo para descobrir o que realmente nos faz bem, não apenas o que nos faz sentir bem. Sair de desejos processuais e chegar ao cerne das necessidades fundamentadas em valores.

Você sabe o que quer, mas não do que precisa

Corajoso é aquele que não se dobra às exigências, expectativas de pessoas e instituições que colidem com seus valores.

Peter Senge em *A quinta disciplina* nos diz que o ambiente social tende a dirigir nossa atenção para os aspectos materiais, e que nossa consciência nos impinge sentimentos de culpa pelos desejos materiais que alimentamos. Complementa o autor que em geral nós temos pouca noção dos nossos reais objetivos de vida.

Não é raro pessoas alcançarem uma desafiante meta e não se sentirem satisfeitas com isto. Eu sei que é melhor ser rico e infeliz do que pobre e infeliz, mas sentir-se infeliz não é algo bom, nem geneticamente falando. Quando a pessoa confunde metas com objetivos, não consegue priorizar e se concentrar no que é mais importante. Isto fica visível quando, por mais que façamos e concretizamos, ainda nos sobra uma sensação de vazio existencial. Um estado permanente de carência e insatisfação, como que condenados a uma existência sem sentido, diria Sartre.

> Aquele gestor tinha metas de carreira muito bem definida e lutou bravamente por elas, alcançando o almejado sucesso, mas nunca havia se perguntado se elas atendiam às suas demandas mais profundas. Foi somente numa fase mais avançada da vida que teve a sorte de reencontrar a si mesmo e começar a traçar objetivos e metas que atendiam plenamente suas necessidades mais profundas.

A lista a seguir é uma amostra de propensões básicas que nos movem e que, quando vivenciadas, nos fazem sentir alegria e satisfação, e quando não, geram sofrimento. Muitas são coisas simples, mas com grande poder em definir como nos sentimos. Em geral, nossa base mental é composta por vários desses exemplos:

- Valores voltados à segurança: sobrevivência, proteção, harmonia, colaboração, paz;
- Valores voltados à aceitação: apreciação, igualdade, aprovação, reconhecimento, humildade. Amor, confiança, camaradagem, bondade, compaixão, amizade, fraternidade, perdão, solidariedade, tolerância, esperança;
- Valores voltados à diferenciação: liberdade, independência. Destaque, admiração, fama. Crescimento;
- Valores voltados ao poder: poder, posse, domínio, conquista;
- Valores voltados à realização: realização, construção. Resultados. Perfeição. Inovação, lógica, coerência, conhecimento, certeza;
- Valores voltados à descoberta: aventura, desafio. Descoberta. Perseverança. Criatividade;
- Valores voltados ao cuidar: cuidar, treinar, preparar, cooperar;

À medida que atendemos nossos valores mais profundos somos recompensados com o bem-estar, a tranquilidade, a alegria e a satisfação.

• Valores voltados à integridade: verdade, autenticidade, ética, retidão. Moralidade. Honra. Honestidade. Sinceridade, respeito, justiça;
• Valores voltados à tranquilidade; alegria, bom humor, divertimento, entusiasmo.

O ideal seria que a mente guardasse coerência entre valores, objetivos e metas. Que fossemos capazes de aplicar intuitivamente esta coerência nas ações do dia a dia. Entretanto, a realidade social confunde a mente.

É preciso atentar também para o fato de que muitas metas são intermediárias e que quando olhadas isoladamente podem parecer que estamos lutando contra nossos próprios valores. O dinheiro, por exemplo, é para muitos uma ponte para que outras metas mais significativas sejam alcançadas. Quantos de nós não aceitamos empregos insatisfatórios para podermos sustentar a família, coletar recursos para investir na própria educação, comprar o carro da moda.

Fortes mesmo são aqueles que se questionam, encontram e se mantêm firmes em seus valores. Capazes de corajosamente confrontar e mudar metas que levam apenas a pequenas conquistas e satisfações. Que pouco ou nada agregam a suas vidas. Que não se dobram facilmente às exigências, expectativas de pessoas e instituições.

Com o consciente ausente e uma mente fragmentada, há sempre o risco de se buscar por coisas contraditórias, ao mesmo tempo dando a impressão de que durante parte da vida nos achamos incapazes de conseguir o que queremos e em outra não acreditar que o merecemos.

As pessoas são melhores cumpridoras de crenças do que seguidoras de seus valores fundamentais.

• *Quais metas deseja atingir nos próximos cinco, dez anos?*
• *Quais são realmente suas e quais são as que outros esperam de você?*
• *O que cada meta trará a sua vida pessoal, profissional, espiritual?*
• *A quais objetivos e valores maiores elas estão associadas?*

A perda do foco organizacional

Quando não se tem uma visão ou sentimento claro de quais são os objetivos, corre-se o risco de ser seduzido por metas que não só não completam nossos objetivos, mas podem mesmo jogar contra eles.

No dia a dia organizacional, há pessoas que lutam obstinadamente por uma ideia, defendem uma bandeira, mas perdem de foco os objetivos organizacionais maiores. Defendem uma crença ou princípio que não necessariamente está errada, mas que pode não ser a questão central do problema a ser resolvido. Assim também fazemos em nossa vida.

> Quando se sentiu ameaçado, aquele gestor passou a defender com unhas e dentes seu ponto de vista, o qual avaliado isoladamente fazia sentido. Entretanto, aquele ponto era totalmente irrelevante para os objetivos que haviam sido definidos.

> Outro atacava *a priori* as pessoas que contrapunham suas ideias, limitando suas liberdades, obrigando-as a fazer as coisas como ele estritamente determinava, e assim fazendo deixava de lado os objetivos de desenvolvimento da sua equipe, seus planos de delegar mais e reduzir a carga de trabalho que estava afetando sua vida pessoal.

Na empresa, a luta pela prevalência de ideias pode ser tão violenta como aquela entre dois rinocerontes machos disputando uma fêmea, só que muitas vezes é improdutiva e o que se sente é apenas o odor das fezes deixadas para marcar o território conquistado. Lutando por bandeiras – ideias, conceitos e princípios –, deixam de lado resultados, objetivos. Disputam apenas para fazer prevalecer a si mesmos, e não para alcançar o melhor resultado.

> Aquele diretor era um sujeito inteligente e sabia que as coisas podiam ser feitas de diferentes maneiras, mas uma crença interior de que suas ideias eram melhores, o levava a posições arrogantes e a embates dispensáveis. Instintivamente, agia como se aqueles que apresentassem ideias diferentes o ameaçassem e acreditava que era preciso deixar claro que mandava ali.

As pessoas são melhores cumpridoras de metas/crenças do que arquitetas da sua própria história. Reagimos de forma automática na defesa de uma verdade pessoal mesmo quando

---

Lutamos mais pelo brilho pessoal do que para o atendimento dos objetivos.

Na disputa entre interesses de longo e curto prazo, em geral os de curto prazo vencem.

Insistimos em defender nossas bandeiras, mesmo quando pouco contribuem para os objetivos organizacionais maiores.

O gestor primitivo é o que luta para fazer prevalecer as piores partes de si e vencer sozinho.

Quando o diálogo é necessário, e as crenças colidem, é preciso encontrar uma área de interesses comum nos valores.

esta não representa o interesse central da ação organizacional ou de nossos valores. Induzidos a combater, exageramos na defesa de crenças a qualquer custo e perdemos de vista o foco do essencial.

O foco do programa de coaching daquele executivo era sua dificuldade de se conter quando uma ideia sua era contrariada. Perdia o controle da mente. Em certa ocasião, lhe foi perguntado sobre a relevância da sua ideia para o alcance de seus objetivos. Depois de alguns segundos, arregalou os olhos e disse confirmando a suspeita: "Nenhuma!" Foi quando percebeu que defendia com todo ardor uma ideia que até era válida, mas irrelevante ao que pretendia.

Outro executivo sentia-se impelido a fazer seus colegas e chefes aceitarem, ou melhor dizendo, engolirem as análises de mercado que embasavam a decisão de compra de um novo negócio. Frente a uma recusa, fazia contra argumentações pesadas, ironizava o comodismo e a insegurança, quiçá a incompetência dos tomadores da decisão. Questionado sobre o objetivo do trabalho que havia realizado, ele disse que era o de subsidiar os tomadores de decisão naquele projeto. Perguntado mais uma vez se ele acreditava que sua atitude os ajudava a tomar a decisão certa, ele rapidamente disse que não. Depois de algum tempo, reconheceu que estava mais voltado a fazer os outros aceitarem suas ideias do que a encontrar caminhos melhores de convencimento, uma estratégia que por certo seria mais eficaz para o alcance de seus objetivos. Sua mente estava mais preparada para lutar pelo brilho de suas ideias do que para o atendimento de seus objetivos.

Impelidos a lutar

A luta por bandeiras – quando impúnhamos uma ideia, uma crença, um conceito e estamos dispostos a tudo por eles – responde por boa parte das ineficiências nas empresas. Intuitivamente, os que são dados a essa prática lutam por posição social, prestígio, poder e não pelos resultados. Uma reação típica de um ambiente primitivo de escassez no qual bandeiras e crenças pessoais arraigadas são defendidas a qualquer custo e com grandes sacrifícios.

Aquele executivo ficou muito frustrado com sua avaliação de desempenho, pois havia lutado muito pela empresa e não se sentia reconhecido. Seu chefe calmamente lhe explicou que ele estava confundindo seu empenho em defender suas ideias com os resultados alcançados. E lhe foi sugerido checar quando suas lutas estão alinhadas aos objetivos e abrir mão delas quando não.

Lutar, vencer e dominar são impulsos primitivos que levam ao aprimoramento pessoal, mas nem sempre são produtivos nas situações de trabalho. Sempre há o risco de se encontrar pessoas lutando por bandeiras que não levem a lugar algum, a não ser provar algo a elas mesmas.

Bandeiras são ideias arraigadas pelas quais se está disposto a lutar mesmo quando não possuem nenhuma utilidade às metas e objetivos pessoais.

- *Tende a lutar de forma inconsequente pelos seus pontos de vista?*
- *A quais crenças se sente escravizado e sofre muito quando não as atende?*
- *Qual julgamento faz de si mesmo quando tem um comportamento indesejado?*
- *Qual rótulo negativo atribui a si mesmo?*

"A competição, inclusive o conflito militar, tem sido a marca da sociedade desde os tempos longínquos da pré-história."

"A competição entre grupos foi uma das maiores forças que forjaram os comportamentos sociais mais avançados."

Edward O. Wilson

Crenças sobre si mesmo

Deixamos para o final dessa conversa sobre as crenças um aspecto extremamente importante, as crenças que temos de nós mesmos.

Crenças negativas sobre si mesmo derrubam a qualidade de vida.

A individualidade marca a mente social e é construída através dos conceitos definidos na fase inicial da vida com base em expectativas das demais pessoas. Esses conceitos modelam a maneira como a pessoa valoriza ou rotula a si mesma em relação aos outros. Vai da completa inferioridade à total superioridade. Com o amadurecimento, o indivíduo passa a estabelecer uma visão mais realista de si mesmo, mas sempre sobram crenças inconvenientes que mais atrapalham do que ajudam. Algumas são exigências inalcançáveis; outras são indesejadas. São mecanismos internos que impelem o indivíduo a se aproximar das piores expectativas do eu ideal.

Fazemos de tudo para cumprir com as crenças independentemente da dor que isso possa nos causar.

As crenças que a pessoa tem sobre si mesma definem sua maneira de ser e de viver e, em geral, não querem mudar. Muitas delas não tivemos a sorte de escolher, mas isso não nos isenta da responsabilidade de mudá-las quando interferem em nosso desempenho como gestores ou na maneira como nos sentimos em relação a nós mesmos.

A crença que temos de nós mesmos determina nossa relação com a vida.

Raramente a pessoa se pergunta o quanto gosta de si, o quão distante está seu eu real do seu eu ideal, aquele que gostaria de ser. A maior parte do tempo opera no piloto automático, cumprindo as determinações de suas programações. Quem não tem a liberdade de julgar a si mesmo pode estar com algum problema de autoconceito, dependente de opiniões alheias.

Muitas pessoas se olham no espelho e sentem que não conhecem totalmente o sujeito que surge à sua frente. Era o caso daquele executivo que se achava distante de seu eu verdadeiro, pois estava sempre tentando provar a si que era outra pessoa. E, mesmo depois de muitas reflexões e muito esforço de mudança pessoal, ainda não conseguia estabelecer uma visão mais objetiva de si mesmo.

Todo mundo tem um pouco desse mal-estar interno quando está a sós, em conversa franca com sua consciência. Mas há pessoas incapazes de manter um papo interno para saber realmente o quanto gosta de si mesmo.

Uma operação mental normal nos faz oscilar entre nos sentir melhores, iguais ou piores em relação aos outros, em função da dinâmica mental e das circunstâncias. Entretanto, armadilhas mentais impiedosas nos mantêm subjugados a roteiros de vida, em uma espécie de sina, um comando metafísico que não pode ser contrariado.

No teatro da vida – como diz o ditado, "é preciso ser formado em artes cínicas" –, cada um absorve seus papéis e seu roteiro, e é induzido ao atendimento de expectativas, exigências e rótulos. Quando o rótulo absorvido na infância como uma verdade for de perdedor, a mente fará de tudo para achar e criar situações para se cumprir a crença irracional de que seu destino é perder sempre. Se o rótulo atribuído for o de sofredor, se fará de tudo para que essa "verdade" prevaleça.

Vale lembrar que muito desses rótulos foram formados a apartir dos relacionamentos sociais na infância quando trocávamos aceitação e reconhecimento da nossa existência por "verdades sociais". Obedientes, mente e corpo trabalham para cumprir as crenças independentemente da dor que isso possa causar. Acreditam que a dor sentida dessa forma seja menor que aquela que teriam caso a crença não fosse cumprida. Em outras palavras, acham que a dor da cura é maior do que a dor da doença. Por sorte, o mecanismo vale também para as crenças positivas: se a pessoa achar que é um cara legal, irá criar condições favoráveis para confirmar essa perspectiva.

No dia a dia, quando estamos fora do consciente, corremos o risco de oscilar entre sentimentos positivos e negativos exacerbados sobre nós mesmos. Como seres perfeitamente instáveis e carentes, temos diferentes sentimentos a respeito de nós mesmos ao longo da vida e até mesmo ao longo de um

Criamos crenças a nosso respeito que vão da completa inferioridade à total superioridade.

Maléfico é julgar a si mesmo pelo que se tem, não pelo que se é.

Pergunta-me qual foi o meu progresso? Comecei a ser amigo de mim mesmo.

Sêneca, o mais jovem

dia. Passamos por diferentes estados de humor, mas tendemos a fincar bandeira em um deles, justamente aquele que reforça nosso tradicional jeito de ser. Assim, aqueles que se acham uns babacas não serão contrariados, mas os que se acham melhores que os outros, por certo, encontrarão objeções.

A seguir, estão algumas crenças que as pessoas têm de si mesmas e que determinam, limitam e cerceiam a maneira como se relacionam com a vida, com os outros e com elas próprias[1].

Um infeliz em um mundo de infelicidades

Esse é um dos piores estados mentais, pois a pessoa é dominada por animais perigosos que drenam a energia e o prazer pela vida, que levam a um baixo valor de si mesma e do mundo. Vem com uma sensação de desânimo, depressão e insatisfação. Neste estado, nada parece fazer sentido. Como diz a letra do compositor Chico Buarque, "tem dias que a gente se sente como quem partiu ou morreu". Alguns encaram essa maneira de ser e sentir com resignação, outros com agressividade. Em geral, se desenvolve em ambientes perniciosos comandados por pessoas que se alimentam de sentimentos e emoções depressivos e negativos.

Quando a vida está muito ruim, fica mais fácil aceitar que algo melhor possa vir em outro mundo.

Mentes dogmáticas generalizam e exageram no pessimismo ao julgarem a si mesmas, os outros e a vida, gerando incapacidade para perceber o lado positivo das coisas. Transforma o mal em algo ainda pior, o pior no insuportável. São pessoas intolerantes à frustração que usam mecanismos mentais de amplificação. Para elas, tudo é muito difícil, impossível, doloroso. Esquecem suas próprias capacidades para lidar com os problemas com que se deparam.

Ter essa sensação o tempo todo é um porre, mas ninguém escapa de dar uma passadinha por aqui vez ou outra, quando parece que o mundo está conspirando contra si. Esse estado mental é alimentado por crenças irracionais tais como: "Não vale a pena viver"; "Viemos ao mundo para sofrer"; "Somos o fruto do pecado". Os comportamentos mais comuns

---

[1] Aqueles que conhecem algo de Análise Transacional vão reconhecer os conceitos de posição existencial orientando os pensamentos que se seguem.

ficam entre a prostração, a submissão e a agressividade desmedida. Os "animais internos" mais comuns encontrados nessa hipótese são o medo, o desespero, a confusão, a depressão, a prostração, o ódio, que impedem qualquer contato com o consciente. Quando alguém se demora nesse estado mental, tende a ser alvo fácil para crenças que prometem maravilhas em outra vida desde que suas agruras sejam aceitas resignadamente nesta.

Um infeliz num mundo de gente feliz

Algumas vezes, independentemente do tanto que conquistamos, sempre achamos que não fizemos tudo o que poderíamos.

Falamos aqui dos humanos que se culpam por nunca conseguirem se aproximar do seu eu ideal. Quando se comparam com os outros, escolhem aqueles que melhor confirmam sua inferioridade por terem melhores empregos, salários, vantagens, riqueza material, capacidade de inspirar admiração e respeito etc. Essas pessoas sempre se acham culpadas por não terem feito algo a mais. Acreditam que os demais estão sempre conspirando contra elas. Mesmo quando vitoriosos não se permitem usufruir emocionalmente dos benefícios. Exigem demais de si mesmas. Quando falham, é como se corressem grande risco. Incompetentes, sem valor, merecedores de sofrimento – é assim que se veem. Seus sentimentos são de ansiedade, pânico, depressão, desespero. Seus pensamentos recorrentes são de tristeza, raiva, lamento. Sua expressão facial é de infelicidade, chateação. Tipos de crenças: "Você não merece"; "Sua casta é inferior"; "Nunca faz nada direito"; "Não é capaz"; "Não vai conseguir"; "Aceite seu destino"; "Não nasceu para ser feliz". Na visão de Wilhelm Reich, no seu *Escute, Zé-ninguém*, este é o homem comum que admira as ideias das demais pessoas, mas nunca as que tem. Que acredita mais nas coisas que pouco entende, e despreza o que lhe é mais fácil assimilar.

> Existe uma piada que faz todo sentido neste contexto. Uma mulher lembrou que, quando criança, achava que seu pai gostava mais da sua amiguinha imaginária do que dela. E suas suspeitas se confirmaram quando seu pai começou a declarar a outra como dependente no Imposto de Renda.

Uma executiva se apresentava consistentemente como inferior aos outros e fazia de tudo para confirmar sua programação. Tinha acabado de terminar seu MBA no exterior. Era bem casada e havia arranjado um bom emprego. Entretanto, se mostrava sempre negativa, desconfiada e insatisfeita. Falava e soava como tal. Na sua perspectiva, nada dava certo. De tanto trabalhar contra si mesma, não deu outra. O que podia ser uma história positiva e de sucesso, a partir de certo momento, começou a desmoronar e não parou mais. Abandonada pelo cônjuge, não conseguiu mais acertar um novo relacionamento. Mesmo sendo inteligente e dedicada, depois de perder o emprego, não conseguiu se recolocar em trabalho adequado ao seu nível profissional, pois ninguém queria contratar uma "perdedora". Sem dinheiro e sem emprego, a saída foi voltar a trabalhar na pequena empresa da família – onde, é claro, reencontrou o ambiente pernicioso em que havia adquirido sua triste programação.

Salvadores da humanidade, alguns se acreditam acima de tudo e de todos.

Um superior em um mundo de inferiores

O outro lado da fantasia sobre si mesmo é se achar bom demais – ou até perfeito – em detrimento das demais pessoas. Nesta situação, a autoestima é falsa e muito elevada. A pessoa se vê como um ser superior em relação aos semelhantes, que são meros figurantes da epopeia de sua vida. Esconde uma faceta interior frágil e insegura, que se mascara por vaidade e arrogância exacerbadas. Aqueles que são predominantemente desse tipo, por certo, irão ler essa descrição e terão a absoluta certeza de que isso não lhe diz respeito. Quando aderem a uma seita ou religião, tentam salvar os outros, sem serem capazes de salvar a si mesmos. Quando solicitados a expor um defeito pessoal, dão longa volta, floreiam e transformam uma pretensa qualidade em um pretenso defeito. Seus mecanismos mentais os impedem de ver a diferença entre o eu ideal e o eu real que temem ver. Quando têm poder, transfiguram a realidade para que ela corresponda à sua maneira de vê-la. Os piores tipos são o "pavão-arrogante" e o "pavão-grosseiro". Os mais chatos são os "pavões-salvadores", donos de verdades que só eles conhecem e através das quais expressam sua pretensa superioridade. Em geral, não praticam o que pregam,

O poder pode nos dar a falsa imagem de que somos superiores aos demais.

mas seus mecanismos de defesa não lhes permitem ver suas contradições. Não conseguem encontrar as brechas para seu desenvolvimento. Racionalizam, negam e projetam seus problemas nas outras pessoas. Criam barreiras para o feedback negativo e, quando o recebem, ou "matam" o mensageiro ou conferem uma perspectiva positiva àquilo que ouviram com raciocínios do tipo "afinal ninguém conseguiria fazer melhor do que fiz". Seu "único defeito" é "serem perfeitos".

Encontramos nesses indivíduos genes arrogantes que esqueceram que são apenas espermatozoides que nadaram mais rápido. Quando detêm algum poder, garantem que sua autoimagem seja reforçada por outros humanos (interesseiros) que esperam ganhar alguma coisa em troca. São incapazes de ver grandes partes de si mesmos e não percebem o real impacto que causam nas pessoas. Exigem dos outros que atendam fielmente aos seus desejos e ordens para não se tornarem, a seu ver, sem valor, infiéis, perigosos, incompetentes e, portanto, merecedores de punição e até mesmo de agressão física. Seus sentimentos são de ódio, fúria, vingança, superioridade, desprezo. Seus tipos de crenças dominantes são: "As pessoas estão aqui para me servir"; "Eu consegui, eles não"; "Sou superior"; "Eles precisam ser salvos"; "Eles dependem de mim"; "Cambada de incompetentes"; "O que eles querem mais, se já têm emprego". E vale a pena repetir uma pérola mencionada na internet: "Não me considere como um chefe, mas apenas um colega que sabe mais que você!"

Algumas pessoas se veem como um ser superior em relação aos semelhantes, meros figurantes da epopeia de sua vida.

> Parecia ter sido um bom sujeito, mas, desde que alcançou o sucesso com seu negócio, passou a cultivar uma imagem superior de si mesmo e a tratar as demais pessoas com desprezo, devidamente dissimulado por linguajar "educado". Não aceitava ouvir nada que contrariasse suas ideias, o que obrigava as pessoas leais a ocultarem dele coisas que não gostava de saber. Criativo, idealizava coisas pouco razoáveis e as pessoas se desdobravam para atender a seus desejos, e, quando conseguiam, "confirmavam a sua onipotência". Um de seus subordinados confessou que não o contrariava porque se assim fizesse ele insistiria nas suas ideias impossíveis, fazendo da vida do subordinado um inferno. Para sobreviver, esse subordinado deixava passar o momento de êxtase e depois fazia o que precisava ser feito da maneira possível.

Um outro "ser superior" que conheci em uma empresa, quando contrariado, chegava a ser muito grosseiro, atirava objetos e quebrava coisas. Em um rompante, ofendia pessoas mesmo que se arrependesse a seguir. Era do tipo que nunca deixaria suas idiotices estragarem a sua arrogância!

Narrando as possíveis características do homem comum, Reich diz que este é o homem que teme reconhecer sua pequenez mascarando sua tacanhez e estreiteza mental com ilusões de força e grandeza.

Precisamos de alguns momentos em que o mundo pareça perfeito. Entretanto, ser assim o tempo todo pode ser doentio.

Um feliz em um mundo perfeito

Este é um estado mental menos frequente, até porque o mundo não ajuda muito nessa direção. São pessoas que vivem uma permanente felicidade eufórica e deslumbrada, fora da realidade. Sua percepção só capta coisas boas que geram prazer. Tudo é lindo e maravilhoso, dos grandes aos pequenos fatos. Viver permanentemente nesse estado é como ter um orgasmo que nunca acaba. Muita gente consegue passar por transes como esse curtindo bebidas, drogas e mesmo paixões avassaladoras – situações em que se perde o senso crítico e falha a percepção da realidade. É a vida em delírio. Com certeza, é importante poder passar por estados como esses de vez em quando. É um barato. É maravilhoso ter momentos de felicidade plena sem ponderações e porquês. Precisamos de alguns momentos e dias em que o mundo pareça perfeito e as pessoas, especialmente maravilhosas.

> Há dias em que se percebe com mais atenção as cores das plantas, o verde do mar, o aroma da brisa, o sorriso da criança, o calor do abraço. São momentos em que é possível se sentir ligado às forças do universo e se ver como parte de um todo integrado. (Desculpe-me, mas me deixei levar pelo meu lado romântico.)

Entretanto, ser assim o tempo todo se torna muito difícil, principalmente neste mundo onde a escassez, real ou simbólica, leva à competição desnecessária e ao consumismo. Ver o mundo apenas pelas lentes coloridas da positividade absoluta é desprezar a parte dura da realidade e perder a chance de melhorá-la. É evitar a dor do crescimento. Não conse-

> *"Parece que temos a necessidade de nos ver como a vanguarda de algo sem precedentes em toda a história: a extraordinária maravilha de sermos nós mesmos."*
>
> Ken Wilber

guir ver algo de errado em si ou no mundo pode ser uma estratégia de fuga para não ter de lidar com o seu lado indesejado. Tipos de crenças: "O mundo é lindo e maravilhoso"; "As pessoas são essencialmente boas e nenhuma maldade vive nelas"; "Tudo se arruma sozinho"; "Ele não vai mais fazer isso". Emoções excessivamente predominantes: alegria, positividade, amor.

Um cara muitas vezes bacana, outras nem tanto

Uma das condições para o desenvolvimento pessoal é ter um conjunto de crenças que leve a uma visão e sensação balanceadas da vida e de si mesmo. Enquanto os posicionamentos mostrados antes são dominados por mentes programadas, impulsivas, não conscientes e inconsequentes, este modo se baseia na mente consciente, racional, ponderada e realista, que permite ver as coisas sem as cores exageradas da explosão emocional e das crenças irrealistas. O indivíduo quando fica neste estado consegue passar pelas naturais oscilações sem se fixar em uma delas. Com tranquilidade, calma e serenidade, consegue lidar com o que vê em si mesmo e busca reduzir o domínio de sua mente não consciente e ponderá-la corretamente. Processa a realidade interna e externa nas suas partes boas e más. Não "faz uma média", oscila dentro da margem aceitável do que é bom para si. Consegue estabelecer um autoconceito justo. Procura conhecer as crenças que levam a comportamentos e consequências indesejáveis e as troca por outras mais realistas. Conhece a força de seus animais internos e, na maioria das vezes, segura a tempo o gatilho que liberaria seus piores comportamentos. Sabe que a realidade social é uma ilusão e se diverte com ela, não se deixando iludir pelas malandragens que suas crenças fariam consigo. Mantém uma visão crítica de si, das outras pessoas e do mundo sem que isso implique sua negação. Aproveita para ficar feliz com o que é bom e controlar o que não o é. Sofre, mas não se martiriza. Passa por momentos bons e maus e não fixa sua vida em nenhum dos lados. Estabelece mecanismos de autocontrole para fugir das manifestações negativas de sua mente. Tem boas conversas dentro da sua cabeça. Atualiza suas crenças frente a novas necessidades e vontades. Deixa-se levar conscientemente pelos desejos e aceita aqueles que não contêm ameaças. Rhandy Di Stéfano diz que a maioria das crenças de uma pessoa são racionais e realistas: o indivíduo acredita que o mundo não foi feito para lhe agradar nem facilitar sua vida; que as pessoas não podem ser julgadas por apenas uma de suas ações e são maiores do que isso; evita rotular as pessoas e reduzir seu valor. Gerencia seus desejos mais escusos e não se sente culpado por tê-los. É uma pessoa amiga de si mesma. Frente a um evento indesejado e estressante, reage de forma construtiva e racional, de modo a trazer uma consequência emocional positiva. Isso não quer dizer que não tenha sentimentos negativos, mas é resiliente e não se deixa aprisionar por eles. Tem um sistema de crenças flexível. É capaz de explorar igualmente suas capacidades para construir competências e perceber aquilo que pode lhe derrubar. Tem um sentimento positivo de si mesmo (autoestima), dos outros e da vida.

O autodesenvolvimento leva a uma visão e sensação balanceada da vida e de si mesmo.

Sabe que tem um potencial positivo e outro negativo, que o desestabiliza. Tem clareza sobre os comportamentos e características que lhe desagradam. Tem clareza sobre o que deve lutar para modificar, e é capaz de viver com aquilo que não consegue mudar. Questiona suas crenças, reeduca as que precisam de revisão, escolhe aquelas que melhor atendem às suas necessidades, elimina as que empobrecem sua vida. Enfim, conhece sua condição humana e aprende a cada instante a melhor lidar com ela.

Na fase de programação inicial, o cérebro incorpora as crenças que temos de nós mesmo, as quais, ao longo da vida, fazem de tudo para garantir que sejam válidas. Elas indicam a orientação de vida de uma pessoa. Ficam mais evidentes quando são contrariadas.

- *Um infeliz em um mundo de infelicidades*
    - ➤ *"Sou um imprestável."*

➢ *"Algo de mal vai acontecer."*
➢ *"Nasci para sofrer."*
➢ *"A vida não vale a pena de ser vivida."*
➢ *"Ninguém gosta de mim*
➢ *"Não há qualquer valor na vida."*
➢ *"A vida é uma pena a ser cumprida."*

- Um infeliz num mundo de gente feliz
  ➢ *"Nunca me sinto satisfeito com o que conquisto."*
  ➢ *"Por mais que faça, estou sempre em falta."*
  ➢ *"Não há nada de bom no que faço. Por mais que eu faça, nada dá certo."*
  ➢ *"A tendência é de que as coisas darão errado."*
  ➢ *"Se algo der errado, será por minha culpa."*
  ➢ *"Os outros são melhores que eu."*
  ➢ *"Não mereço aproveitar a vida."*
  ➢ *"As pessoas estão contra mim."*
  ➢ *"A felicidade é para poucos."*
  ➢ *"Se não chorar e sofrer não consigo o que quero."*
  ➢ *"É preciso ser agradável, simpático com aqueles que não gostam de mim."*
  ➢ *"Ninguém reconhece meus esforços."*
  ➢ *"Sem ajuda, não consigo nada."*
  ➢ *"Preciso ficar calado, pois se eu falar eles vão rir de mim."*
  ➢ *"Quanto menos falar, menos problemas, menos trabalho."*

- Um superior em um mundo de inferiores
  ➢ *"Minhas ideias são sempre melhores que as das outras pessoas."*
  ➢ *"Não posso errar nem perder."*
  ➢ *"Preciso ser admirado por todos. As pessoas precisam pensar bem de mim."*
  ➢ *"Fico irritado quando as pessoas não entendem minhas (brilhantes) ideias."*
  ➢ *"Tenho grande dificuldade para trabalhar com gente burra."*
  ➢ *"Fico irado quando não fazem as coisas exatamente do jeito que eu quero."*

"O enganador autoenganado, convencido sinceramente do seu próprio engano, é muito mais perigoso do que o enganador frio e calculista."

Eduardo Giannetti

- ➤ *"Não tenho paciência com gente lenta."*
- ➤ *"Preciso salvar essa gente."*
- ➤ *"A culpa é deles."*
- ➤ *"Tem sempre gente querendo me derrubar."*
- ➤ *"Sou melhor que os outros."*
- ➤ *"Preciso ser perfeito em tudo que faço."*
- ➤ *"É preciso levar vantagem em tudo."*

- *Um feliz num mundo perfeito*
  - ➤ *"A vida é maravilhosa, as pessoas são boas e a maldade não existe."*
  - ➤ *"Não vale a pena se preocupar com as coisas ruins."*
  - ➤ *"As pessoas não fazem por mal."*
  - ➤ *"As pessoas são essencialmente boas."*
  - ➤ *"As pessoas são injustas comigo, mas isso passa."*

- *Um cara muitas vezes bacana, outras nem tanto*
  - ➤ *"Vejo as coisas boas que faço e me alegro com isso."*
  - ➤ *"Sei que posso fazer melhor e trabalho para tal."*
  - ➤ *"Vejo as bobagens que faço; isso me incentiva a melhorar."*
  - ➤ *"Recupero-me rapidamente das adversidades que encontro."*
  - ➤ *"Meus pensamentos são positivos, e luto duramente contra os negativos."*
  - ➤ *"Sinto-me melhor com algumas pessoas, mas não excluo as demais."*
  - ➤ *"Procuro sempre aproveitar e aprender com o lado diferente das pessoas."*
  - ➤ *"Valorizo as pessoas pelo que elas fazem e não pela sua raça, religião ou proximidade comigo."*
  - ➤ *"Uma pessoa deve ser julgada pelo que é e não pelo que tem."*

Cuidado com o que fala aos seus filhos. Não cometa os mesmos erros que seus pais cometeram com você!

"O homem que não sabe dominar os seus instintos é sempre escravo daqueles que se propõem satisfazê-los."

Gustave Le Bon

"Síndrome de Alexandre é a necessidade pessoal, rodeada de certa compulsividade, de obter cada vez mais conquistas, num movimento interminável, ao mesmo tempo ascendente e extenuante."

Tanure, Carvalho Neto e Andrade

A evolução das necessidades

O segundo pilar do autodesenvolvimento são nossas necessidades. Elas definem o sentido de nossa ação. E as necessidades são expressões orgânicas e mentais de que uma crença ou expectativa (a crença de que algo vai acontecer) está sendo ameaçada, ou de que uma oportunidade de prazer se apresenta à mente. Frente à ameaça ou oportunidade, o corpo perde seu estado de equilíbrio no qual opera com maior eficiência. Ocorre uma alteração química no cérebro que altera os níveis de consciência e de controle pessoal. Uma estratégia orgânica e comportamental nem sempre consciente é estabelecida para trazer o corpo ao seu estado de equilíbrio.

A necessidade é um mecanismo inato, primitivo e tem como função criar a sensação de desbalanceamento, para induzir o cérebro a definir a melhor estratégia orgânica e comportamental, para fazer o corpo se manter seguro. Usa a emoção e os sentimentos de dor e prazer para indicar a força da carência e agilizar a resposta.

No modelo de autoevolução aqui proposto, as necessidades sociais que geram o desequilíbrio do eu são chamadas de desejo, e as necessidades atendidas pela mente racional e consciente são chamadas de vontade. O quadro a seguir mostra a estreita correlação entre as programações e as necessidades.

Quando uma crença é violada, uma carência se instala no corpo exigindo ser atendida.

Podemos estimar nosso nível de primitivismo pelo tipo de necessidade mais presente no corpo.

| Programação Genética | Programação Social Dogmática | Programação Social Egocêntrica | Programação Racional Social |

| Necessidades Baixas | Necessidades Médias Desejos | | Necessidades Altas Vontade |

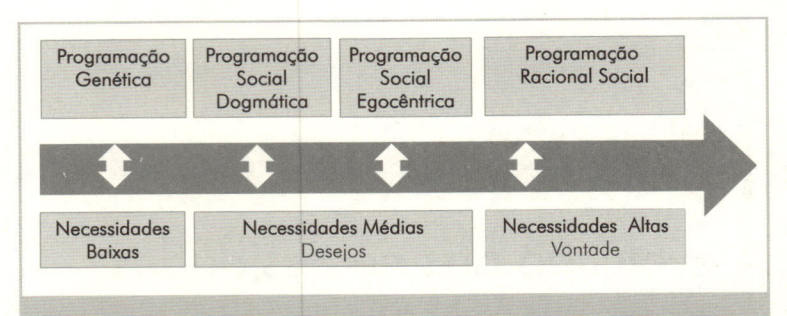

Só agimos quando temos um interesse, uma meta pessoal a ser atendida.

O Modelo de Autoevolução adota a hipótese de que há estreita correlação entre os tipos de programação e as necessidades que sentimos para cumpri-las. As programações dogmáticas e egocêntricas estão associadas a necessidades médias, que são potentes e dominam o corpo e a mente só sendo superadas pelas necessidades baixas, as decorrentes de desbalanceamentos orgânicos.

As necessidades altas, aquelas vinculadas ao desenvolvimento pessoal, sucumbem facilmente ao apelo de uma necessidade baixa ou média, o que explica a grande dificuldade que temos para manter nossos esforços de autodesenvolvimento.

Quando carências são acionadas, somos dominados pelos mecanismos de insaciabilidade.

Por meio das necessidades mais presentes nas sensações do corpo e nos pensamentos da mente, uma pessoa pode coletar indícios de seu estágio evolucionário.

Certo executivo sabia que sua reputação era a base do seu poder de barganha e quando ela estava em jogo, ficava tenso, sentia-se ameaçado e liberava seus animais internos. Quando a ameaça surgia, ele automaticamente se motivava a fazer as articulações necessárias para se sentir menos vulnerável. Certa vez percebeu que uma decisão tomada poderia prejudicar sua imagem, e imediatamente começou uma campanha difamatória contra um colega, de modo a neutralizar seus comentários.

Sem uma necessidade você não se move

Somente frente a uma crença ameaçada que pode levar à dor, ou frente a uma oportunidade que pode aumentar nosso prazer é que nos movemos. Caso contrário, ficamos inertes. Quando uma carência ocorre, uma estratégia emocional e comportamental precisa ser implantada para retornar ao equilíbrio. Assim, prezado leitor, quando alguém lhe diz que é um desequilibrado, a intenção pode ser de ofensa, mas a afirmativa do ponto de vista genético é perfeita. Nós humanos e os demais mamíferos vivemos em permanente estado de desequilíbrio, e é isso o que nos motiva a agir (motivam a ação – motivação).

> Aquele gestor se deixava inflamar quando um subordinado lhe trazia um problema provocado por outra área. O subordinado já vinha irritado ao trazer o problema e facilmente captava os animais do chefe. Eles não paravam para avaliar a situação de uma forma racional. Ele sentia a ameaça, o desequilíbrio e um forte sentimento de raiva. Perdia o controle da resposta e muitas vezes acabou se precipitando e fazendo ou falando o que não devia. Depois de errar várias vezes, e se achar um idiota por isso, combinou com seu subordinado que ele devia trazer os problemas de forma menos emocional. E ele passou a evitar dar respostas imediatas segurando o gatilho.

Quanto mais intensa for a necessidade, mais forte é a emoção que a acompanha, levando a repostas automáticas e à consequente perda do controle sobre os comportamentos da pessoa.

As necessidades têm particular importância no processo de desenvolvimento pessoal, pois são elas que impulsionam a pessoa a desenvolver suas competências, ou conter suas incompetências, um processo de aprimoramento de suas armas genéticas. A seleção natural disponibiliza os recursos orgânicos e mentais, mas são as necessidades que provocam seu uso. Somente frente a um estado de carência que um novo recurso é mobilizado e incorporado às estratégias de ação de uma pessoa. É o caso, por exemplo, da criatividade.

Com uma mente fragmentada buscando por diferentes interesses, é comum que diferentes necessidades se manifestem simultaneamente e compitam entre si pelo domínio da ação as quais, em geral, são automáticas e impensadas. Entretanto, há uma hierarquia entre as necessidades e umas são mais potentes que outras. Isto pode ser percebido pela força da dor ou da intensidade da carência. Seja qual for a resposta definida pelo cérebro, ela será a melhor, ao seu ver, para proteger seus interesses, o que nem sempre se prova uma verdade.

Desequilibrado sim! Mas quem não é?

CHECKLIST: CONHECE SUAS REAIS NECESSIDADES

A capacidade para perceber suas necessidades (e as emoções que as acompanham) tem enorme importância no processo de autodesenvolvimento.
☐ *Deixa-se subjugar por desejos que pouco contribuem para seu real bem-estar;*
☐ *Mantém-se escravo das suas necessidades, em particular das de natureza amorosa e sexual;*
☐ *Vive em permanente estado de dor;*
☐ *Deixa-se levar pelas expectativas dos outros para obter a aprovação deles;*
☐ *Sofre por não atendê-las;*
☐ *Percebe sua luta descomedida pelo acúmulo material, pelo sucesso e poder e não sabe a quais necessidades estas metas estão a serviço;*
☐ *Por mais que satisfaça suas necessidades, nunca se sente satisfeito;*
☐ *Quando não se sente reconhecido por suas contribuições, sente-se desmotivado.*

> *Grande parte da dor humana decorre da incapacidade de satisfação de desejos irrelevantes.*

Naturalmente desequilibrados

As necessidades são fundamentais ao desenvolvimento das funções cognitivas, pois, sem que haja algum desequilíbrio, a mente não buscará por novas estratégias cognitivas adaptativas. E quanto mais complexas forem mais impulsionam o cérebro e a mente na busca por soluções mais inteligentes.

Esse estado de carência e permanente busca de satisfação faz os humanos (e outros animais) intrinsecamente interesseiros na busca do equilíbrio. Assim, cada palavra ou movimento tem por trás de si um interesse a ser atendido. E enquanto a reparação não é feita, corpo e mente ficam tomados pela necessidade ou desejo. Quando satisfeita a necessidade, o corpo e a mente relaxam até que aflore um novo ciclo de desbalanceamento.

A força da necessidade e o sucesso do seu atendimento podem ser medidos pelos sinais de prazer e de dor. E como dizem os investidores, quanto maior o risco (da dor) maior tem que ser a promessa de prazer. Uma intensa atividade eletroquímica no cérebro deixa a pessoa obcecada pela busca de sua satisfação.

Uma forte crença deixa a mente e o corpo preparados para ir em busca de ameaças.

Qualquer sistema de recompensa usado pelas empresas é baseado no princípio da carência humana, pois é ela que faz colaboradores e gestores se moverem para atender aos interesses da empresa (a qual se move no sentido de atender os interesses dos acionistas). A inteligência desses sistemas está em captar às necessidades, desejos e vontades e oferecer oportunidades para sua satisfação. Entretanto, algumas empresas preferem criar necessidades decorrentes de ameaças e de dor.

A mente cria suas próprias carências

Quando acreditamos em algo, a mente trabalha com o intuito de justificar tais crenças, quer seja a maneira como as pessoas devem se conduzir em certas ocasiões, quer seja como certo trabalho deve ser feito. E quanto mais importância tiver essa crença, mais a mente se ocupa dela, mais ela fica presente em nossos pensamentos. Faz isso subliminarmente preocupando a mente com ameaças reais e imaginárias.

Sofremos quando somos privados das bobagens que acreditamos serem essenciais.

> Certo gestor confessou que uma de suas principais necessidades estava relacionada a sua segurança financeira e que o tema estava quase sempre presente em seus pensamentos. Seus maiores temores recaíam sobre isso, e ele ficava sempre em busca de sinais de riscos a sua segurança. Ao mesmo tempo, admitiu que seus momentos de tranquilidade e prazer estavam relacionados quando se sentia seguro em seu emprego e com seu salário garantido.

Uma mente *pré-parada* para um desbalanceamento induz os sensores do corpo para irem em busca de ameaças e oportunidades que deem a ela razão de existir, e, tão logo as encontrem, informam o cérebro gerando algum desequilíbrio. Faz isso lançando substâncias químicas na corrente sanguínea que ativam as células em todo o corpo. É curioso como parece que o universo conspira a favor quando estamos focados e interessados em certo tema. Na verdade, é apenas o cérebro induzindo nossos sensores internos e externos a buscar pelo que mais nos interessa.

Criamos ameaças e necessidades

A mente humana se sedimentou num ambiente de riscos e desbalanceamentos, e isso nos leva facilmente a perceber ou mesmo criar situações em que tal ambiente é recriado. Do ponto de vista genético, essa condição surge naturalmente quando a fome, o sono e o sexo afloram dominando o ambiente mental. Da mesma maneira, o risco social é estimulado quando a mente cria suas próprias ameaças para liberar os animais internos – nossos passageiros sombrios. Para impedir esse tipo de jogo, é preciso estar atento à dinâmica mental, aumentar o autocontrole, reconfigurar a percepção para tirar dos riscos reais e imaginários o peso que não possuem, e ter o controle da própria resposta. A busca por ameaças e riscos se reduz com a capacidade para discernir entre objetivos e metas, valores e crenças e necessidades e desejos.

Aqui estamos definindo a motivação como o ímpeto que nos leva adotar certa estratégia, o comportamento observável usado para atender a certa necessidade. Em geral, conseguimos saber o que motiva uma pessoa, mas não a sua necessidade, a real carência. É possível ver que a pessoa está motivada a fazer um bom trabalho, ganhar dinheiro, ser famosa, mas não se sabe verdadeiramente a qual necessidade está atendendo nem a qual crença está associada. Alguns o fazem pela carência afetiva, outros pela necessidade de poder, outros para cumprir com a expectativa de normas religiosas. Sem conhecer o que realmente nos motiva e nossas necessidades, reduzimos nossa capacidade de estabelecer nossos reais objetivos e valores.

"A minha vontade é forte, mas a minha disposição para atendê-la é fraca."
Carlos Drummond de Andrade

Aquele executivo era por certo muito bem-sucedido. Entretanto, nem todo sucesso material ou prestígio alcançado lhe satisfaziam plenamente. Estava sempre motivado a ter mais, pois a satisfação com o que alcançava tinha pouca duração. Chegava mesmo a invejar colegas que com muito menos sucesso tinham mais poder sobre suas próprias vidas.

Não somos motivados a pensar em nossas necessidades. Lapidadas pelo ambiente social, elas nem sempre são percebidas na sua forma pura, mesmo estando sempre presentes no corpo.

Evolução: necessidades, desejos e vontade

Para sua aplicação ao Modelo de Autoevolução, as necessidades estão apresentadas em três grupos, cada qual associado à um estado mental, a um tipo de programação.

À necessidade propriamente dita, reservamos o impulso do corpo frente à carência do organismo, que precisa ser reparada imediatamente para manter o organismo funcionando bem. Está ligada ao risco orgânico e ao físico. Ao real risco de vida.

À necessidade social, do eu, chamamos de desejo. É o impulso do corpo para fazer frente à carência decorrente de um risco social relativo a uma regra, uma expectativa, uma crença ou exigência, não atendida. Ou a oportunidade de aumentar seu nível de prazer. Grande parte da dor humana decorre de desejos não atendidos que agregam pouco valor à vida de uma pessoa.

A vontade é a expressão da reflexão consciente que leva ao atendimento de uma carência orgânica ou social, intermediada pela razão, considerando seus valores, crenças, objetivos e metas, interesses e possibilidades de curto e longo prazo.

"Exiges que a vida te conceda felicidade, mas a segurança é-te mais importante, ainda que custe a dignidade..."

Wilhelm Reich

As necessidades mais básicas superam as demais com a força da dor e do prazer.

A hierarquia das necessidades[1]

A existência de uma hierarquia indica que alguns componentes de um sistema têm prevalência sobre outros e isso se aplica à genética e ao mundo social. A classificação das necessidades em níveis de hierarquia indica que algumas têm preferência de atendimento sobre outras, e isso tem enorme impacto em nossos comportamentos. Indica também que uma

---

[1] A teoria sobre a hierarquia das necessidades não é nova e teve enorme presença nas organizações entre as décadas de 1960 e 1980, quando começamos a entender melhor os impactos do comportamento humano na eficiência e na eficácia das organizações. O livro *Motivation and personality*, de Abraham Maslow, lançado em 1954, demorou para chegar a sua segunda edição. Entretanto, a partir da década de 1970, passou a ser venerado como uma bíblia, mas usado, na verdade, de forma superficial. A mente prática dos gestores se encantava apenas com sua simplicidade piramidal. Olhado com mais profundidade, o livro de Maslow ainda hoje é uma obra que impressiona pela sua riqueza e atualidade. Seus ensinamentos já eram evolucionários e se encaixam perfeitamente na nossa proposta.

mente fixada nas necessidades mais básicas, primitivas, tem um caminho muito mais difícil para alcançar o autodesenvolvimento, na verdade um luxo para alguém prisioneiro dessas necessidades básicas.

> Frente ao risco de perder o emprego, aquele executivo se sentiu inseguro e, em pouco tempo, já havia aberto mão de seus desejos de prestígio e poder. Nesse momento de vida profissional, estava disposto a fazer negociações impensáveis para garantir seu emprego. Mantinha as aparências no trabalho, mas desabava como uma criança abandonada quando no seio familiar. Naquele momento ficou impossível manter conversas sobre seu autodesenvolvimento – tema que perdeu qualquer relevância diante dos riscos sociais que estava enfrentando.

Todas as necessidades estão sempre atuando simultaneamente e se intercalando no domínio da mente, frente a desequilíbrios mutantes. Entretanto, o estágio de desenvolvimento da mente está associado à predominância mais das necessidades nela presente. Quanto mais fixado em necessidades básicas, mais primitivo tenderá a ser o estado mental. À medida que as necessidades mais básicas são supridas, as que se seguem ocupam a dinâmica mental, indicando o que passa a ser mais importante para a pessoa. Chegar às necessidades de autorrealização – um forte desejo de ser uma melhor pessoa, usar ao máximo seu potencial – é um projeto de vida, um processo lento a ser modelado com muita consciência, determinação e foco.

Necessidades básicas

Não é de todo impróprio dizer que grande parte da humanidade ainda vive em estágio primitivo de necessidades.

O perigo está quando nossas carências viram nossas fraquezas.

Um mecanismo que nos remete ao princípio da vida indica ao cérebro quando algo está colocando em risco o organismo, o corpo. Esse mecanismo sabe pelo instinto ou pela experiência, qual é a ação de reparo mais adequada. Faz isso por meio de programas, comandos e ações automáticos e inconscientes, tais como a homeostase, os instintos, impulsos, reflexos e comportamentos, de modo a trazer o corpo de volta ao equilíbrio.

HIERARQUIA DAS NECESSIDADES		
Necessidades básicas, fisiológicas.	Necessidades	Descanso, sono, fome, sexo, proteção/segurança física, demandas fisiológicas.
Necessidades médio-baixas	Desejos	Aceitação, pertencimento, contato, intimidade, proteção/segurança social, estima, atenção, importância, dignidade, apreciação, amor, compartilhamento.
Necessidades médio-altas	Desejos	Ascensão e busca de vantagens sociais: prestígio, status, fama, glória, demonstração de força, dominação.
Necessidades altas	Vontade	Domínio pessoal, autoconhecimento. Liberdade relativa das normas sociais.

As necessidades básicas – primitivas, fisiológicas – são as preponderantes na hierarquia. São as mais potentes e têm preferência de satisfação sobre todas as demais. É a essência do animal diretamente ligada à missão básica da sobrevivência. Operam em ciclos de motivações curtas e permanentes e com rapidez se dissipam tão logo estejam satisfeitas. Superam as demais pela força da dor ou pela intensidade do prazer que geram. Desenvolvidas ao longo da evolução genética, entre suas carências estão a fome, proteção, sexo, sono, cansaço, demandas fisiológicas.

Muitas mentes nem precisam de um inimigo externo, pois têm seus próprios sabotadores.

> Um exemplo sugestivo da força das necessidades básicas aparece no roteiro da série de TV *The Tudors*. Quando o personagem que representa o estadista Thomas Cromwell (1485-1540) se viu levado a uma sessão de tortura, e sabendo que, na pressão da dor, se tornaria capaz de contradizer suas crenças, pede para ser sumariamente executado.

As necessidades nos fazem sentir vivos. A qualidade dos seus atendimentos define o prazer de estarmos vivos.

Tomado por uma necessidade, o cérebro é banhado com substâncias químicas capazes de transformar uma pessoa em outra, ou mesmo num animal, pela dor e prazer delas decorrentes. Com um bilhão de humanos passando fome, e outros bilhões inseguros e submissos a regimes insanos, não é de todo impróprio dizer que grande parte da humanidade ainda vive em estágio primitivo de necessidades básicas.

O descontrole sexual é um fenômeno genético com o qual ainda temos grandes dificuldades de lidar socialmente de forma produtiva. Muitas loucuras são cometidas por executivos tomados por paixões e desejos que colocam em risco carreiras e vida pessoal. São problemas típicos do animal que ainda não foi domado totalmente pelo ambiente social.

> No auge da paixão, aquele executivo contou ao seu amante coisas confidenciais de sua empresa e foi mais à frente surpreendido pelo uso dessa informação pela concorrência, o que lhe custou danos a sua imagem e seu emprego.

Necessidades sociais médias: o desejo

A seguir, em grau de força, estão as necessidades médias que habitam as partes mais primitivas de nossas mentes sociais e têm enorme importância na maneira como nos relacionamos dentro das organizações. Elas podem ser subdivididas em dois grupos.

O das necessidades médio-baixas decorrentes de ameaças sociais muito básicas ligadas à fome por contato e intimidade. São as necessidades que nos impulsionam à vida em conjunto, a buscar reconhecimento pela nossa existência: estima, aceitação, pertencimento, atenção, importância, dignidade, apreciação, amor, proteção, compartilhamento.

Carentes, há sempre o risco de parecermos um poodle pulando para ganhar atenção.

> Carente em estima, aquele gerente, semelhante a muitos outros, sofria imensamente quando não recebia algum reconhecimento de seu chefe. Essa necessidade era seu ponto fraco. Precisava constantemente de sinais de aceitação e, às vezes, ficava inseguro demais, sofrendo muito mais do que precisava em situações de pouca importância. As pessoas gostavam dele, mas ele precisava de sinais mais frequentes e evidentes, tornando aparente sua fraqueza.

Os interesses que levam as pessoas a trabalhar e a permanecer em uma empresa vão muito além do que se pode perceber ao olhar superficial. A força dessas necessidades não pode ser subestimada e seu lado negativo pode ser nefasto. Pessoas prisioneiras de suas necessidades médio-baixas são, em geral, imaturas e buscam a todo custo pertencer à manada social. A insegurança sobre seu real valor, as preocupações sobre o que as outras pessoas pensam de si, bem como a tendência ao comportamento compulsivo de querer agradar os outros as deixam presas fáceis de animais perigosos de outras pessoas. Como qualquer outro predador, os humanos têm a capacidade de perceber intuitivamente as fraquezas dos demais, atacando seus pontos fracos, gerando neles o medo e a insegurança.

No segundo grupo, há as necessidades médio-altas, ligadas à ascensão e à busca de vantagens sociais. Entre elas, a luta social pelo poder (a luta física fica nas básicas), status, fama, glória, demonstração de força, dominação. O lado bom dessas necessidades está no impulso à realização dos diferenciais competitivos e na autoconfiança. Seu lado negativo é levar à competição destrutiva, luta pelo poder a qualquer preço, vaidade excessiva, arrogância e desprezo pelo outro.

> A vaidade era um traço marcante da sua maneira de ser. Era um bom sujeito, mas todos sabiam que ele tinha a impressão de que o mundo girava em torno de si. Era amado por alguns e odiado por outros, principalmente por seus competidores diretos. Qualquer ameaça à sua imagem pessoal era imediatamente combatida. Prezava seus símbolos de poder e quando parte da sua responsabilidade lhe foi retirada em uma reestruturação, não suportou e pouco tempo depois deixou a empresa.

Quando o desejo vira uma necessidade social

Necessidades são filhas legítimas do organismo. Desejos são bastardos. O desejo é a carência mental sentida no corpo pela ausência de algo de valor simbólico, sem o qual uma pessoa sofre e se sente infeliz, incompleta, inferior.

A incapacidade para se juntar à manada social faz a pessoa sofrer miseravelmente.

Com a evolução da mente social, o ciclo genético necessidade-satisfação passou a ser utilizado para defender o eu. Desejos convertem-se em reais necessidades sem ter a nobre função de proteger o organismo. Resultam da imaginação e criatividade da mente social para que os humanos se subjuguem às necessidades sociais que chegam na forma de imposições, seduções, manipulações.

É preciso lembrar que a realidade social criada pela mente humana só faz sentido quando traz benefícios aos indivíduos que dela participam. Entretanto, humanos bem doutrinados trocam boas maneiras por aceitação, religião por segurança, trabalho duro por distinção, hipocrisias e mentiras por alguma necessidade de sobrevivência social, sofrimento na terra por vantagens celestiais, e assim por diante. Treinados desde criança e para garantir o bem-estar ou evitar a dor, repetem automaticamente o que a mente acredita ser o melhor para si. Sofrem quando por alguma razão não fazem o programado. Muitas regras, expectativas e exigências inadequadas viram desejos, os quais, se não atendidos, se tornam ameaças reais ou imaginárias ao eu.

> A intensidade das suas necessidades sociais o deixava em estado permanente de carência, e, mesmo sem perceber, de dor. Na tentativa de agradar a seus superiores, estava presente em excesso nas salas de seus chefes, em particular dos chefes de seus chefes. Seu intento de aproximação soava falso, o que ele não percebia, mas ficava evidente para todo mundo.

Muitas são as gradações dos desejos. Vão de coisas com pequeno impacto e facilmente superadas pela mente consciente até necessidades sociais enraizadas e tornadas verdades absolutas.

A plasticidade do cérebro permite enganar a si mesmo ao ponto de fazer um desejo ter a força de uma necessidade, isto é, fazê-lo um impulso incontrolável, impensado, automático. Com a força de um instinto, um desejo vira uma necessidade social e, quando não é satisfeita, o corpo sofre verdadeiramente. Assim, desejos abstratos com força genética levam o corpo a acreditar se tratar de risco grave e ter comportamentos emocionais implosivos e explosivos danosos.

Um eu baseado no ter

Sujeitos ao consumismo irresponsável, sofremos quando privados das bobagens que acreditamos essenciais.

O aprisionamento da mente a um desejo é uma das maiores barreiras ao autodesenvolvimento. Os piores são aqueles que se originam em crenças irracionais e se convertem em compulsões que levam a autoexigências implacáveis.

Num mundo competitivo, consumista e de celebridades, os sinais de status dirigem desejos e criam compulsões sociais que desaguam em comportamentos fúteis. O mais certo é que seremos solapados pela próxima onda de contágio de consumo e sentiremos a angústia do não ter. Consumir ou não consumir, eis a questão. Para um eu baseado no ter, e não no ser, cada desejo não atendido é como uma crise existencial. Desgarrados da manada social, faremos de tudo para nos juntar a ela e evitar a dor de motivações insignificantes e carências afetivas. Para sair desse jogo mental, é preciso impor a vontade, resistir, assumir o controle da nave, desarmar grupos de neurônios e colocar a frustração do desejo no seu devido lugar. Em um mundo regido pelo egoísmo e individualismo, o grande desafio é resistir ao desejo irracional, ao julgamento social injusto e reprogramar a si mesmo sem fazer da própria vida um inferno ou se transformar num monge recluso.

Vale ressaltar que desejar algo, mesmo que fútil, não é mau em si e pode ser útil e mesmo divertido. O que não é bom é ser dominado e sofrer desproporcionalmente por um desejo não atendido. Quando a capacidade de consumo define o valor que a pessoa atribui a si mesma, ela fica refém da sua necessidade de prestígio, inclusão, aceitação. Ao perceber o risco de não ser aceita pelo fato de não ter certo emprego, automóvel, bolsa, roupa, status, a pessoa é penalizada através de pensamentos que levam a sentimentos negativos de si mesma.

Para suprir a carência e defender seu eu ideal, muitas figuras públicas omitem, mentem, bajulam, aceitam a subserviência, a humilhação. E, se a carência for imperiosa, podem mesmo chegar a cometer graves atos ilícitos. Um desejo incontornável leva a pessoa a fazer as bobagens que a farão sofrer miseravelmente se não conseguir suprir.

> Quando era estagiário de um grande banco estatal, aquele jornalista foi advertido pelo seu chefe: "Aqui surgirão muitas ofertas de suborno e se você sucumbir ao desejo da primeira, não conseguirá mais parar de aceitar". Uma lição que por certo explica muito do que anda acontecendo nos dias de hoje.

Para um eu baseado no ter, e não no ser, cada desejo fútil não atendido é uma crise existencial.

Sucumbimos quando somos dominados por desejos e sofremos desproporcionalmente por isso.

Espírito de manada

A perda do contato com seus valores pode levar uma pessoa a entrar em um circuito infindável de metas/desejos, lutando para não viver um vazio existencial-material. É preciso cuidado para não passar a vida desejando coisas que tão logo sejam satisfeitas se esvaem e perdem importância. Subjugada por ondas de desejos coletivos, a mente humana entra em espírito de manada, que a faz acreditar que para poder existir precisa ser aceita, precisa fazer, comprar, pensar como todos. Dessa maneira, há uma circularidade: os desejos são as bases de sustentação da sociedade de consumo, uma forte fomentadora de desejos.

> De alguma forma, a mente daquele executivo era induzida a crer que quando não se tem certas coisas, não se frequenta certos lugares, não se bebe certas marcas, não se faz certas viagens, não se tem valor e nem se merece aceitação ou reconhecimento. Seu frágil eu necessitava seguir a maioria. Quando não conseguia, sofria. Entretanto, quando conseguia, a satisfação durava pouco, pois uma nova carência logo tomava o lugar da anterior.

É preciso descobrir as campainhas que nos fazem babar.

Muito tempo atrás, se falou do cão que o russo Ivan Pavlov (1849-1936) havia condicionado para salivar ao soar de um estímulo sonoro, mesmo não estando diante da comida. Pavlov conseguiu induzir no cão, artificialmente, a necessidade de comer ao escutar o som de uma campainha. Não por culpa de Pavlov, o humano também fica com a boca cheia no momento em que a mente – o Pavlov interior de cada um – o faz pensar em algo que deseja muito. E é preciso admitir que os desejos mais divertidos costumam ser também os mais escusos.

Pavlov poderia ter sido canonizado como o padroeiro dos publicitários por tê-los ensinado a construir "campainhas", ou melhor, campanhas publicitárias que levam os humanos a babar de maneira induzida. Levados a comprar algo de que não precisam, por um preço que não vale, com um dinheiro que não possuem. Nosso desafio é saber quais campainhas nos fazem babar.

Necessidades altas – o ápice evolucionário

A maturidade – o alcance da mente racional social – pressupõe a satisfação e uma relativa liberdade em relação às necessidades básicas e médias e, consequentemente, ao domínio dos comandos e crenças que lhes dão origem. Em particular, a libertação daquelas que pouco agregam à vida pessoal e coletiva. É um grande desafio alcançar essa condição porque geneticamente o corpo, e, por extensão, o eu, vivem em ciclos curtos e infindáveis de carência-satisfação, drenando continuamente a energia pessoal para aspectos mais primitivos da nossa maneira de ser, tirando foco do que é essencial.

> A imaturidade daquele gestor era evidente, pois mantinha seu silo, sua diretoria, intransponível. Tinha enorme dificuldade em compreender o conjunto da vida organizacional e as interfaces da empresa, e sua contribuição aos resultados finais da mesma. Seu sentido de realização como pessoa e membro da equipe era mesquinho e excluía os interesses do todo.

O ápice evolucionário ocorre quando a mente já superou as demais necessidades e está voltada para a autorrealização.

Vontade: a escolha da mente racional

O momento mais relevante a ser vivenciado no processo evolucionário e no autodesenvolvimento de uma pessoa ocorre quando a sua mente passa a usar as armas genéticas cognitivas mais sofisticadas disponibilizadas pela seleção natural: uma programação racional, adulta e responsável que provoca necessidades altas e, como veremos a seguir, isso ocorre sob o controle da mente consciente.

Os humanos alcançam sua plenitude com a autorrealização, um termo usado por Maslow que pode ser descrito como um individualismo verdadeiro, sinérgico, voltado ao autorrespeito e amor a si próprio e aos outros. É a realização daquilo que cada um pode chegar a ser em termos de discernimento elevado, compreensão de si dentro do seu grupo e da sociedade, da terra e do universo. O leitor pode estar achando que isso é discurso de obra de ficção, e receio, às vezes, que esteja certo.

Poucas das nossas escolhas e repostas são definidas pela vontade.

Nenhuma decisão consciente ocorre com base em todas as alternativas possíveis.

A programação social adulta e responsável é exercida através da vontade, um dos pilares do ápice evolutivo humano, pelo menos do que conhecemos sobre nós mesmos até o momento. É a expressão consciente e ponderada para atender a uma carência genética ou social e suas respostas, apesar de estarem dentro dos limites da mente, não são a princípio nem automáticas, nem previsíveis. Sem deixar de ser emocional, sua estratégia de satisfação tem como perspectiva seus melhores interesses presentes e futuros para a vida pessoal e coletiva como um todo. É o exercício da expressão "ótima possível" da liberdade humana ao se contrapor com os impulsos irracionais. Como nos ensinou Chris Argyris, um traço de maturidade do protótipo que se torna humano é conseguir controlar e mesmo postergar necessidades e desejos em benefício de interesses futuros maiores.

"Às vezes renunciamos voluntariamente à paz, impulsionados por forças tentadoras de poder, ambição e curiosidade."

Renny Yagosesky

Enquanto as necessidades e os desejos ligados a crenças da fase inicial da vida subjugam a mente humana, a vontade a domina relativamente, pois sabemos que operações inconscientes e não conscientes influem subliminarmente nas decisões mais racionais e no estabelecimento das preferências e aversões do corpo. Sabemos que nenhum controle, escolha ou tomada de decisão consciente ocorre com base em todas as alternativas possíveis, pois só dispomos de parte das informações.

Dificuldade para alcançar a autorrealização

O desenvolvimento pessoal é em si uma tarefa desafiante porque exige foco, energia e disciplina para combater as carências de crenças sociais dogmáticas e egocêntricas. Naturalmente imaturos e interesseiros, somos facilmente seduzidos pelas necessidades médias e sucumbimos facilmente quando nos deixamos corromper para atender aos interesses consumistas, ao jogo das relações ganha-perde. Temos enorme dificuldade para abrir mão de interesses pessoais em prol dos interesses sociais e ecológicos maiores.

A seguir, estão alguns fatores apresentados por Maslow que minam a capacidade para ascender a estágios superiores de necessidades, e consequentemente a estágios superiores de desenvolvimento pessoal.

• Caminhar para o autodesenvolvimento pressupõe o controle dos impulsos das necessidades básicas e médias. A busca pela distinção por meio do conhecimento e das habilidades pessoais corre o risco de ser sobrepujada por sentimentos como medo, insegurança, vaidade. Por mais importante que seja o interesse decorrente de estágios superiores de necessidades, há sempre o risco de, em certa hora, o corpo ceder à dor ou ao desconforto, indo à busca da satisfação de necessidades básicas e médias. É o que acontece quando, mesmo querendo e precisando terminar um trabalho importante, a pessoa é acometida pela fome ou sono, e o corpo sucumbe. Para proteger o organismo, o cérebro tira a concentração e o poder de resposta do consciente e só devolve quando a necessidade estiver satisfeita ou quando é *bypassada* por um componente que muda a configuração química do cérebro (remédios, álcool, drogas).

Empresas que geram insegurança raramente despertam a necessidade de autorrealização de seus empregados.

> Ao ser entrevistado para uma vaga de diretor por um alto executivo que acabara de chegar de uma longa viagem, percebeu que o mesmo se mostrava bastante cansado. Para sua surpresa, o entrevistador dormiu no meio da entrevista, dando um ponto final às possibilidades do emprego.

O controle das necessidades e desejos através da vontade não é um ponto forte da mente humana. A mente é como um músculo mental que precisa ser treinado, desenvolvido. Nossa tendência é sucumbir facilmente a muita bobagem. Em *O ponto da virada*, Malcolm Gladwell narra uma experiência que evidencia a dominância dos interesses de níveis mais baixos em relação às necessidades de níveis mais altos.

> A um grupo de seminaristas é solicitado individualmente fazer uma apresentação sobre a passagem da Bíblia que trata do bom samaritano, aquela em que dois religiosos passam por uma pessoa necessitada de ajuda e não param. Mas um deles, o bom samaritano, muda de ideia e acaba socorrendo a pessoa. Os seminaristas ficaram reunidos fora da sala onde deveriam fazer a apresentação e a cada um é solicitado vir para fazer sua exposição. Para parte do

grupo, o grupo de controle, não é criada nenhuma tensão. Para os demais, artificialmente, é criado um clima de dificuldade e são feitos comentários sobre o rigor da avaliação e a importância de se sair bem. No trajeto para ir à sala onde se fariam as apresentações, cada seminarista passa por um corredor onde está um homem com necessidade de ajuda. A experiência mostrou que, entre os que estavam apressados e tensos, ameaçados pelos seus próprios problemas, somente 10% pararam para ajudar o homem em estado de necessidade. Entre os que não sofriam qualquer pressão, o atendimento humanitário foi feito por 63%.

Esse caso mostra como as convicções mais íntimas ligadas a uma necessidade alta podem sucumbir quando necessidades de níveis mais baixos tomam conta da mente. Ou, como diz o autor, é possível tornar um indivíduo normalmente compassivo em alguém indiferente ao sofrimento.

"Dê a um homem tudo o que ele deseja, e ele, apesar disso, naquele momento, sentirá que esse tudo não é tudo."

Immanuel Kant

- **A privação da autorrealização não causa os mesmos danos que a não satisfação de uma necessidade média ou básica.** Respeito é um luxo dispensável frente à fome, insegurança ou perda material. A vontade de desenvolvimento pessoal é percebida pelo organismo como menos urgente e sua satisfação está sempre sob o risco de ser sobrepujada frente à insegurança, ao sentimento de ser rejeitado ou de perder uma posição social.
- **A satisfação das necessidades altas nunca gera sentimentos de pico, de êxtase.** Pelo contrário, gera um estado mental de serenidade e compreensão. Quanto mais se adentra à necessidade mais alta, as questões ficam ainda mais abstratas, enquanto as necessidades mais básicas são sempre mais tangíveis e localizáveis.
- **Quanto mais alta a necessidade, maiores são as precondições para sua satisfação.** A autorrealização pressupõe uma liberdade relativa em relação a questões sociais que pouco agregam à real qualidade da vida. Quando a mente está mergulhada na realidade social, são poucos os minutos em que emerge para arejar o cérebro e oxigenar os neurônios responsáveis pelas bobagens que a mantém submersa.

Envolto em um turbilhão de ameaça, "tiros" de todos os lados, aquele executivo reagia como se estivesse mergulhado a muitos metros de profundidade e com pouco oxigênio para arejar seu cérebro. Ele mais se debatia com a vida do que a vivia.

Alguns parlamentares tinham um verdadeiro interesse de fazer um bom trabalho pelo País. Mas suas necessidades médias logo os compeliram a recusar as propostas certas.

Resistir é preciso

Voltando à selva organizacional, é de se pensar que parte das empresas, pela sua natureza competitiva exacerbada, não seja capaz de criar um verdadeiro ambiente que promova a autorrealização. Incrustadas em culturas fixadas em necessidades baixas e médias, seus incentivos exortam apenas o sucesso material, a vaidade, o exibicionismo, as relações superficiais, a manipulação – condimentos perfeitos para modelar personalidades primitivas.

Não é sem razão que a busca pela autorrealização se confunda com o pensamento filosófico e a prática de algumas religiões, nas quais muitos dos seus ensinamentos indicam caminhos de aproximação com um estágio mental superior. Na religião hindu, descreve Huston Smith, aprendemos que nem todo impulso pode ser seguido (impunemente) e que pequenas metas precisam ser sacrificadas por ganhos de longo prazo. Que o prazer não é mau, mas pode ser demasiadamente trivial para satisfazer a natureza total do ser humano. No mundo materialista, consumista e de prazeres fáceis, fica difícil entender ou mesmo desejar os benefícios da autorrealização. Nesse mundo, a felicidade e a satisfação estão mais centradas na posse e no prestígio e menos na tranquilidade e bem-estar interior.

Imaturos e interesseiros somos facilmente seduzidos pelos piores apelos da vida social.

Entretanto, ao contrário do que se possa imaginar, o conflito permanente entre o corpo (necessidades básicas) e a mente (necessidades altas) é saudável, pois é necessário atender a ambos para se poder expressar o potencial humano completo. Cada uma das necessidades tem seu papel e seu valor no autodesenvolvimento.

Um importante indicador de evolução, ou primitivismo, de uma pessoa é o que a move, o tipo de necessidade presente no corpo e na mente, e sua capacidade para controlá-las. Ao pensar em nossas necessidades, é preciso ter em mente como elas se relacionam com nossas metas e objetivos, nossas crenças e nossos valores.

• Como lida com suas necessidades básicas de alimentação, descanso, sexo e segurança? Tem os caminhos adequados para satisfazê-las? Como protege seu corpo, seu organismo dos impulsos descontrolados que colocam em risco sua saúde?

• Suas necessidades médio-baixa o fazem uma pessoa insegura, dependente, ciumenta, que aceita gratuitamente expectativas dos outros para se sentir aceita e querida? O quanto sofre por não fazer parte da manada social?

• O quanto é dominado pelo seu apetite por poder, dominação, diferenciação, fama? O quanto é aprisionado a sua vaidade? Ao que os outros pensam?

• Quais são seus mais fortes desejos, aqueles que lhe fazem sofrer quando não atendidos? Qual a real utilidade deles para sua qualidade de vida?

• Qual sua capacidade para atender, controlar e superar desejos para liberar suas necessidades de autorrealização?

• O quanto suas necessidades, desejos e vontades estão alinhados aos seus valores fundamentais e às metas, ações imediatas do dia a dia?

> *Nosso intento de autodesenvolvimento sucumbe facilmente frente ao risco de não sermos aceitos e aprovados.*

A evolução da consciência

O terceiro pilar do processo de autodesenvolvimento e que pode nos ajudar a identificar nosso grau evolutivo é o estado de consciência em que opera nossa mente, o qual define o grau de controle que temos das nossas ações. Nosso controle vai da sua total ausência em ações emocionais, impensadas e automáticas, às bastante controladas e decididas conscientemente.

"... as verdadeiras razões por trás de nossos juízos, sentimentos e atitudes podem nos surpreender."

Leonard Mlodinow

Ameaças e oportunidades se confundem e se fundem em nossas mentes, e se fosse possível fazer um corte longitudinal nessa maçaroca de pensamentos, ficaria claro que a maior parte deles opera em instâncias mais profundas da mente sem o nosso controle, cumprindo crenças e princípios, buscando atender necessidades e desejos muitas vezes antagônicos. Somente por intermédio do consciente se tem conhecimento e controle das próprias ações e isso não vem gratuitamente.

CHECKLIST: UMA MENTE DESINFORMADA E IRRESPONSÁVEL

- ☐ *Vive fora da realidade;*
- ☐ *Não percebe como age e impacta as outras pessoas;*
- ☐ *Tem grande dificuldade de se manter fiel aos fatos e dados;*
- ☐ *Sua racionalidade é lenta e facilmente atropelada pelas suas emoções;*
- ☐ *Não é capaz de aplicar em sua vida pessoal a racionalidade que usa no trabalho;*
- ☐ *Seus valores e reações emocionais distorcem a maneira como lida com a realidade;*
- ☐ *Não é capaz de pensar racionalmente frente a riscos graves;*
- ☐ *Perde contato com a realidade quando tomado por paixões e desejos sexuais;*
- ☐ *Busca atalhos em vez de usar análises lógicas.*

O que nos faz animais tão especiais são as decisões conscientes que podemos tomar e que outros animais não conseguem.

A consciência como a percebemos hoje é um fenômeno novo na história da mente humana e ainda precisa ser desenvolvida para ocupar um papel predominante em nosso processo de desenvolvimento pessoal. Na verdade, ela é condição necessária a ser alcançada para que o autodesenvolvimento seja atingido.

Parte das dificuldades para nos mantermos conscientes é que processamos simultaneamente muitos dados da realidade e da imaginação. Inúmeras ideias, conceitos e avaliações sobre diferentes temas e situações fluem, e essa condição nos deixa fora da realidade imediata.

> Você está no meio da reunião, mas sua cabeça pode estar no outro lado do mundo, cuidando de assuntos alheios ao que está sendo tratado. Alguém lhe pergunta algo e você precisa de alguns segundos para assumir controle de si mesmo e então engatar no tema.

Capacidade intencional de pensar

A evolução da consciência está relacionada ao desenvolvimento da capacidade cognitiva, ao desenvolvimento da linguagem, à capacidade para pensar de uma forma intencional. Ao mantermos diálogos internos, organizamos o mundo dentro da própria cabeça. E quando fazemos isso, subordinamos nossos pontos de vista às normas e práticas sociais que nos norteiam.

Michael Tomasello em *A Natural History of Human Thinking* traça paralelos com os demais primatas e animais e indica que, num certo momento, a evolução da cognição foi responsável por termos trilhado caminhos genéticos tão diferentes. A cognição começou com a intuição-heurística (automática, inconsciente), e evoluiu para o pensamento num processo que abrange consciência, objetividade, reflexão, normatização. A cognição e o pensamento são recursos genéticos que já estavam disponíveis quando passaram a ser usados num ambiente social menos previsível permitindo ao indivíduo reconhecer intencionalmente a situação e lidar com ela de forma flexível. Entre as características cognitivas apontadas por Tomasello, estão:

• Ela nos permite representar mentalmente em *off* experiências de nós mesmos fora da relação direta com a realidade. Muitos animais conseguem representar na mente suas experiências, mas apenas os humanos conseguem conceituar, extrair aprendizagem delas, ter senso de objetividade;
• Habilidade para simular ou fazer inferências, conjecturas de forma casual, intencional ou lógica. Muitos animais também fazem inferências simples e casuais sobre eventos externos, mas os humanos conseguem fazer inferências sobre as intenções dos outros e de si mesmos, através da autorreflexão;
• Habilidade para monitorar a si mesmo e avaliar como estas simulações podem levar aos diferentes resultados de modo a permitir uma decisão comportamental mais sábia. Muitos animais são capazes de monitorar suas próprias ações frente ao sucesso instrumental delas, mas somente os humanos são capazes de monitorar seus próprios pensamentos em relação às perspectivas normativas, a "razão", próprias e dos outros.

Nossa liberdade de pensamento está sempre restrita ao conjunto de respostas de uma determinada rede neural.

Sem a consciência você não existe

Nossa consciência ainda paga o preço dos longos períodos da vida em que nossos ancestrais ficavam fora dela, à mercê das programações distantes de uma visão mais acurada da realidade.

Nossas condições de voo ainda são precárias, pois não temos pleno controle do uso da consciência. Nem sempre controlamos o que pensamos e as representações mentais que dão origem as nossas ações. Nossa lógica pessoal, inferências e julgamentos são contaminados por crenças e regras sociais. E não somos capazes de monitorar plenamente nossas respostas.

Em grande parte das nossas vidas, não temos domínio de nossos pensamentos chegando ao ponto de "em algumas situações" não sabermos o que estamos fazendo. Apenas reagimos aos impulsos internos não sendo capazes de avaliar as

Nunca saberemos onde começa nossa realidade e terminam nossos devaneios.

> *"Como um advogado, o cérebro humano quer uma vitória e não uma verdade; como um advogado, ele é por vezes mais admirável pela habilidade do que pela virtude."*
>
> Robert Wright

> *"Defendo meus clientes da culpa legal. O julgamento moral deixo para a majestosa vingança de Deus."*
>
> Edward Williams,
> criminalista americano

consequências dos nossos atos. Nesse caso, funcionamos como uma máquina genética de soluções de curto prazo incapaz de atender objetivos superiores. Isso ocorre porque operamos simultaneamente através de estados mentais – os quais no conjunto formam a mente humana – cada qual com um diferente nível de consciência, alinhados aos dois pilares anteriores.

A mente genética opera no total e impenetrável inconsciente e abriga a programação genética e as necessidades mais básicas, decidindo sozinha sobre as respostas orgânicas e comportamentais automáticas e imediatas.

As mentes dogmáticas e egocêntricas operam na maior parte do tempo fora do consciente – mas não no inconsciente –, e sim no que chamamos aqui de "não consciente", que abriga programações iniciais e desejos. Suas repostas são sociais, mas também automáticas e imediatas, e estão fora do controle pessoal. Como cita Tomasello, parte dos comportamentos sociais tem origem nos sistemas autorreguladores, onde as respostas são automáticas e impensadas, levando à satisfação de metas (necessidades) de curto prazo.

Somente no domínio da mente racional social, que abriga a programação adulta, a pessoa opera no consciente, no melhor domínio da cognição, e suas repostas são decididas pela vontade, depois de previamente ponderadas e avaliadas. As pessoas dizem não ter consciência quando não conseguem perceber os impactos negativos da própria ação.

A consciência é a ferramenta genética mais sofisticada, o único estado que permite a autorreflexão para reconhecer e compreender o animal naturalmente predador, dogmático, interesseiro, recém-saído de um sono genético do qual luta por acordar: nós. Permite também checar se o autoconceito e a autoestima são merecidos, não fantasiosos, justos e adequados.

Cada animal tem seu próprio estado de consciência periférica o qual aciona comandos automáticos capazes de reconhecer a ameaça ou a oportunidade. Assim também somos quando nossas reações são automáticas e impensadas, tomadas por um piloto automático programado para cumprir o comando genético ou social sem questionar sua validade para os interesses atuais.

A consciência humana vai à frente quando faz correlações entre as situações que são vivenciadas com as memórias do passado e do futuro (imaginadas) para decidir por uma estratégia de resposta. Entretanto, sua qualidade depende do discernimento e da compreensão do mundo alcançado. É a única porta para se confrontar o eu ideal e suas possíveis exigências irracionais. É também a porta de acesso ao exercício da vontade para influir nas respostas orgânicas e resistir às respostas sociais nocivas. Há muita inteligência nas ações inconscientes, mas é através da consciência que tais ações revertem em benefícios sociais que levam a uma melhor qualidade da sobrevivência.

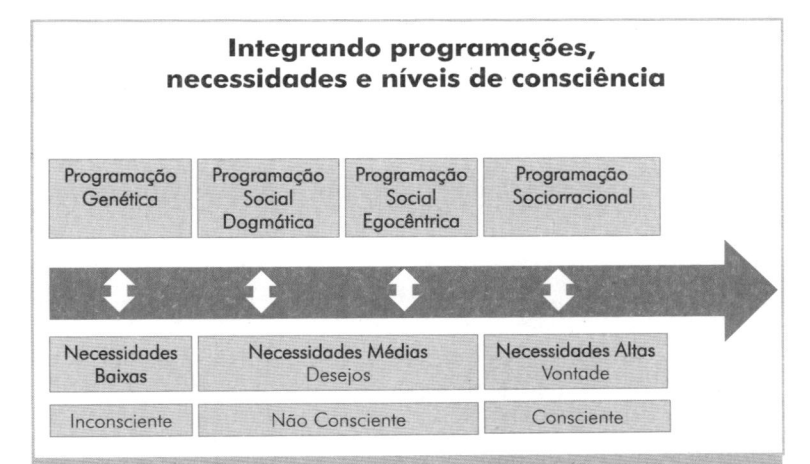

Integrando programações, necessidades e níveis de consciência

Programação Genética	Programação Social Dogmática	Programação Social Egocêntrica	Programação Sociorracional
↕	↕	↕	↕
Necessidades Baixas	Necessidades Médias Desejos		Necessidades Altas Vontade
Inconsciente	Não Consciente		Consciente

A qualidade do nosso pensamento depende do nosso discernimento e compreensão da realidade social.

A consciência é a funcionalidade que nos permite ter controle das nossas ações e pensamentos. Entretanto, ela não é gratuita, precisa ser conquistada. O Modelo de Autoevolução estabelece uma correlação entre os estágios de desenvolvimento das programações e das necessidades com os níveis de consciência.

A falta de controle para identificar programações indesejadas e necessidades improdutivas decorre da nossa dificuldade de nos manter no consciente. Aqui, mais uma vez, somos dragados para estados de desenvolvimento mais baixos pela força do não consciente e do inconsciente.

O inconsciente no comando da mente

Uma régua interna nos leva a sentir automaticamente atração ou repugnância por pessoas, coisas e situações.

Pode-se explicar como o inconsciente trabalha e ficamos atentos às respostas causadas por ele, mas pouco se pode fazer para entender suas razões mergulhadas numa história evolutiva da qual temos pouco conhecimento.

As primeiras noções sobre o inconsciente nos levaram a vê-lo como o bandido responsável pelas nossas neuroses e outras doenças mentais. Hoje, de vilão ele virou o mocinho da história, fonte de praticamente tudo que fazemos. Entretanto, continua sendo uma área inacessível, ou de difícil acesso, influindo subliminarmente nas respostas conscientes e não conscientes.

Enquanto as decisões mais racionais para projetar uma casa ou um avião dependem muito do raciocínio consciente, a evolução fez com que a maior parte das nossas complexas relações sociais e os cuidados com o corpo ficasse na jurisdição do inconsciente. Segundo Mlodinow, em seu livro *Subliminar*, mesmo sendo o comportamento humano produto de um interminável fluxo de percepções e pensamentos, as grandes decisões em nossas vidas são feitas por ele sem a participação do consciente.

O que mais nos importa aqui é definir como o funcionamento do inconsciente afeta a vida pessoal e o trabalho. É preciso tomar cuidado e não confiar cegamente em nossas percepções, ideias e sentimentos, pois boa parte deles decorre de comandos inconscientes de sentimentos de atração e repugnância automáticos. A percepção é induzida por interesses que o consciente desconhece. Atemporal, o inconsciente mistura informações do presente, do passado e do futuro.

O inconsciente aciona programações mais básicas da operação orgânica e mental, entre elas os instintos, as necessidades, os sentimentos, as emoções, as operações motoras que coordenam infinitos cálculos espaciais e operações de movimentos sutis que favorecem o domínio das artes e da tecnologia.

Seus comandos são automáticos, imediatos, impulsivos e, frente a uma ameaça, têm precedência sobre os demais. É como a massa incandescente que do centro da terra influi em tudo que se passa na crosta, e, quando chega à superfície, pode surpreender.

Um consciente frágil e ausente é facilmente dominado pelo não consciente.

No filme *Gravidade*, há uma cena que exemplifica bem como o inconsciente pode invadir o consciente por caminhos complicados. A médica-astronauta, percebendo já não ter mais como se salvar, resigna-se a morrer e, para tal, reduz o oxigênio da cabine. Aos poucos, seu consciente se retira e a deixa vagar adormecida pelo inconsciente. Entretanto, morrer não é algo que o corpo e o cérebro aceite passivamente. Seus mecanismos mais instintivos de sobrevivência saem à busca de soluções e provocam um sonho a partir do qual ela recupera informações que seu consciente não imaginava ter.

No inconsciente também estão os arquétipos ligados às propensões que tanto nos aproximam das experiências místicas e que fazem parte do inconsciente coletivo. As gravações completas de toda a história da vida humana transformadas em comandos genéticos e sociais.

Intuição mágica ou educada

O *insight* e a intuição são funcionalidades da mente inconsciente e nos ajudam a fazer conexões improváveis na busca de soluções e alternativas de ação. São de grande valor no processo criativo e na tomada de decisão. Entretanto, através delas, nem sempre conseguimos definir a lógica seguida à medida que o cérebro se utiliza de dados que o consciente não consegue recuperar.

Boa parte do que sentimos e da maneira como reagimos nunca chega ao conhecimento do consciente.

A qualidade da intuição depende das experiências da pessoa ao longo da vida. Por um lado, temos uma espécie de intuição mágica que orienta mentes dogmáticas com suas crenças fantasiosas, e as egocêntricas com seus desejos infantis. Essa intuição se baseia na crença, por exemplo, de que um agente ou algo externo trará a solução para seus problemas.

A cultura brasileira foi muito bem-sucedida ao criar em nós uma intuição mágica, o que nos leva a crer que entidades externas – metafísicas – podem nos salvar de nossas encrencas. Nas empresas, por exemplo, é comum a prática do messianismo quando poucos gestores polarizam uma discussão desagradável e o resto do grupo fica quieto esperando que venha um messias para salvá-los. Outra prática cultural que se alojou nas mentes locais é o monarquismo, a qual, quando todas as regras e todos os sinais dizem não, um chefe (o monarca) pode transgredi-las, tomando uma decisão que nos salva.

O outro lado é a intuição educada, construída a partir de experiências significativas, atualizadas, desafiadoras. Assim, à medida que construímos nossas experiências de vida, modelamos o inconsciente que vai nos ajudar a lidar com nossos problemas e oportunidades.

> Grande parte das suas decisões era intuitiva. Rápidas e certeiras. Ele não era capaz de explicar as razões para esta ou aquela decisão, mas funcionava bem assim. Tinha uma intuição educada, formada por experiências ricas de aprendizagem, que continuavam orientando suas reações automáticas de gestão.

> Não era o que ocorria com outro gestor, dotado de uma intuição mágica baseada em experiências de vida pobres. Tinha que fazer um enorme esforço para se manter consciente em momentos críticos para não sair fazendo bobagens.

A capacidade de monitorar a si mesmo

Ser uma melhor pessoa, um melhor gestor, demanda um autoquestionamento permanente.

O inconsciente está sempre cruzando experiências emocionais do passado com acontecimentos presentes, e há sempre o risco de se reagir sem distinguir um momento do outro e atribuir uma intensidade desproporcional à resposta. Gravações de eventos, certas palavras e emoções de mágoa ou tristeza parecem ser revividas com o mesmo grau de dor, ou até maior, como se tivesse acabado de acontecer.

> Viciado em estima social, sentia vergonha quando se imaginava censurado pelos outros ou por si mesmo, ou só de pensar no que as pessoas iriam falar caso perdesse o emprego. Sentia raiva só de imaginar sua imagem social e sua autoestima ameaçadas. Sentia medo do abandono ao imaginar a falta de compreensão dos outros.

Boa parte do que sentimos e reagimos tem impacto na nossa vida profissional sem ser decifrado pelo consciente. Entre os problemas sociais causados pelo inconsciente, estão algumas reações danosas instintivas que não conseguimos conter e muitas vezes também não conseguimos entender.

É preciso certa atenção e cuidado com as ações automáticas e intuitivas decorrentes do inconsciente, pois desconhecemos seus fundamentos. Mesmo sem captar suas razões é preciso monitorar a si mesmo para se perceber quais comportamentos podem estar contra nós mesmos.

O cérebro protege nosso corpo, nossos interesses, nossa imagem e, quando lhe interessa, nos isenta da dor das bobagens que fazemos.

O não consciente é o ponto cego da mente consciente.

• *Você assume responsabilidade pela solução de seus problemas ou espera por entidades superiores para resolvê-los?*

O cérebro seleciona o que chega ao consciente. Desconhecemos nossa base de dados. Certos comportamentos são baseados em informações armazenadas e que desconhecemos sua qualidade e adequação.

• *Suas ações intuitivas e automáticas são adequadas ao contexto?*

• *Sua experiência de vida foi rica para criar uma base de processamento confiável?*

Desconhecemos a amplitude de nossa régua de valor, nossos preconceitos e preferências.

• *É adequada a maneira como se afasta e se aproxima de pessoas e situações?*

• *É impelido a fazer coisas que não gosta em si mesmo?*

• *São suas preferências e repugnâncias adequadas alinhadas aos seus valores e metas?*

Interesses e motivações subliminares limitam nossa percepção e induzem nossas reações.

• *Percebe como é conduzido a ver apenas o que interessa as suas necessidades e desejos?*

• *Quais aspectos importantes da realidade tende a desconsiderar?*

Dispomos de muito mais informações que imaginamos. Mas grande parte delas jamais será acessível ao consciente. Misturamos informações do presente com as do passado e imaginações do futuro.

> • *Percebe sua visão limitada e contaminada do mundo e das situações que vivencia?*
>
> As informações chegam à memória sem um significado e cabe ao inconsciente selecionar as que interessam e estabelecer probabilidades e hipóteses que levem a interpretações do seu interesse.
>
> • *Percebe a fragilidade das suas conclusões?*

Operando no não consciente

É no não consciente que metaforicamente habitam as várias pessoas que volta e meia estão brigando e discutindo entre si, cada uma tentando impor sua perspectiva e dominar o corpo. É nele onde ocorrem as dinâmicas mentais incontroláveis mais dolorosas nas quais deixamo-nos contaminar por pensamentos e sentimentos negativos que muitas das vezes se transformam em comportamentos e consequências indesejadas. Daqui surgem muitas decisões e ações gerenciais de forma automática, e só se tornam perceptíveis a nós mesmos após ocorrerem.

Passamos a maior parte do tempo conduzidos por um piloto automático, não consciente, que pode tomar decisões que não devia.

Pela falta de controle da sua programação e necessidades, e pelo potencial para gerar comportamentos indesejados, aqui se encontram as melhores oportunidades de desenvolvimento pessoal.

> Aquele gestor tinha rompantes emocionais que vinham do nada e sobre os quais não tinha controle. Entretanto, logo os percebia e se envergonhava deles. Descobriu que essas situações continham sua oportunidade de desenvolvimento e que precisaria saber onde ficava o gatilho para interromper o comportamento.

É no não consciente que passamos a maior parte do tempo quando estamos acordados. Uma região da mente que não é inconsciente, mas que tem uma razoável capacidade de agir de forma independente. Mas, ao contrário do inconsciente, é uma área acessível e seu conteúdo (crenças, expectativas, exigências) pode ser identificado, tratado e modificado por meio da observação, reflexão e da ação consciente. Como diz Damásio, tanto a consciência como a não consciência estão conectadas ao mundo exterior influindo na organização dos nossos conteúdos mentais, dos pensamentos. É uma funcionalidade citada algumas vezes como ausência de consciência ou subconsciente.

É o estado da consciência que dá respostas automáticas, imediatas, impulsivas e impensadas (funcionalidades genéticas) às programações sociais – crenças, expectativas, dogmas – definindo comportamentos sociais impulsivos e automáticos.

Nem todos os comportamentos com origem no não consciente chegam a ser conhecidos pelo consciente e se tornam pontos cegos. Um consciente tênue e submisso é capaz de observar subserviente, como um expectador distante, o não consciente fazer coisas que abomina. Aliás, nele se concentra a produção das nossas piores bobagens. Atende as expectativas e crenças arraigadas do eu ideal. Nele se encontra muita coisa útil para ajudar a vida social, mas também os desejos compulsivos, expectativas e crenças irrealistas e irracionais.

Dominados pelo não consciente, nossas respostas são automáticas e predeterminadas.

O piloto automático

Se há algum preço a pagar pela falta de controle da mente, também há vantagens. Há um lado formidável no não consciente: o piloto automático. Por seu intermédio são operadas automaticamente tarefas sociais, deixando o consciente livre para questões mais interessantes e estratégicas. Parte das funcionalidades e do conteúdo do não consciente está associada ao cérebro científico, às habilidades possíveis de serem aprendidas e aprimoradas pelo treino e repetição. Nele ficam gravadas as instruções que treinam o corpo para a execução esmerada de atividades intelectuais, físicas e artísticas. Quando dirigimos e falamos ao celular ao mesmo tempo, nosso consciente e nosso não consciente operam simultaneamente, o que não impede que sejamos multados e que nosso consciente jure que nunca mais vai fazer isso de novo.

O não consciente atua através de uma dinâmica mental relativamente autônoma definindo pensamentos, sentimentos e comportamentos. Uma reflexão sobre a dinâmica mental, sobre o que se passa na própria mente é um passo

Através do consciente somos o mais humano que conseguimos ser.

importante para se assumir o controle de si mesmo. Entre os pontos que merecem investigação, estão:

• *Qual tende a ser a qualidade de seu estado mental mais permanente?*
> *Harmônico, positivo, compreensivo, divertido;*
> *Melancólico, culpado, triste. Solitário, abandonado;*
> *Exigente, conflitivo, negativo, julgador, raivoso, vingativo;*

• *Tende a ser assaltado por pensamentos e sentimentos que não deseja?*

• *Quais conflitos e contradições alimentam seus piores animais?*

• *Quais coisas tende a fazer de maneira diferente da que acredita?*

• *Qual das reações a seguir tende a gerar desarmonia na sua mente?*
> *Diálogos internos indesejados;*
> *Age de forma contraditória. Conflito entre crenças pessoais. Quer uma coisa e faz outra;*
> *Exige coisas irracionais de si mesmo e dos outros;*
> *Falha no cumprimento de suas verdades absolutas, seus dogmas;*
> *Atribui exigências, conceitos e rótulos negativos a si mesmo;*
> *Age automaticamente e quando isso resulta em comportamentos indesejados se envergonha pelo que faz;*
> *Faz coisas e assume papéis que contrariam a si mesmo para agradar outras pessoas;*
> *Sofre por não ter algo que deseja ardentemente (objetos, poder ou posição social);*
> *Sente-se rejeitado por achar que as pessoas não gostam de você;*
> *Dá peso exagerado a certas regras sociais.*

Consciente: o ápice evolucionário

O desenvolvimento como gestor e como pessoa depende do aprimoramento da consciência, uma ferramenta maravilhosa, mas ainda mal gerenciada por humanos que insistem em se fixar nos mecanismos mais primitivos. Graças ao consciente, podemos monitorar o próprio comportamento, checar a intencionalidade do pensamento, julgar o resultado das ações. Para Tomasello, o consciente é um processo de apoio da aprendizagem que permite fazer ajustes perceptivos da intencionalidade das ações frente aos resultados alcançados para uso posterior em situações futuras.

A própria concepção de vida muda à medida que o consciente alcança novos estágios de compreensão e discernimento. Diferente do que acontecia no passado, hoje para muitos já não basta estar vivo. Faixas de bem-estar físico e psicológico foram anexadas à sobrevivência, abrindo o acesso para nos transformarmos em "seres humanos".

"Muitas de nossas suposições mais básicas sobre nós mesmos e sobre a sociedade são falsas."

Leonard Mlodinow

Funcionalidades da consciência

É uma das funcionalidades mais recentes na escala geológica da seleção natural e de longe a mais sofisticada a ser encontrada em qualquer ser vivo. Sabe-se que opera no cérebro, mas não como funciona. Estima-se que esteja presente na mente de outros animais, mas não de forma tão sofisticada como no cérebro humano. Mas, cuidado, pois ela não é perfeita pois está à mercê das fragilidades do cérebro: é subjetiva e se baseia em orientações genéticas e é modelada pelas regras sociais. Entre as principais funcionalidades da consciência está a percepção do eu, de si mesmo e da realidade; a memória de trabalho – conjunto das lembranças liberadas pelo inconsciente; os pensamentos; a cognição; a vontade; a razão; a inteligência, a capacidade de criar, copiar e imitar, que permite a transmissão cultural.

Como diz Damásio, sem a consciência nosso ponto de vista pessoal é suspenso. Ela é a base da individualidade, mas só se define na presença do outro, e é por isso que o amadurecimento pessoal passa pelas interações e pela interdependên-

Mudamos o mundo à medida que mudamos a maneira como pensamos nele.

cia com as demais pessoas. Um fenômeno mental chamado alteridade permite à pessoa, nessa troca interpessoal, se colocar no lugar da outra, mas mantendo-se separada dela, valorizando as diferenças existentes. Por outro lado, a perda da consciência se dá quando a pessoa se torna incapaz de se relacionar com o mundo de forma independente. É quando sofre de inseparabilidade, e não é capaz de reconhecer a existência do outro como outro, sem estar relacionada a si mesma.

Fortalecimento da consciência

O treinamento do músculo chamado consciência envolve uma batalha travada com o não consciente e as armas usadas nessa luta são o autoconhecimento e o autocontrole. Um consciente em estágio experimental, frágil e sujeito a perigos que podem danificá-lo demanda cuidados especiais. Muita gente se utiliza de conselheiros como *personal trainers* para ajudar neste intento, mas a reflexão pessoal pode trazer bons resultados.

Primeiro, é preciso treinar a permanência da mente no estado de vigília o mais descontaminada possível de rompantes emocionais e de julgamentos (tente ficar cinco minutos sem fazer um julgamento e verá como isso pode ser difícil).

A monitoração de si mesmo amplia o autoconhecimento e fortalece o autocontrole. Vasculhar não basta: é preciso fazer uma boa faxina.

Estando mais tempo acordados é possível treinar a consciência, e existe uma longa lista de capacidades a serem desenvolvidas:

• Perceber o que realmente está acontecendo fora e dentro de si, inclusive sentimentos presentes no corpo;
• Adquirir capacidade para fazer as próprias escolhas, ponderar racionalmente os fatos, definir como se sentir e comportar com base na vontade própria;
• Reconfigurar a maneira de ver e pensar sobre seus problemas, redefinindo seu grau de reponsabilidade sobre eles;

- Reduzir perspectivas contaminadas por emoções e crenças, identificar exigências que faz e rótulos que aplica;
- Reduzir pontos cegos sobre seus comportamentos, aqueles que as pessoas percebem e você não;
- Restabelecer uma visão mais objetiva de si mesmo, perceber seu lado mais primitivo, e lidar igualmente com fraquezas e qualidades;
- Perceber seus animais internos para impedir que assumam o controle de seus comportamentos em momentos críticos e garantir que crenças irracionais e pensamentos e sentimentos negativos estejam aprisionados;
- Manter-se alerta de modo a não se deixar tomar pelos comandos do não consciente;
- Refletir sobre o impacto de suas ações para resistir àquelas danosas aos seus interesses pessoais;
- Garantir a motivação e a disciplina para o desenvolvimento do próprio potencial;
- Deixar de lado prazeres superficiais que pouco contribuem para a real qualidade de vida;
- Validar suas expectativas sobre si mesmo, sobre as outras pessoas e sobre o mundo.

Vernon Howard no seu livro *Psico-pictografia* usa duas metáforas interessantes a respeito da mente humana. A primeira diz que o processo de desenvolvimento é muito mais um retirar do que adicionar. Trata-se de retirar cargas que incorporamos à vida e nada adicionam à viagem. A segunda consiste em limpar as trilhas mentais que foram sujas com tantas porcarias que colocaram em nossas mentes levando à perda do contato com os caminhos que levam a nossa essência, aos nosso valores.

"O autodesenvolvimento é muito mais um processo de retirar do que de adicionar."

Vernon Howard

A seguir, estão reunidos alguns pontos, naturais deficiências do cérebro, que dificultam a construção do consciente atualizado e responsável e que merecem ser lembrados. Alguns já foram comentados anteriormente.

- Ciência das próprias limitações. Uma mente sadia está atenta para ampliar seus limites e busca por experiências de vida significativas e realistas. Segundo Servan-Schreiber, a única chance de termos uma mente

Apesar de ser uma máquina maravilhosa, o cérebro nos induz a erros de raciocínio e conclusões inválidas.

realista é esperar pelo melhor, mantendo-se preparado para o pior.

• Subjetivo e nem sempre confiável. Cada cérebro tem sua própria perspectiva da realidade. Um enorme engano é imaginar que por meio de nossa consciência temos um retrato fiel da realidade. De acordo com Wright, a seleção natural parece ter ocultado os nossos verdadeiros eus dos nossos conscientes. O mais racional dos comportamentos humanos está atrelado a forças subterrâneas, simpatias e antipatias, algumas preferências ditadas pela seleção natural e outras modeladas pela experiência social, as quais calibram percepções e sentimentos. Nossos sentidos nos enganam, pois trabalham com hipóteses e escolhem as que consideram as mais prováveis, não necessariamente as que mais nos interessam.

• Erros de raciocínio. Apesar de ser uma máquina fabulosa, o cérebro nos leva a erros de raciocínio e a conclusões inválidas. Às vezes raciocinamos bem com dados incorretos ou falsos, outras raciocinamos mal com dados corretos. Há um razoável arcabouço de possíveis falhas: falácias, contradições, paradoxos, supersimplificação, generalização com base em dados insuficientes, inferências, associações indevidas, e outros.

• Memórias não confiáveis. Situações arquivadas na memória vêm à tona com as emoções. Entretanto esse retorno à memória não obedece à lógica do consciente e nem sempre a situação recordada está ligada diretamente ao que está ocorrendo. É a economia operacional do cérebro. Algumas vezes um fato recordado é sentido com as mesmas emoções, como se estivessem realmente sendo revividos. Em outras, sente-se a dor, mas sem uma correlação direta com a imagem do evento que foi vivido.

• Ausente, frágil, fluido e instável. Um consciente frágil e ausente é facilmente dominado pelo não consciente. O treinamento da consciência demanda muita determinação, persistência e prática. Ela nos foge facilmente quando estamos frente a uma ameaça ou um devaneio.

É muito fácil sermos induzidos a respostas prontas e, literalmente, tomados pelo não consciente, sermos levados a ações impensadas e automáticas, amparadas por necessidades básicas e desejos muito mais fortes.

Consciência, racionalidade e vontade ainda não passam de relances em nossa operação mental.

- Somos o que pensamos. O domínio da consciência se dá pelo domínio do pensamento. A força do pensamento é grande ao ponto de sermos capazes de mudar o mundo à medida que mudamos a maneira como pensamos sobre ele. Os pensamentos conversam entre si criando uma dinâmica mental. Quando essa dinâmica opera no modo negativo, a mente pode ficar dominada por crenças irracionais e emoções dolorosas, impedindo o consciente de encontrar alternativas de respostas.
- O pensamento off-line permite antecipar, predizer e detectar ganhos e perdas potenciais, bem como estabelecer estratégias de ação de curto e longo prazo, fugindo do primeiro impulso.
- Proximidade com o corpo. Por meio do pensamento consciente, é possível perceber no corpo a presença sutil de sentimentos de fundo, sinais de que alguma crença foi ameaçada, uma necessidade foi acionada e o corpo está prestes a agir por decisão própria.
- Manipulações da consciência. O cérebro dispõe de funcionalidades que permitem manipular nossa consciência. A racionalização é um mecanismo de defesa usado pela consciência interessada em proteger o eu ideal para justificar as besteiras que fazemos ou deixamos os outros fazerem. Inteligentemente, o cérebro distorce a percepção da realidade valendo-se de mecanismos como agressão contra as pessoas que interferem nos nossos objetivos; a inferência tendenciosa para garantir a falsa veracidade de seus pontos de vista; a negação de fatos que contradizem nossas opiniões e visão de mundo; a repressão de pensamentos que vão contra nossas crenças; a invenção de desculpas aparentemente lógicas para justificar um insucesso que não podemos aceitar; a censura nos outros das coisas que não queremos ver em nós mesmos.

O fato é que consciência, racionalidade e vontade não passam de relances, de momentos de vida. Na maior parte do tempo, estamos vulneráveis às programações do não consciente, um hábito mental automático, impulsivo, emocional e inconsciente. Não é presunção imaginar que essa condição venha a melhorar com o tempo, mas tudo indica que não será em nosso mandato. Assim, hoje só nos resta aprender a lidar com ela.

Autoconhecimento e autocontrole

Para mudar é preciso implodir as redes neurais que nos tornam viciados em nossa pior maneira de ser.

O autoconhecimento e o autocontrole são ferramentas importantes para os interessados no próprio autodesenvolvimento. O autoconhecimento é a capacidade para estabelecer uma visão objetiva de si mesmo, indicando pontos fortes e pontos a desenvolver da nossa maneira de ser.

AUTOCONHECIMENTO

Qual é o seu autoconceito? Qual rótulo atribui a si mesmo pelas besteiras que faz?

• *Quais são as crenças que dominam seu não consciente? Conhece as suas piores?*

• *Consegue perceber e descrever sentimentos emocionais negativos presentes no corpo que podem levar a respostas indesejadas?*

• *Como define a si mesmo a partir dos pensamentos que habitam sua mente?*

• *Consegue "sair de si mesmo" para avaliar de fora – através de uma perspectiva externa – o que está acontecendo nas situações mais importantes?*

• *Qual mecanismo de defesa usa com mais frequência?*

➢ *Inventa desculpas ou culpa os outros para justificar um insucesso que não pode aceitar;*

➢ *Censura os outros por comportamentos que não pode ver em si mesmo;*

➢ *Cria inferências tendenciosas para provar seus pontos de vista;*

➢ *Deforma a realidade para ver apenas o que lhe interessa;*

➢ *Nega fatos que contradizem suas opiniões e visão de mundo;*
➢ *Reprime pensamentos que vão contra suas crenças.*
• Entre essas, quais são suas possíveis deficiências do cérebro que podem estar colocando-o em risco?
➢ *Atualização das informações;*
➢ *Responsabilidade por si mesmo;*
➢ *Percepção tendenciosa, subjetiva;*
➢ *Erros de raciocínio;*
➢ *Lembranças não confiáveis;*
➢ *Ausência do consciente, fluidez, instabilidade.*

O autocontrole é a capacidade para determinar as próprias respostas em oposição aos comportamentos intempestivos, respostas emocionais automáticas e impensadas que geram problemas.

Há sempre o risco de nos iludirmos acreditando que percebemos o que queremos, e que o que percebemos é verdadeiro.

AUTOCONTROLE

• *Qual é sua liberdade para ter um diálogo interno e conversar abertamente consigo mesmo sobre as coisas que menos gosta em você? Tem clareza sobre quais são?*
• *Consegue romper com sua dinâmica mental negativa para interferir em seus sentimentos e comportamentos?*
• *Consegue manter sua mente focada, evitando divagar e perder controle do tema?*
• *Impede que certos comportamentos ocorram?*
• *Controla suas emoções? Contém seus desejos? Seus julgamentos?*
• *Qual é sua capacidade para manter disciplina, foco, determinação nas suas mudanças pessoais? Nos seus objetivos de longo prazo?*

Mudança pessoal

A ponte que liga o mundo social ao animal que evoluiu é a consciência. Somente através dela é possível resistir às determinações genético-sociais que já não nos servem. Entretanto, a vida social continua submissa a pressão genética da competição, da escassez, da mentalidade ganha-perde ou per-

A mudança pessoal exige o domínio das forças genéticas inconvenientes ao tipo de vida de hoje.

de-perde. E isso mantém em cada um de nós um animal perigoso sempre pronto para nos sabotar.

A mudança pessoal é o processo de domínio destas forças genéticas inconvenientes ao tipo de vida de hoje. Para tal, é preciso fortalecer a consciência e aumentar o discernimento.

A consciência prevaleceu no processo de seleção natural à medida que permitiu aos humanos encontrar melhores maneiras de preservar a si mesmos e a espécie como um todo. Entretanto, ela está abrigada dentro de um organismo desenhado há milhões de anos e que na maior parte do tempo atendeu a um outro ser, um caçador coletor. Somente muito recentemente nosso organismo vem sendo exigido a usar funções mentais mais complexas para fazer frente às necessidades do mundo social. Dez mil anos é uma gota no oceano da evolução humana, mas marca o início de uma promissora era para nossa espécie.

Dez mil anos é uma gota no oceano da evolução humana, mas marca o início de uma promissora era para nossa espécie.

A ausência da consciência de si mesmo nos leva agir como máquinas de respostas prontas controlados por um inconsciente impenetrável e um não consciente que nos impede de conter ou modificar programações. Romper com essa condição demanda vontade, determinação e coragem para enfrentar uma luta interior com crenças e desejos irracionais responsáveis por grande parte das nossas dores psicológicas. Essa ausência de consciência favorece a ação de animais internos que lutam pelo domínio mental e criam um estado emocional que deixa a mente pronta para buscar riscos reais ou imaginários, armadilhas montadas para nos derrubar.

Checklist: Resistência à mudança

☐ *Insatisfeito com seu modo de ser, nada ou pouco faz para mudar;*
☐ *Tem enorme dificuldade para mudar a si mesmo;*
☐ *Odeia mudanças que prejudiquem seus interesses e luta aberta ou subliminarmente contra elas;*
☐ *Só se move frente ao risco de uma dor maior ou a oportunidade de grande prazer;*
☐ *Sem fortes estímulos ou ameaças, fica na zona de conforto;*
☐ *É indisciplinado e precisa de regras e controles externos que tragam pressão ou dor para fazer o que lhe desagrada.*

Entre o oculto e o visível

Com as dificuldades para manter o consciente atualizado, realista e moral, tendemos a perder parte do que se passa em nossa realidade interior e exterior. Partes da nossa maneira de ser não nos estão acessíveis, e a coisa se complica quando percebemos que as outras pessoas percebem ou já sabem de certos aspectos que desconhecemos. Na presunção de que nos conhecemos bem, perdemos a chance de atuar sobre comportamentos que nos fazem mal. No dia a dia organizacional, essa fragilidade do nosso funcionamento mental aumenta as chances de desencontros perceptivos e de conflitos.

Para manter relacionamentos positivos é preciso impedir que se construam cercas ao redor deles.

O escritor russo Dostoiévski disse que, nas lembranças de cada homem, há coisas que ele não revela para todos, mas apenas para seus amigos. Há outras coisas que ele não revela nem mesmo para seus amigos, e há algumas coisas que teme revelar até para si mesmo. Nesses últimos dois campos reside boa parte das coisas que podem nos derrubar – é o lado da queda da gangorra.

A demonstração dos diferentes estados de consciência pode ser feita primeiro avaliando a perspectiva que temos de nós mesmos em contraposição a de outra pessoa, segundo considerando que há sempre um lado visível e outro oculto para ambas as partes. Na mescla dessas perspectivas, estão os pontos cegos sobre nossa maneira de ser e agir. A seguir, está a figura[1] mostrando as quatro áreas de estados de consciência:

---

[1] A figura é uma síntese das ideias da Janela de Johari e dos ensinamentos de Nilton Bonder no seu livro *O segredo judaico de resolução de problemas*. Ela foi descrita em mais detalhes em artigo que publiquei com o título "A cabala e o desenvolvimento pessoal", na *Revista da ESPM – Escola Superior de Propaganda e Marketing* (mai.-jun. 2008).

O autoconhecimento se amplia conhecendo a maneira como os outros percebem nossos comportamentos.

o Visível do Visível; o Oculto do Visível; o Visível do Oculto; e o Oculto do Oculto

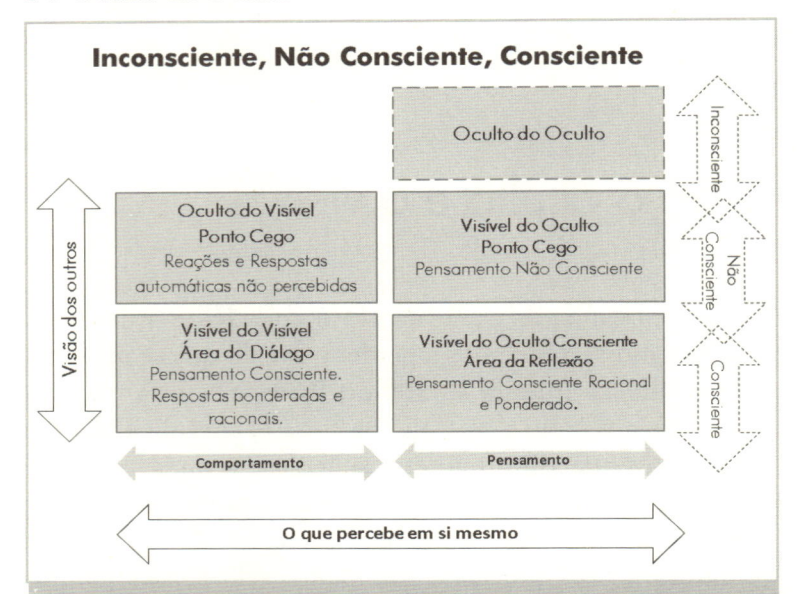

Inconsciente, Não Consciente, Consciente

	Pensamento	
	Oculto do Oculto	
Oculto do Visível Ponto Cego Reações e Respostas automáticas não percebidas	**Visível do Oculto** Ponto Cego Pensamento Não Consciente	
Visível do Visível Área do Diálogo Pensamento Consciente. Respostas ponderadas e racionais.	**Visível do Oculto Consciente** Área da Reflexão Pensamento Consciente Racional e Ponderado.	

Visão dos outros — Comportamento / Pensamento

Inconsciente / Não Consciente / Consciente

O que percebe em si mesmo

Existem diferentes dimensões nas cabeças das pessoas sobre o que elas percebem sobre si mesmas. Há uma área de compartilhamento explícito, uma área de verdadeiro diálogo: o Visível do Visível. Há outra onde guardamos nossos segredos: o Visível (para nós) do Oculto (para os outros). Outra nos guia sem percebermos, pois é impenetrável para nós mesmos: o Oculto do Oculto. E uma na qual as demais pessoas conseguem ver comportamentos, expressões, impulsos que não conseguimos ver em nós mesmos, nossos pontos cegos: o Oculto (para nós) do Visível (para os outros). Esse último, é um campo de grande importância para a descoberta das nossas oportunidades de autodesenvolvimento.

O Visível do Visível: área do diálogo

Uma conversa sadia é a que não se baseia em ameaças.

Esta é a área do consciente compartilhado, do jogo aberto entre duas pessoas. Nela se desenvolve o consciente atualizado e responsável que conhece e compartilha suas crenças, expectativas e sentimentos, potencialidades e limites pessoais. É a área do óbvio, onde o que a pessoa sabe de si equivale ao que as demais pessoas sabem ou podem saber a seu respeito. Nessa área, há nenhuma ou pouca dissimulação, jogo de cena, hipocrisia. É onde os comportamentos, atitudes e reações emocionais, competências e limitações são simultaneamente evidentes para nós e para as demais pessoas. Não é uma área de paz, mas de solução. Pressupõe um estado mental de abertura para entendimento do outro, o que não significa necessariamente sua aceitação.

A base para o diálogo está em encontrar o ponto de convergência de interesses comuns: metas, crenças e valores.

> Eles não tinham as mesmas ideias, na verdade tinham ideias contrárias, mas decidiram que iriam com franqueza buscar a melhor solução. Assim, criaram um clima de confiança e respeito. Cada um deles falou abertamente o que pensava e escutou atentamente a posição do outro. Depois de longas horas de conversa, eles tinham uma clara concepção dos respectivos pontos de vista e se deram conta de que não havia qualquer chance de chegarem a um acordo. Resolveram levar o tema para um superior.

É a área em que fazemos as melhores escolhas com base nas reais possibilidades e nos interesses recíprocos. Trata-se da área de construção da sinergia ou do rompimento direto, evitando o desgaste do conflito encoberto. Pelo conhecimento recíproco, são construídos alianças e relacionamentos sadios. Seu oposto é a declaração de guerra. Aqui as respostas produtivas e improdutivas são igualmente percebidas e, através da clareza dos interesses, crenças e expectativas, se constrói uma relação honesta, sólida e produtiva.

Através do conhecimento recíproco e franco construímos relacionamentos sadios sejam de paz ou de discordância.

Mais do que uma área de acordo, é terreno de confiança e respeito que leva a conversa franca e objetiva sem dissimulações, numa avaliação ponderada na busca das melhores soluções. À medida que as partes passam a ter uma mesma compreensão, aumenta a possibilidade do diálogo, do alinhamento de expectativas, das alianças e dos relacionamentos sadios.

Ambientes de trabalho com forte Visível do Visível geram relações menos dissimuladas e mais objetivas na busca dos objetivos pessoais e organizacionais. Equipes de trabalho que conseguem ampliar suas áreas do visível do visível são capazes de desenvolver um clima de segurança para busca de soluções conjuntas mais efetivas. Manter esse espaço limpo evita a construção de cercas para ocultar o que não se quer mostrar.

> Naquela empresa, as transações sociais eram superficiais. Nada do que era dito representava a real opinião das pessoas. Algumas coi-

sas eram claras; todos queriam agradar o dono e todos tinham medo de perder o emprego. A área do visível do visível era minúscula. Numa outra, por sua vez, as pessoas eram estimuladas a falar o que pensavam e isso não era tomado como ameaça. Não posso assegurar qual tinha melhor resultado econômico, mas não havia dúvida em qual as pessoas preferiam trabalhar.

Criar um ambiente onde prevalece o visível do visível pode parecer difícil, mas é possível. Como tudo nas empresas, fica mais viável quando agir desta maneira pode representar um diferencial competitivo. Veja a narrativa de Ed Catmull, presidente dos estúdios Pixar e Walt Disney Animation: "Junte numa sala pessoas inteligentes e apaixonadas e encarregue-as de identificar e solucionar problemas. Seu elemento mais essencial é a sinceridade. Não se trata de uma miragem – sem o ingrediente crítico que é a sinceridade, não pode haver confiança. E, sem confiança, a colaboração criativa é impossível. O temor de dizer algo estúpido e ficar mal, de ofender alguém ou ser intimidado, de retaliar ou sofrer retaliação... é resistente, mas pode ser ultrapassado[2]."

Crenças irracionais destroem a possibilidade de uma percepção mais objetiva da realidade.

Muitos relacionamentos começam livres e positivos, mas, com o tempo, crenças irracionais (o medo de que a verdade possa desagradar o outro, por exemplo) levam as pessoas a ocultar perspectivas, crenças e desejos pessoais conflitantes. Assim fazendo, acreditam que a vida seja mais tranquila. Em muitos casos, o resultado é o oposto, pois esse é um excelente alimento para os animais internos aflorarem e se desenvolverem, entre eles a culpa, o desprezo, a desconfiança e o medo. Em alguns casos, crescem tanto ao ponto de inviabilizar a relação.

A estratégia de desenvolvimento pessoal deve ter como prioridade ampliar a área do visível do visível ao máximo de relações possíveis. Quanto menor essa área, mais sufocantes tendem a ser as relações, fazendo a vida mais teatral e artificial.

• *O quanto seu ambiente de trabalho favorece relações pessoais baseadas no Visível do Visível?*
• *Qual é sua facilidade para expor suas verdades sem atacar e criar clima de ameaças?*
• *Qual é sua capacidade para criar um real diálogo com as demais pessoas em que fala o que realmente pensa e ouve com atenção o ponto de vista do outro?*

---

[2] Revista *Exame* (26 nov. de 2014, p. 145).

O Visível do Oculto: área do diálogo interno

Parte da nossa consciência é composta por pensamentos que guardamos para nós mesmos. Trata-se de uma área privada onde estão as questões mais íntimas, que vão desde ponderações racionais até as mais subjetivas. São histórias, sonhos, devaneios, crenças e medos, coisas ligadas ao prazer e à dor íntima. É quando trabalhamos exclusivamente em *off* exercitando o diálogo interno. Comportamentos decididos nessa área poderão não ser compreendidos na sua essência pelas outras pessoas.

Com um diálogo interno franco, podemos nos tornar mais amigos, ou pelo menos mais próximos de nós mesmos.

O Visível do Oculto é a arena na qual encaramos corajosamente nossas mentiras, dissimulações, medos, inseguranças, motivações escusas, falsos papéis, autoengano e imagem fantasiosa. É onde vive o gatinho assustado que se faz passar por tigre, a galinha que se faz passar por pavão, a minhoca que se traveste de cobra.

Cuidado. No Visível do Oculto também estão os comportamentos escusos, as mentiras, a hipocrisia nem sempre percebida pelo outro.

> Quando ele deitava sua cabeça no travesseiro a cada noite, a imagem do homem forte e arrogante dava lugar ao garoto carente e inseguro. Recapitulava seus mais sigilosos pensamentos, medos e vergonha. Queria ser outra pessoa, mas ele conhecia bem as forças que o mantinham cativo a crenças que não conseguia dominar.

Esta é a área da autorreflexão, precioso espaço de manobra onde se cria a estratégia de autodesenvolvimento. Aqui se concilia necessidades com motivações. Controlam-se os pontos fracos. Numa visão mais irônico-romântica, poderíamos até afirmar que é também aqui que nos gratificamos pelas coisas maravilhosas que muito raramente fazemos. É o lugar em que, conversando frente a frente, nos tornamos mais amigos, ou pelo menos mais próximos de nós mesmos.

Para proteger a nós mesmos, nos proibimos de ver coisas que afetam a nossa imagem ideal.

Para alguns, esse é um terreno pantanoso, e os avanços – necessários – devem ser graduais. Quanto mais somos capazes de reduzir essa área, compartilhando com as demais pessoas como realmente pensamos e sentimos, aumenta a chance de elas nos ajudarem a atualizar tais pensamentos e emoções.

O Oculto do Oculto: área do desconhecido

> *"Meu único arrependimento da vida é o de não ser outra pessoa."*
> Woody Allen

Vamos nos deter pouco no Oculto do Oculto, pois ele já foi tema do inconsciente. Há partes de nós mesmos que não são acessíveis nem a nós mesmos nem aos outros. É onde a escuridão impede o total autoconhecimento. Um preço ou um prêmio por existirmos.

O Oculto do Visível: área dos pontos cegos

Aqui se encontram as oportunidades de autodesenvolvimento mais interessantes de atacar. São comportamentos e reações que são visíveis para as outras pessoas, mas ocultos para nós mesmos. Ou aqueles que só conseguimos perceber depois que ocorreram.

> *O fato de não entendermos as reações das pessoas já é um indício de nossa desconexão com a realidade.*

São respostas comportamentais automáticas acompanhadas por expressões faciais e corporais comandadas pelo não consciente. Muitas dessas respostas são de pequeno impacto, outras com alguma consequência emocional e social negativa. Têm força própria para agir sem nossa interferência ou mesmo concordância. É quando passamos mensagens involuntárias e fazemos coisas que, a rigor, não queríamos ter feito.

A estratégia de fortalecimento da consciência aqui sugerida é a da redução dessa área. Isso pode ser feito pela abertura pessoal, com a aceitação dos feedbacks espontâneos que sempre surgem. Pode-se também provocar a avaliação feita por terceiros e também dar mais atenção aos próprios comportamentos e aos sentimentos de fundo presentes no corpo antes da ação.

> À medida que seu trabalho passou a exigir que fizesse apresentações e palestras com mais frequência, decidiu contratar um consultor para ajudá-lo a melhorar seu estilo de comunicação. Logo nos primeiros exercícios, ficou chocado ao ver sua imagem gravada. Passou a conhecer um lado oculto que todos já conheciam e que agora se tornava visível para si. Passou a olhar com mais cuidado as reações das pessoas frente às suas apresentações e, por muitas vezes, ao perceber uma reação que não entendia, fazia perguntas para tentar compreender o que estava na cabeça das pessoas. Com isso,

modelou melhor suas mensagens e passou a checar quais emoções estavam presentes quando alguma divergência acontecia.

Mais uma vez, é preciso contar com o consciente para restabelecer contato consigo mesmo. Para controlar as emoções, para não transformar um comentário numa ameaça. Descobrindo o comportamento (reflexo, trejeito, hábito) indesejado, e sentindo na pele a sua inconveniência, é preciso ir à caça das crenças, exigências e expectativas irracionais que lhes dão vida.

Aprisionada em seu mundo interior e sem contato com a realidade, fica difícil para a pessoa perceber o impacto que causa nas outras. Protegida por mecanismos de defesa ou absorta em si mesma, não percebe como seus comportamentos, reações corporais e emocionais as impactam. Assim, quando elas reagem, ficamos sem entendê-las. Apenas pequena parte da mensagem que passamos é feita por meio de palavras e a maior parte é passada pelas expressões faciais e corporais, tom de voz, palidez – tudo impregnado pelas emoções sentidas.

Há partes da nossa maneira de ser que a seleção natural preferiu esconder. Um preço ou um prêmio por existirmos.

> Parte da mensagem que passamos tem a ver com hábitos e cuidados com o corpo. Havia um vendedor com um terrível hábito. O de cortar as unhas na frente das outras pessoas, inclusive nas visitas aos clientes. Como ninguém lhe dizia nada, agia assim automaticamente até receber uma queixa formal de um deles.
>
> Noutro caso, um executivo tinha um mau cheiro no corpo que incomodava muito os colegas, mas, como era um tema delicado, ninguém falava nada.

Esta é uma importante área para investigação pessoal, pois age sem a intenção consciente. Uma coisa é, por exemplo, ser premeditadamente indelicado, outra é sê-lo e não perceber o que se está fazendo. Sem querer, a pessoa transmite informações que ameaçam os outros, colocando-os em estado de guerra. Quando muito estereotipados e repetitivos, esses comportamentos recebem rótulos e adjetivos.

"Preocupe-se mais com a sua consciência do que com a sua reputação. Porque a sua consciência é o que você é, e a sua reputação é o que os outros pensam de você. E o que os outros pensam, é problema deles."

Bob Marley

> Logo após ter perdido o emprego, aquele executivo estava muito ansioso para se recolocar e não percebia que estava repassando sua enorme ansiedade nos contatos que estava tendo. Normalmente era controlado, mas naquele instante falava o que não devia, im-

Nem sempre percebemos as motivações por trás dos pensamentos que criam as dinâmicas mentais negativas.

plodia emocionalmente, mostrando-se muitas vezes devastado. Isso complicou muito seus planos na medida em que demonstrava sua incapacidade para lidar com situações tensas como aquela.

Sinais desse descasamento podem ser percebidos quando não conseguimos entender por que certas coisas acontecem. Por exemplo: por que determinado emprego não deu certo, do que eles não gostaram? Por que sua equipe não confiou em você? Envoltos nas dinâmicas mentais não conscientes, não percebemos nossos comportamentos e o que realmente está acontecendo.

Protegendo a nós mesmos, nos proibimos de ver coisas que afetam a nossa imagem ideal. Quanto maior a distância entre o eu ideal – sua maneira desejada de ser – e o eu real – a maneira como é percebido pelas demais pessoas –, maior é a probabilidade de expectativas interiores conflitantes que desaguarão em comportamentos inadequados.

Um eu ideal distante do eu real nos mantém fora da realidade e fazendo coisas que nos fazem sofrer.

Muitas empresas usam ferramentas para aproximar a visão que os gestores têm de si mesmos à das demais pessoas. A avaliação de desempenho, a estimativa de potencial, as pesquisas 360 graus, os *assessments* de competências e as avaliações de preferências ajudam a reduzir o Oculto do Visível. Entretanto, todos os dias, as pessoas nos falam coisas que não queremos ouvir. Algumas diretamente, mas também disfarçadas em brincadeiras, ironias, parábolas e metáforas – situações em que há sempre uma ideia visível, mas também outras sutis, não totalmente desvendadas. Um exercício de redução dessa importante área exige desarmar as maneiras preferidas de ver o mundo. Para tal, é preciso treinar o consciente a estar mais presente. Desafiar o que vemos e entendemos. Ter coragem para aceitarmos a nós mesmos como realmente somos.

ABERTO AO DIÁLOGO E AO FEEDBACK

- Qual seu grau de atenção para com o que os outros falam para você? Ouve ou fica embriagado pelos próprios pensamentos?
- Como reage à opinião negativa? Ataca, foge ou aproveita a oportunidade para conhecer melhor a si mesmo?

Feedback projetado

Muitas das suas respostas já estão dentro de você. Sua mente capta diversas mensagens que as pessoas lhe passam no dia a dia, mas que você rejeita. Imagine que um conselheiro está lhe ajudando com seu plano de desenvolvimento e, para ampliar sua visão de si mesmo, consulte seus subordinados, chefes, colegas e clientes e lhes pergunte sobre:

• O que você faz de melhor, aquilo que alavanca seu desempenho e ação gerencial;
• E quais dos seus comportamentos mais atrapalham seu sucesso profissional.
Descreva o que eles diriam.

Resumo do seu 360 projetado

	SEU MELHOR	ONDE MELHORAR
CHEFES		
CLIENTES		

O processo evolucionário nos induz ao autodesenvolvimento, mas, ao mesmo tempo, cria barreiras para que isso ocorra.

Os sentimentos presentes no corpo indicam a força das crenças que estão no comando a cada instante.

As emoções indicam que uma crença está sendo violada e quais necessidades precisam ser atendidas.

	SEU MELHOR	ONDE MELHORAR
COLEGAS		
SUBORDINADOS		
AMIGOS		

Sem uma emoção, você não sente a vida

O Modelo de Autoevolução aqui apresentado contempla funcionalidades que acreditamos terem evoluído no tempo, ajudando a criar certos perfis de mentes. Entretanto, há uma funcionalidade que não se enquadra nessa perspectiva do modelo, mas que afeta diretamente o comportamento humano e as demais funcionalidades: a emoção. Ela já estava presente nos animais muito antes de nossa espécie surgir, muito antes do surgimento dos primeiros hominoides, há quatro milhões de anos. Faz parte dos comandos mais remotos voltados à sobrevivência e que ajudaram muito para que o homem da savana pudesse vir a ser o executivo de hoje.

Checklist: Dominado pelas suas piores emoções

☐ *Concede a algumas pessoas o incrível poder de definir seus sentimentos;*
☐ *É possuído com frequência por sentimentos negativos que subliminarmente determinam seu pensar e agir;*
☐ *Tem reações emocionais incontroláveis, seja de explosão ou de implosão;*
☐ *É fisgado por emoções que o levam a dar respostas impensadas e sentir o que não quer;*
☐ *Sente no corpo as consequências negativas dos comportamentos impulsivos e indesejados;*
☐ *Sofre mais do que o razoável;*
☐ *Quando lhe faltam com confiança, age como animal ferido e acuado.*

Para mudar uma emoção que está nos derrubando, é preciso mudar a crença que lhe dá origem.

Não se deixe levar nem pelos pequenos ganhos nem se perder pelas pequenas perdas. A vida é bem maior que elas.

Nunca se deixe ficar menor que seus problemas.

A contribuição das emoções e dos sentimentos para nosso interesse é o de que, se há um sentimento presente no corpo, é porque uma crença ou expectativa foi fortemente atendida ou gravemente contrariada. Algo de muito bom que levou ao êxtase ou de muito mal que levou ao sofrimento. Alguns aspectos são relevantes sobre as emoções: toda situação vivenciada que deu origem a uma crença tem atrelada a si uma emoção a qual marca sua importância e é sentida novamente quando uma situação similar é relembrada. Muitas vezes as situações e as crenças se dissipam na memória, permanecendo apenas a marcação emocional na régua de valores. Aqui vamos expandir um pouco esse entendimento.

Emoções exacerbadas

Prostramo-nos miseravelmente, ou atacamos impiedosamente cumprindo nossas determinações emocionais.

Em muitos momentos da vida somos dominados por reações emocionais exacerbadas e inadequadas, e nem sempre sabemos de onde elas surgem. Segundo Helena Polak em seu livro *Alta sensibilidade emocional: novas perspectivas*, reagimos de forma exagerada a estímulos que em outras pessoas não teriam tal intensidade. Ondas de mau humor, sentimentos de tristeza e ansiedade dominam a mente sem que sejamos capazes de saber o porquê. Situações como essas exigem um maior investimento em autorreflexão e treinamento do autocontrole para se recuperar o bem-estar, a calma e a tranquilidade. Obviamente não estamos aqui falando de reações emocionais doentias, pois se sabe que algumas pessoas sofrem pela extrema sensibilidade emocional.

Como diz Polak, tomados por emoções, nossa configuração mental muda e passamos a nos basear mais no que sentimos do que naquilo que vemos e ouvimos, mesmo quando nossos sentimentos divergem bastante da interpretação dos outros à nossa volta. Uma mente astuta, mas contaminada emocionalmente, tende a interpretar, fazer conexões, ou mesmo gerar "fatos" alternativos para confirmar crenças e dar vazão a sentimentos. Interesseira, a mente nos impede de aceitar, assimilar, arquivar ou reconhecer informações que não confirmem ou justifiquem a primeira impressão. Tomados emocionalmente, na perspectiva da mente, não se está efetivamente mentindo, apenas selecionando fatos para respaldar as crenças e a forte reação emotiva.

Ninguém discorda que é preciso ter controle emocional para ser um gestor mais bem-sucedido, sermos capazes de impedir explosões e implosões emocionais as quais depois de deflagradas são difíceis de controlar. Entretanto, no dia a dia somos mais capazes de perceber nossos sentimentos contidos no corpo do que as crenças e necessidades que lhes deram origem. Isso faz com que seja dado muito peso no controle das emoções no processo de autodesenvolvimento. É possível ter disfunções emocionais que levem a doenças, mas, para a maioria das pessoas, as emoções são mais efeito do que causa. E a presença dolorosa é um bom indicador da oportunidade de mudança pessoal. Somente quando há dor ou a possibilidade de ela ocorrer é que o cérebro se motiva a mudar.

O outro lado da inteligência emocional é a burrice emocional, e nesse somos hábeis.

Enquanto que as crenças são morais, a emoção *per se* é uma ferramenta amoral, e uma pessoa pode ficar triste por ter perdido o emprego enquanto que outra fica feliz com a oportunidade aberta. Faz parte do nosso instinto, por exemplo, sentirmos prazer com a desgraça de alguém que odiamos. Como ferramenta genética, ela é pouco afetada, mas sabemos que a força do meio social mostra ser possível controlar ou modelar a manifestação das emoções, mas não consegue ficar insensível aos sentimentos a ela relacionados.

Dois tipos de emoções

Temos dois tipos de emoção, e um deles tem efeitos negativos em nossas vidas. As emoções primárias – naturais –, fazem parte do organismo humano desde os seus primórdios. Depois surgiram as emoções secundárias – adaptadas por meio das complexas relações sociais.

Emoções naturais

São funcionalidades desenvolvidas para preparar o corpo para expressar momento de prazer e também para se defender, em ambos os casos favorecendo o cumprimento da missão genética de sobreviver e procriar. Foi Darwin quem reconheceu a presença das mesmas emoções em todos os humanos, em todas as culturas, mesmo quando modificadas pelo ambiente e pelo toque pessoal. Entre elas, estão: alegria, tristeza, medo, ira, espanto, nojo, surpresa.

Quanto mais distante se está dos sentimentos presentes no corpo, maiores são as chances de perder o controle de si mesmo.

Como outras programações genéticas, as emoções são automáticas, inconscientes, impulsivas e demandam bom controle pessoal para serem interrompidas. São alarmes naturais e variam em intensidade de dor e prazer para indicar o peso da mensagem que nos querem transmitir.

Uma importante característica das emoções naturais é que elas têm um ciclo de breve duração e se desarmam tão logo tenham cumprido sua função. Oriundas das partes mais primitiva do cérebro, nos fazem sentir o quanto é bom estar vivo e também o quanto viver pode ser amargo.

Emoções adaptadas

Enquanto as emoções primárias são uma expressão natural da mente genética, as emoções secundárias são mais recentes na trajetória evolucionária e podem ter se desenvolvido para defender o eu, apoiar suas crenças, regras e expectativas sociais, dando a elas sentimento de real existência.

Supõe-se que elas se utilizem dos mesmos mecanismos fisiológicos que as naturais, mas são desencadeadas dentro do contexto social. O fator detonador pode ser a felicidade de se conseguir uma promoção, ou o pavor de ter baixa avaliação de desempenho, ódio da bronca por um relatório incompleto, vergonha da mentira descoberta. Em geral, envolvem problemas abstratos e simbólicos que só existem no mundo social humano, mas que são percebidos como reais.

Entre as emoções secundárias estão: falsa alegria, euforia, excitação, paixão, inveja, ciúmes, desprezo, horror, pavor, ansiedade, culpa, depressão, angústia, vergonha, orgulho – uma lista quase infindável. Entre elas, Damásio cita algumas positivas, tais como a compaixão (baseada no sofrimento emocional dos outros) e a admiração (capacidade de apreciar as qualidades alheias).

Como principal característica negativa, as emoções secundárias demoram a se dissipar, fazendo o corpo ficar, por exemplo, se remoendo frente a ameaças ou oportunidades não resolvidas.

> Aquele executivo experimentava um enorme sentimento de culpa quando era obrigado a fazer cortes de pessoal. Justificava para si mesmo que a decisão era necessária para os interesses dos negócios, mas isso não eliminava as dores musculares e a enxaqueca que sentia por longo período que antecediam e que permaneciam depois de tomadas as decisões.

A química emocional

Hormônios e neurotransmissores definem reações orgânicas e comportamentais, criando um estado emocional específico. Por exemplo, o cortisol se relaciona ao estresse e à fadiga, a serotonina ao controle emocional, à modulação do humor e à depressão, a endorfina, aos sentimentos de prazer. É por meio de remédios, do álcool e das demais drogas – legais ou ilegais – que as pessoas alteram os componentes químicos do corpo na busca de conseguir melhores sentimentos. Como descreve Damásio, quando o cérebro escolhe uma estratégia de ação, certas substâncias são produzidas e distribuídas gerando o estado emocional que toma conta do corpo, levando a determinadas reações orgânicas, mentais e comportamentais. Assim, uma emoção negativa, como a tristeza, provoca uma série de alterações no corpo: evoca pensamentos sobre fatos negativos, desacelera o raciocínio, faz o pensamento ficar ruminando a situação que a desencadeou. A felicidade, por sua vez, é composta por sentimentos de bem-estar, pela sensação de ter feito a coisa certa e de estar no aqui e agora. Desencadeiam comportamentos de afetividade, tranquilidade, paz interior, harmonia, liberdade relativa.

Com base nos sentimentos mais permanentes no corpo, cada pessoa pode inferir sua sensação de vida, seu autoconceito, sua autoestima. A emoção é um importante marcador da

A mente humana continua sendo uma ferramenta para a sobrevivência, mas agora principalmente do eu, e para tal emprega tanto a razão como a emoção.

felicidade e da satisfação pelo cumprimento das programações genética e social.

Sentimentos de fundo

As emoções estão sempre presentes em nosso corpo na forma de sentimentos, algumas vezes fortes outras sutis como os sentimentos de fundo. Sentimentos de fundo podem ser percebidos quando prestamos atenção ao que está se passando no corpo num certo momento. São importantes porque estão a serviço da conversa que está rodando na mente naquele momento. A cabeça fica remoendo alguma ameaça real ou imaginária, e o corpo começa se preparar para uma ação que possa vir. Armado para o ataque ou a fuga, a mente fica em busca do que Damásio chamou de Estímulo Emocional Perfeito, aquele capaz de detonar o gatilho que produzirá um estado emocional mais forte que acompanha o comportamento. É quando você se comporta como não queria. Muitas emoções fortes começam sutilmente no corpo como um sentimento de fundo. O reconhecimento dos sentimentos de fundo no corpo ajuda a antever que estamos sensíveis, prestes a agir automaticamente, e termos com isto a opção de interromper comportamentos explosivos e implosivos.

Podemos não ter domínio dos pensamentos que entram em nossa mente e instalam o sentimento de fundo no corpo, mas podemos percebê-los e com o consciente interromper sua sequência de ação.

Você já alimentava certo rancor de um colega, já não confiava no trabalho de um subordinado, já se sentia abandonado por seu chefe. Basta um estímulo emocional perfeito para que sua mente e seu corpo se inflamem para uma resposta. Se você é do tipo que fica ruminando problemas, saiba que o corpo faminto e carente de certos hormônios busca o estímulo emocional perfeito – aquele que faz a emoção aflorar e tomar conta da mente. Um cérebro interesseiro em zelar por suas crenças deixa as células carentes de alguma substância química a tal ponto que podem transfigurar a realidade.

Certos sentimentos de fundo deixam o corpo preparado para a próxima besteira que vamos fazer.

Quando alcançam o objetivo, essas células são recompensadas com as substâncias de que necessitam.

Como ensina Damásio, os sentimentos de fundo vão muito além de uma reação emocional, pois a presença permanente deles determina a sensação de existir, e o nosso posicionamento frente à vida. Sinalizam como estamos a cada momento e também nos dão uma identidade, uma base da representação do nosso eu, uniforme e viva, mesmo que ilusória. Mantendo-nos longe do corpo, perdemos o contato com a vida interior, permitindo que irritação, angústia, raiva, medo, tristeza preparem a mente para o ataque ou a fuga.

Um cérebro interesseiro deixa as células carentes de alguma substância química a tal ponto que podem transfigurar a realidade.

> Aquele executivo mantinha uma permanente sensação negativa de si mesmo. Um conceito de que os outros sempre eram melhores. Bom amigo, mantinha alguns lhe dando força para que suas qualidades pudessem emergir. Mas suas respostas já estavam condicionadas para o polo negativo, e no final algum comportamento o derrubava.

Quando nos tornamos capazes de perceber a emoção presente no corpo, ficamos mais próximos de interromper a próxima explosão ou implosão emocional. Essa percepção ajuda-nos a identificar quando algum problema pessoal está minando nosso humor e nossa disposição pela vida. Muitos desses sentimentos decorrem de problemas não resolvidos que ficam zanzando entre pensamentos enquanto se recria uma ameaça imaginária. Favorecem as fortes reações emocionais que ocorrem das formas mais inusitadas e inconvenientes. Quanto mais distante se está do corpo, maiores são as chances de perder o controle de si mesmo.

A cada instante algum sentimento sempre está presente no corpo. Faça um teste.
- *Qual sentimento está presente no seu corpo neste momento?*
- *Qual estava nos momentos que antecederam a última explosão emocional?*

"*Só há um tipo de amor que dura, o não correspondido.*"
Woody Allen

Muitos problemas atacam a mente e podem ser resolvidos antes de uma reação emocional inconveniente. A consciência de sentimentos de fundo é um ponto de partida para a iniciativa de mudar crenças e programações irracionais.

Cada pessoa decide sobre as emoções que vai sentir. Não deve nunca deixar essa decisão nas mãos dos outros.

Não é o estímulo que nos move

Quem nos move é o sentimento de fundo. Muita gente acha que a irritação surge com a presença do estímulo exterior, mas na maioria das vezes o sentimento já está presente no corpo esperando pela oportunidade para se manifestar. E, quando o estímulo não aparece, a própria mente inventa um.

A vida executiva é cheia de ameaças e contribui para manter todos os nossos animais prontos para atacar. A dinâmica é sempre a mesma. Ameaçados, somos tomados por uma emoção e perdemos a capacidade de ter pensamento lógico. Isso nos leva, por exemplo, a ser dogmáticos, intransigentes, exigindo que as coisas sejam como queremos. Quando os fatos não ocorrem dentro da expectativa, explodimos e ficamos à mercê de reações emocionais improdutivas. É o caso da irritabilidade, que transforma a pessoa.

Estado permanente de risco

Nossos animais internos são uma mescla de crenças irracionais e necessidades baixas imperiosas operando fora do nosso controle.

A vida organizacional é repleta de estímulos sociais simbólicos percebidos como ameaças reais. Uma das crenças irracionais implícitas na mente dos executivos é que estar estressado faz parte do papel gerencial, e, se não for um estressado típico, provavelmente não terá os requisitos para a próxima promoção. Assim, os executivos ficam em estado permanente de fuga ou ataque, mesmo sem saber por que estão sendo atacados, nem por quem. Eles mantêm no corpo um estado emocional danoso, seja o pavor, a raiva, o ódio, a depressão, a angústia. O organismo fica em estado de alerta permanente sem relaxar, mantendo a pessoa fora da realidade e causando uma sorte de problemas de saúde. É o tal do estresse. Quanto maior o risco social percebido, maior será o sentimento emocional espalhado sobre o corpo e a chance de se perder o controle de si mesmo.

Emoções e racionalidade

Erroneamente, se acredita que a razão seja a base das melhores decisões, e as emoções, o empecilho. As expectativas de que as decisões possam ser puramente racionais é uma ilusão, porque o processo decisório racional sofre a interferência subliminar de crenças e emoções advindas do inconsciente e do não consciente. Damásio nos diz que o processo de raciocínio evoluiu como uma extensão do sistema emocional automático. As emoções são em si reações saudáveis, inteligentes, imediatas, e emergem sem que se precise usar a consciência e a racionalidade. É um mecanismo de grande economia, pois antecede o pensamento consciente-racional. Entretanto, restringe opções que desagradam e induz a percepção para as alternativas preferidas.

> Observando aquele executivo, era possível imaginar o que se passava em sua mente quando começava a pensar sobre uma situação relativamente negativa e a transformava em uma tormenta. Em certos momentos, ele misturava fatos reais com imaginários e já não sabia onde começava um e terminava outro. Assim, acometido, fica preso a esses sentimentos por longos períodos.

Somos sensíveis às coisas negativas por uma questão de sobrevivência.

Negativos por natureza

Nossa história evolutiva nos faz ter uma sensibilidade natural para com os sentimentos negativos porque nossos ancestrais viviam em permanente estado de risco físico. Isso favorece nossa propensão para enxergar as coisas pelo lado negativo. Entretanto, pagamos um alto preço quando somos totalmente dominados por ela, pois prejudica o processo cognitivo, o raciocínio, a tomada de decisões, a autoconfiança, a confiança no ambiente e nas pessoas envolvidas. Como alerta Servan-Schreiber em seu livro *Anticâncer*, pela vivência aprendemos que somos vulneráveis às emoções afeitas a estímulos para os quais já estávamos preparados. Certos acontecimentos danificam a imagem que temos de nós mesmos e abalam a confiança que temos no mundo. É quando se tem a sensação de perder o controle da vida, sentindo mais sofrimento do

"Muitos dos problemas emocionais podem ser resolvidos através da reflexão e do autocontrole. Eventualmente, alguns precisam da ajuda profissional."

que alegria. Dominadas por esses animais internos, as pessoas ficam sem perceber o que se passa dentro e fora de si.

O mais comum era ver aquele gestor mal-humorado, reagindo como um ogro frente a ameaças que muitas vezes nem existiam. Lembrava o *Homo* da savana, sempre à espera que uma besta qualquer o transformasse no almoço do dia. Já não percebia as dores no seu corpo. Acostumou-se a elas. Respondia de forma primitiva, desconectado da realidade social em que estava mergulhado.

Comandos inconscientes nos aproximam ou nos afastam de coisas, pessoas e situações. Sentimos medo, ansiedade, insegurança, mesmo sem saber o porquê. Obviamente, a caça de animais internos dessa natureza é difícil e às vezes impossível. Ficamos subjugados a elas e passamos a dar respostas automáticas impulsivas. Grande parte dessas respostas emocionais são reações normais e aceitáveis. Outras são doentias e demandam ajuda médica.

Os sentimentos mais presentes em seu corpo induzem aos seus comportamentos.
• Eles tendem a ser mais positivos ou negativos?
• Quais sentimentos presentes no corpo estão associados a pensamentos negativos, exigências e rótulos irracionais?
• Dá respostas emocionais exageradas em relação a certo problema? Faz da chuva uma tempestade?
Indique quais sentimentos de fundo estavam presentes no corpo no momento em que teve um comportamento indesejado de ataque ou de fuga.
  ➢ *Negatividade: insatisfação, infelicidade, desprazer, aborrecimento, chateação.*
  ➢ *Repulsa/Indiferença: aversão, desinteresse, distância, relutância, imprecisão, dúvida, distração,*
  ➢ *Insegurança: vulnerabilidade, medo, angustia.*
  ➢ *Rejeição: injustiça, abandono, desprestígio, ignorado, exclusão.*
  ➢ *Raiva: ódio, desprezo, explosão, fúria.*

Resiliência

A capacidade para nos recuperarmos rapidamente de eventos que nos causam profundos sentimentos negativos, aqueles que tendem a permanecer mais tempo no corpo, é um importante elemento para nosso bem-estar e sucesso profissional. Chama-se resiliência a capacidade para: livrarmo-nos de processos mentais dolorosos infindáveis; de não deixar que problemas num campo da vida interfiram em outros; de limitar mentalmente as responsabilidades e não assumirmos as que não são nossas.

Num mundo onde as colisões sociais são permanentes, a nossa rápida capacidade de recuperação é fundamental.

> Tem gente com uma formidável capacidade para lidar com a adversidade, ao que muitos chamam de "engolir o sapo". Aquela executiva suportou as indelicadezas de seus chefes porque se mantinha focada em seus objetivos. Não se deixava afetar pelos e-mails e abordagens grosseiras que recebia. Manteve sua conduta profissional de forma primorosa. Quando percebeu que a empresa já não tinha mais nada a oferecer para concretizar seus objetivos profissionais, mudou de emprego.

Emoções lubrificam e preparam o organismo para atender a um comando.
É um sinal de alerta do que está por vir.

Algumas emoções e sentimentos demoram a passar. Estas são as que precisam de mais atenção.

Parte do seu sucesso está na facilidade para se recuperar dos percalços da vida. Consegue reconfigurar seus pensamentos e sentimentos de modo a:

• Livra-se rapidamente dos sentimentos e pensamentos negativos? Ou fica remoendo sua dor ou ódio como um disco rachado?

• Consegue evitar que o mal-estar que sente se espalhe para todos os campos da sua vida? Deixa, por exemplo, que um problema do trabalho estraga sua vida familiar?

• Assume a responsabilidade dos fatos nos limites certos? Ou tende a assumir a culpa por coisas que não são da sua responsabilidade?

Reações emocionais danosas

Reações emocionais podem ser danosas às nossas vidas no dia a dia. Apesar da ênfase na doença dada por Helena Po-

Tomar a vida como um projeto da própria autoria não é uma opção fácil.

lak, certas reações emocionais afetam a qualidade vida de uma pessoa sadia.

• **Quando o mal-estar e a dor viram resposta-padrão repetitiva e automática do corpo**. Não é incomum pessoas se sentirem mal, mesmo quando toda evidência indica que deveriam estar se sentindo bem. Ficam aprisionadas a estados mentais, crenças e emoções relacionadas a situações negativas marcantes arquivadas na memória emocional. Nesse estado, deixam seus animais sempre prontos para assumir a mente e dominar o corpo.

• **Quando a emoção sequestra o corpo e a mente**. Tomado pela emoção, o consciente fica bloqueado e incapacitado de ter uma visão mais objetiva da realidade. Os sensores ficam aguçados para encontrar o estímulo que atenda à necessidade.

> Entre as situações de risco que o ameaçavam, estava sua incapacidade para perceber a inadequação das suas emoções, o impacto negativo que causava sobre as pessoas e a perda de contato sobre o que estava acontecendo à sua volta. A emoção escravizava sua mente, não lhe dando outras opções de resposta.

A força da emoção advém da nossa origem genético-primitiva, e ali prevalecem os comandos automáticos e o surgimento espontâneo de respostas. Imersos em emoções e sentimentos negativos, somos dragados como se estivéssemos em uma poça de areia movediça, onde cada ação parece nos levar mais ao fundo. Besteiras seguidas de besteiras.

> Quando entrava irado, desconfiado ou receoso em uma reunião, tinha poucas opções de resposta a não ser atacar ou fugir. Fora do controle, corria o risco de estar sentindo a emoção errada, gerando um comportamento indesejado. Depois que aflorava a emoção, ele perdia o controle da própria vida.

• **Quando a emoção vicia.** A permanência de certo estado emocional no corpo pode acostumá-lo aos seus componentes químicos e torná-lo viciado neles. Emoções naturais se dissipam à medida que o estímulo se esvai e a necessidade é atendida. Entretanto, emoções secundárias associadas a crenças irracionais ficam presentes por períodos prolongados, acostumando o corpo ao sofrimento, de tal maneira que a pessoa já não consegue viver sem ele. Casos mais graves levam pessoas à busca de um sofrimento físico superior para abrandar a dor emocional. Viciados nas substâncias químicas de certas emoções, ficam incapacitados de fugir delas. É o caso das grandes paixões que levam à busca da repetição compulsiva da emoção e seus sentimentos de prazer e dor. É também o caso do apego a pessoas, símbolos sociais e objetos, quando já não se pode viver sem eles. Viciados nas substâncias químicas que banham o cérebro, tornamos secundário o objeto da paixão. É quando a pessoa se apaixona pela sua própria paixão.

A dependência emocional do álcool leva a comportamentos compulsivos de consumo. Em uma fase inicial, a mente libera hormônios que induzem à necessidade emocional do álcool. Em fase mais aguda, os componentes do álcool passam a ficar presentes no organismo, levando-o a um novo equilíbrio e gerando a dependência química. Entretanto, basta a primeira fase para estragar a vida de uma pessoa.

A contínua presença de substâncias químicas no organismo coloca a pessoa em ciclos infindáveis de infelicidade, raiva, irritabilidade, depressão e, depois de certo tempo, o dependente já não consegue viver sem elas. Orienta o corpo a um novo equilíbrio químico, não necessariamente agradável.

• Quando se sente emoções punitivas devido a emoções implosivas e explosivas indesejadas. Sentimos emoções autopunitivas como consequência de termos sentido outra emoção que desagradou outra perspectiva da mente: envergonhado por ter sentido raiva, medo, prazer; ansioso por ter sentido medo; culpado por ter sentido raiva, medo, felicidade.

Há momentos em que a realidade é a melhor falta de opção.

Quando avaliou as consequências emocionais do seu comportamento, percebeu que sentiu vergonha por ter sentido medo ao se confrontar com o problema. Mas foi pelo reconhecimento dessa dor que reuniu forças para fazer as mudanças na crença irracional que havia induzido seu comportamento.

> *"Quando eu era pequeno, meus pais descobriram que eu tinha tendências masoquistas. Aí passaram a me bater todo dia, para ver se eu parava com aquilo."*
>
> Woody Allen

É através da dor interior que ganhamos força para mudar comportamentos e crenças que nos derrubam.

A evolução dos estados mentais

Até aqui, vimos como a evolução modelou algumas de nossas funcionalidades. Agora chegou a hora de colocá-las juntas, de modo a identificar alguns perfis evolucionários.

Já falamos que nossa cabeça é coabitada simultaneamente por alguns estados mentais, e cada um deles tem diferentes programações, necessidades e opera em diferentes níveis de consciência. A hipótese do Modelo de Autoevolução é a de que cada estado mental evoluiu no tempo, e cada um se formou sobre os demais existentes. E que competem entre si na busca de dominar a mente (como um todo) e determinar as respostas que damos às situações que vivenciamos. Assim, é impossível escapar, e, no âmbito das empresas, cada gestor tem sua cota de evolução e de primitivismo, seu conjunto de animais indesejados prestes a fugir de suas celas mentais e a atacar por meio de reações emocionais indesejadas, implosivas ou explosivas, que de alguma maneira o faz menos efetivo em seu trabalho e, em última instância, menos feliz.

As descrições dos estados mentais que se seguem são sugestões do Modelo de Autoevolução as quais têm como objetivo dar ao leitor uma ideia dos fragmentos que compõem a mente humana. Três aspectos são relevantes.

- Primeiro, os estados mentais não são negativos em si, mas aqui vamos enfatizar principalmente os comportamentos contraditórios e improdutivos que deles resultam;
- Segundo, cada pessoa tem todos os estados mentais, e um deles predomina, o que lhe dá a impressão mais permanente que tem de si;

Nossa mente opera através de alguns estados mentais, que resultam da combinação de nossos programas, necessidades e nível de consciência.

Transitamos entre diferentes estados mentais. Aquele que prevalece na maior parte do tempo define quem somos.

A questão central é saber qual é o preço que pagamos pelo estado mental que predomina em nós.

- Terceiro, por mais racional, ponderado e controlado que seja um gestor na maior parte do seu tempo, frente a uma ameaça, ele poderá ser dominado por seus estados mentais mais primitivos.

A descrição de cada estado mental toma como base o modelo de Clare Graves[1] apresentado por Ken Wilber no seu livro *Uma teoria de tudo*. Graves sugere que o crescimento da maturidade humana ocorreu ao longo da evolução social. As descrições dos perfis que se seguem enfatizam os traços primitivos negativos de cada estado mental. O leitor não terá muita dificuldade em identificar nos perfis apresentados fragmentos de comportamentos ou mesmo perfis de pessoas que representam bem cada estado mental, e, com um pouco de coragem, perceberá partes de si mesmo.

---

[1] As informações sobre Clare Graves foram obtidas através do seu site <http://www.clarewgraves.com>. Acesso em: 15 set. 2015.

O estado mental genético: orgânico, instintivo, amoral, não social

- Programação genética
- Necessidades baixas
- Operação inconsciente

Só se encontrará um gestor operando diretamente nesse estado mental quando o cérebro dele perceber uma ameaça física ao corpo, ou quando ocorrer um grave desequilíbrio orgânico. Não é comum a agressão física nas empresas, mas não é impossível. Com certeza, serão situações pontuais. Nesses casos, o estado mental genético gera um curto-circuito, e o organismo assume o controle. A contribuição dessa mente no trabalho gerencial é sutil, na medida em que sua principal ajuda é a de guiar a operação dos demais estados mentais. É a base genética que induz ao ataque e à fuga.

Programação genética

Como foi visto no trecho deste livro que tratou do cérebro e das programações genéticas ("A evolução das programações"), aqui estão as propensões, instintos e reflexos, os quais operam de forma impensada, automática, imediata, para proteger e estabilizar o corpo, ou mesmo adotar ações intrincadas que o consciente seria incapaz de coordenar. Esse arsenal de respostas, construído ao longo da evolução, suporta as demais mentes.

Os comportamentos sociais que sofrem a interferência desse estado mental são revestidos com reações emocionais

"Sexo é a coisa mais divertida que eu já fiz sem rir."

"O psiquiatra perguntou se eu achava sexo sujo. Respondi: só quando é bem-feito."

"Finalmente tive um orgasmo. Mas o médico me disse que era do tipo errado".

Woody Allen
(e sua fixação sexual)

explosivas ou implosivas. Sensores com sensibilidade aguçada vão em busca de ameaças e oportunidades de prazer.

É a base da inteligência orgânica do piloto automático da operação genética que veladamente dirige a maior parte de nossa vida. A operação é homeostática e garante que o corpo opere de forma segura dentro de variações aceitáveis, o proteja de ameaças físicas e atenda às necessidades imperiosas. Algo de que nenhum consciente seria capaz.

Responsável pela gestão química, isto é, pela distribuição ou retirada de substâncias no cérebro que nos fazem sentir bem ou mal, de modo a permitir que percebamos um risco, ou uma oportunidade quando necessário.

O estado mental genético é extremamente ativo pois cria, atualiza, modifica e aplica a régua de valor, gerando respostas e sentimentos automáticos de aproximação e de aversão que afetam profundamente nossas relações de trabalho. Com base nos interesses mais profundos, faz as seleções da memória que chegam ao consciente limitando a qualidade ou o escopo de nossas respostas.

É um estado de enorme inteligência, que faz cálculos, estima possibilidades em frações de segundo e orienta o corpo e as demais mentes sobre o que fazer. Como já foi dito, tem suas fragilidades, que eventualmente podem complicar a vida de uma pessoa. Em visão simplista, é a mente que assume o comando em determinadas situações em que há grandes oportunidades de prazer e grandes riscos de dor.

Frente à ameaça física lutamos pela vida como um animal desprovido de consciência.

> Sentado à mesa de reunião e com o ar-condicionado funcionando mal, seus sensores captam o garçom passando e, automaticamente, ele pede mais uma água mesmo que seu copo ainda esteja abastecido. É a mente genética garantindo o suprimento do que o corpo quer. Na hora que o rapaz coloca o copo sobre a mesa, alguém esbarra nele e, antes que o líquido lhe caia na roupa, dá um pulo e escapa do acidente.

> Absorto em seus pensamentos, um homem segue automaticamente o caminho do antigo escritório sem lembrar que mudara de emprego.

Ao atravessar a rua distraída, uma senhora não percebe o carro vindo perigosamente em sua direção. Mas seu corpo pula e ela se salva do acidente.

Sistematicamente, ele esquece onde deixou as coisas, perde compromissos, confunde números, esbarra nas coisas. Eventos de pequeno impacto, mas que podem lhe causar um enorme problema, dependendo das circunstâncias. Certa vez, trocou o nome do homenageado em público e passou enorme vergonha. Em outra situação, não atentou para o nome digitado com erro no bilhete aéreo e ficou impedido de viajar.

O jogo está tenso e as torcidas nervosas, quando um torcedor do time contrário atira um objeto e acerta um torcedor inflamado, ele automaticamente sobe alguns degraus e começa uma briga feia com o agressor.

É também o nosso lado animal, instintivo, que favorece respostas imorais, amorais e antissociais. Problemas surgem quando o indivíduo foi inadequadamente reprimido e não encontra válvulas sadias de escape, gerando respostas perigosas típicas do animal acuado. Frente ao risco, sobrepuja imediatamente as demais mentes, modelando a resposta social. Quando assume o controle, faz a pessoa perder o contato com a realidade e agir impulsivamente. É quando viramos literalmente um bicho e fazemos coisas que em sã consciência não faríamos. Não dispõe de opções, tem sempre as mesmas respostas, mas o consciente desconhece a maior parte delas. A resposta do estado mental genético é amoral e considerada pelo cérebro como a melhor para restabelecer o equilíbrio desejado.

O nosso melhor e o nosso pior vêm do nosso lado animal, e ambos se manifestam de acordo com o solo onde são germinados.

Agimos como uma máquina genética quando, com base nos comandos modelados pela experiência, sem perceber, vamos à busca de comida e só nos damos conta quando já estamos mastigando algo; quando tiramos rapidamente o casaco em um ambiente quente; quando revidamos automaticamente a uma agressão inesperada; quando nos fascinamos por alguém e ficamos tomados pelo impulso sexual; enfim, é quando o instinto fala mais alto.

Primitivo é trocar liberdade por proteção para apaziguar medos e crenças irracionais.

Necessidades baixas

Esse estado mental está atrelado às necessidades baixas – básicas, as mais potentes –, ligadas às questões mais primitivas e viscerais, como as necessidades de proteção, de alimento, de sexo, de descanso. Dependendo da sua intensidade, pode levar a reações comportamentais extremas de agressão ou de fuga, mesmo de forma não intencional.

Comandos primitivos levam a pessoa a lutar instintivamente para defender seu território e o privilégio de distribuição dos genes. Desmond Morris, autor de *O macaco nu*, diz que, quando se trata de problemas tão fundamentais como a defesa territorial (cargos, ideias, bens pessoais), os humanos reagem instintivamente como qualquer outro animal, e nesses casos a inteligência não merece muita confiança, visto que um único ato irracional, emotivo, pode destruir o que a inteligência tinha construído.

Esses comandos nos fazem impulsivos e agressivos, mas também covardes e fujões. Podem ser percebidos pelas explosões emocionais desmedidas, os comportamentos sexuais incontroláveis e pelas agressões pessoais. O que se vê é a dominância da fuga ou do ataque instintivo. É a mente genética que está no comando quando mesmo sem conhecer uma pessoa ou situação nos sentimos ameaçados por algo que nem mesmo sabemos o que é. Ela define se devemos nos aproximar ou se estamos diante de uma situação de perigo. Sua linguagem é direta, e nos comanda por sinais de prazer e dor.

Operação inconsciente

O estado mental genético opera no inconsciente e só traz seus temas ao consciente quando o corpo se vê incapaz de dar uma reposta adequada às suas necessidades.

O estado mental dogmático: arcaico, rígido, tradicional, tribal, guerreiro

- Programação social inicial
- Necessidades médias
- Operação não consciente

Nossos ancestrais levaram milhões de anos para terem definida a herança genética, e os humanos levaram apenas algumas centenas de milhares de anos para definirem seu patrimônio cultural. O processo se acentuou quando começaram a viver juntos e compartilhar regras de convivência. A mente dogmática remonta à formação dos bandos, agrupamentos, primeiras famílias, grupos de famílias, resultando nos povoados, cidades, reinos, e, por fim, civilizações. Podemos mesmo dizer que, em um momento de retrocesso evolutivo, geraram os atuais partidos políticos, as torcidas de futebol mais agressivas e o gosto pela UFC.

O dogmatismo antecede nossa espécie, pois, como disse Damásio, essa propensão deu aos ancestrais escolhas que levaram às espécies tal como são hoje. Com o estado mental dogmático, começamos a nos definir como humanos. Desabrocham as capacidades cognitivas atreladas a símbolos culturais e às regras sociais que levam a julgar tudo, dando sempre um sentido de certo ou errado a nós mesmos, aos outros e ao mundo. As coisas começam a complicar quando esses julgamentos ficam desatualizados, arcaicos, tradicionalistas e imutáveis, ligados a interesses (desejos) colidentes com os objetivos de trabalho. Todos temos nossa porção dogmática. Somos

O nosso melhor e o nosso pior vêm do nosso lado animal, e ambos se manifestam de acordo com o solo onde são germinados.

Primitivo é criar interpretações ilusórias da realidade e se deixar aprisionar por elas.

orientados a seguir crenças que no seu conjunto definem nossa maneira de ser, e passamos a vida tentando defendê-las. Lembra-se daquela reação: "A democracia será implantada e eu prendo e arrebento quem for contra"? Assim são os gestores dogmáticos. O perfil mais preocupante é o daquele que, devido às suas crenças, não tem lucidez para perceber o que acontece em torno de si.

Nossa vida é feita de escolhas nem sempre suportadas por critérios confiáveis.

Programação social inicial

Temos a propensão para criar, absorver e respeitar normas sociais. Logo que nascemos, somos treinados a definir o que é certo ou errado da forma mais eficaz. Recebíamos todo carinho e elogios quando fazíamos o que os adultos achavam certo, e éramos punidos quando achavam que estávamos errados. A partir daí passamos a colocar valor em tudo, dando sempre um sentido de certo ou errado a nós mesmos e ao mundo. Esse processo de reforço (premiação-punição) favoreceu a aceitação das ameaças simbólicas e abstratas do mundo social: ideias, ideologias, crenças, valores, costumes e rituais.

É uma mente que controla facilmente a pessoa quando convive com um consciente precário, fraco ou contaminado. Essa mente é positiva quando as crenças refletem sabedoria e ajudam a humanidade a desenvolver suas melhores qualidades. Entretanto, torna-se perigosa quando o indivíduo fica aprisionado a dogmas fabricados e manipula os outros para obter poder e vantagens.

Como disse Fernando Henrique Cardoso sobre um outro ex-presidente da república bastante dogmático: "Para se defender, Lula ataca. Jamais se explica, sempre acusa. Acostumado a atirar pedras, Lula é incapaz da autocrítica"[1].

Esse estado mental defende com unhas e dentes os interesses do seu grupo familiar, dos parentes, amigos e patota, em detrimento dos outros, da empresa, do país. *A priori*, divide o mundo entre amigos e inimigos. Guerreiro com forte espírito combativo faz de cada discussão uma contenda para impor sua liderança. Gestores que têm esse tipo de men-

---

[1] Revista *Veja* (23 de jul. de 2014. Panorama, p.50).

te tendem a ser centralizadores, autocráticos, paternalistas, e, em troca de sua proteção, exigem submissão e lealdade. Na sua visão de mundo, não há lugar para o individualismo, com exceção de si mesmo, principalmente quando é do tipo dogmático-egocêntrico. Entre suas piores características, está a incapacidade de pensar a sociedade como um todo e a de acreditar que uns são "mais iguais" que outros por motivo de raça, crença, situação econômica. No mundo atual, prevalecem mentes dogmáticas e os conflitos surgem quando alguns grupos interagem com perspectivas ou níveis diferentes de discernimento.

Usando uma analogia com a morte, enquanto a mente genética mata para comer e se defender, a dogmática é capaz de matar para preservar o grupo, suas crenças, suas ideologias, seus líderes. Com isso, torna-se responsável por uma longa relação de distorções sociais que reduzem o valor da vida humana por meio de lutas religiosas, interesses corporativistas, liderança autocrática e submissão. É uma grande barreira quando se pretende construir uma empresa mais participativa e igualitária, pois tende a se utilizar do protecionismo em detrimento da igualdade de direitos e do reconhecimento da competência.

Primitivo é usar uma régua de valor para julgar tudo e todos e não aferir sua precisão de tempos em tempos.

Riscos e ameaças

Ameaça para a mente dogmática é qualquer coisa que vá contra suas crenças, seus princípios, ideias, tradição, dogmas, território, prevalência dos genes e grupo familiar. Ameaçada, ela pode liberar seus piores animais para ataque ou fuga, e não descansa enquanto o oponente não estiver dominado e, se possível, destruído. Sua perspectiva de vida é a da escassez, do dominar ou de ser subjugado. São seus potenciais inimigos todos aqueles que não pertencem ao seu clã, seu grupo, aqueles que possam ter interesses e motivações contrários aos seus. Tem o impulso natural para dominar o outro e tirar dele o que possa engrandecer o seu eu. No mundo em que vive, ter significa faltar para alguém. Na sua manifestação negativa mais pura, o ser dogmático dá pouca importância à natureza (ecologia) ou à humanidade quando isso não beneficia a si mesmo ou a seu grupo.

Tradicionalistas, moralista

Não é difícil reconhecer gestores dogmáticos, pois quando são muito conservadores atropelam mentes mais voltadas às mudanças. Suas crenças e regras sociais são estáveis, previsíveis e difíceis de mudar. Sua resposta é automática, quase instintiva e repetitiva. Operando no não consciente, têm dificuldades para refletir sobre a conveniência de suas crenças. Suas respostas comportamentais e verbais são de conteúdo e de fundo moral. Quando ortodoxa, dona da única verdade, fica mais próxima de atos extremistas que levam à destruição e anulação do eu oponente. Mesmo que sua integridade física não esteja em risco, o dogmático sente como se estivesse.

Necessidades médio-baixas

Suas necessidades podem se contrapor: alguns se concentram na busca do poder, e uma grande maioria na busca de proteção, aceitação e afiliação. Alguns podem agir comandando, mas muitos agem de modo submisso, seguidores de seus líderes, aqueles que impõem e exigem.

Através de outra perspectiva encontramos outros dois extremos, aqueles dominados por crenças nutritivas e, do outro lado, por crenças abrasivas e mutiladoras. Alguns são muito críticos, outros protetores.

Suas necessidades estão ligadas à sua tribo (família, clube, partido, empresa, país). Esse estado mental é impulsionado a proteger os genes mais próximos – ou simbolicamente suas crenças e princípios. Nada é mais importante do que a vida em conjunto, lealdade, fé, dogmas, proteção recíproca, hábitos e costumes, normas e crenças – o que resulta em inflexibilidade. Grande parte dos seguidores das mentes dogmáticas trocam liberdade, conformismo e submissão para obter proteção. Vive em relação simbiótica, esperando, implorando para que alguém o salve e atenda às suas necessidades. Maslow

Modelados por uma confusa e contraditória programação social:
- *Ibéricos;*
- *Católicos;*
- *Indígenas;*
- *Degredados;*
- *Desterrados;*
- *Escravos;*
- *Negros;*
- *Mamelucos;*
- *Caboclos.*

identificou que pessoas vivendo em ambientes inseguros facilmente aceitavam regimes autocráticos na expectativa de terem atendidas suas necessidades de proteção. Em muitas culturas, se espera por um messias que salve a todos. As necessidades de aceitação social induzem à submissão ao poder, às regras, às crenças, ao ponto de as pessoas se tornarem capazes de autoflagelo quando seus desejos e necessidades mais íntimas contrariam suas crenças.

Operação não consciente

Através do não consciente, esse estado mental domina e manipula a mente como um todo, e o indivíduo fica sem controle das suas respostas. Essas surgem de forma impulsiva, imediata. Tendencioso, induz os estímulos sensoriais a buscar aquilo que valide suas crenças. Sua percepção da realidade é contaminada por suas crenças e valores e, apesar de se achar todo-poderoso, tem como resultado a falta de liberdade de pensamento. Predominam as respostas prontas, automáticas, impensadas. Seus circuitos mentais impedem a construção de uma visão mais racional das coisas. Suas experiências de vida são percebidas como reforço daquilo em que acredita. Pode mesmo ter uma compreensão científica e lógica de um problema técnico ou gerencial, mas sua visão social de como aplicá-la é contaminada.

Traços negativos da cultura dogmática

Charles Handy, no seu *Deuses da administração*, conclui que na cultura Zeus, a dogmática, é mais difícil confiar num estranho do que em alguém que temos como amigo e conhecemos há muito tempo.

A mente dogmática é responsável pela construção das bases da sociedade tradicional que impera na maior parte dos países. O risco desse estado mental é que, quando exacerbado, opera com baixo nível de compreensão das diferenças culturais, reagindo a elas como se fossem ameaças. O perfil da mente dogmática é encontrado com mais abundância nas so-

Modelados por uma cultura dogmática, feudal e hierarquizante:
• *Apadrinhados;*
• *Autoritários;*
• *Favorecidos por parentesco;*
• *Bem-sucedidos pelo relacionamento;*
• *Privilegiados pela flexibilização da lei.*

ciedades patriarcais e hierarquizantes, como é o caso da brasileira. Trata-se de gente que obtém sua segurança e proteção pela crença nas promessas messiânicas, nas tradições e rituais e na plena submissão ao líder, ao grupo, tribo, família. Entre os excessos negativos dessa mente, está a combinação doentia de crenças arcaicas com o desinteresse pela sociedade como um todo. As versões mais preocupantes são o crime organizado, a ortodoxia religiosa, os regimes totalitários, o corporativismo político, a corrupção, o favoritismo, o protecionismo, o abuso de autoridade, a troca de favores e a obediência visando à proteção e ao recebimento de benesses.

Empresas dogmáticas

Um grupo, empresa ou país que vive sob a orientação harmônica da mente dogmática pode operar eficientemente. No Brasil, é comum encontrar culturas organizacionais com traços marcantes da mente dogmática. Desconheço estudo que correlacione sucesso ou insucesso dos negócios a esse tipo de cultura, mas conheci executivos muito bem-sucedidos (além de outros malsucedidos) com esse traço. Em geral, são líderes carismáticos, mas às vezes melhores para se manter relações sociais do que para se subordinar. No seu quadro de valores, se encontra a lealdade pessoal em primeiro plano, o que naturalmente pode levar a privilegiar os amigos e conhecidos.

A cultura organizacional comandada por essa mente se baseia na hierarquia e no predomínio dos interesses do grupo dominante sobre os individuais. Quando o formalismo rege as relações, pode haver grande distância entre o prescrito e o que realmente ocorre. Nas situações de cunho pessoal, cada agente interpreta as coisas a seu modo, com prevalência do seu interesse. As regras não se baseiam na consolidação do costume, mas em um conjunto de interesses predefinidos pelos que detêm o poder, o que pode acabar gerando um ambiente incoerente e inviável para formulações lógicas e legais. Alguns executivos modificam ou evitam as regras para poderem livremente atender a seus interesses. Outros confundem o bem público com os seus bens particulares.

> *"É sempre a melhor política dizer a verdade, a não ser, é claro, que você seja um mentiroso excepcional."*
>
> Jerome K. Jerome

Em muitas culturas, a mente dogmática é naturalmente absorvida. Criticá-la *per se* é um erro. É preciso compreendê-la, porque, de alguma maneira, ela é parte de cada um de nós e é o ponto de partida para aqueles que acreditam que seu predomínio já não nos serve. Perceber quais traços dela estão dentro de cada um de nós é prudente e útil para evitar a hipocrisia e a falsidade por meio das quais estamos sempre escondendo nossas inconsistências.

Flexibilidade para mudar

A pior característica da mente dogmática é acreditar que não há outra maneira certa de pensar, sentir e fazer as coisas. Mesmo agindo de maneira insensata, acredita honestamente estar fazendo o que é correto. Operando em estado de semiconsciência, não tem controle mental suficiente para mudar. Funciona com base em comandos arraigados incrustados na sua régua de valor, de preferências. Pela baixa autoconsciência, o dogmático é incapaz de manter uma posição independente. Projeta o mundo exterior dentro de si exatamente como o idealiza. Mesmo nos seus momentos de vigília, mistura dados da realidade com conjecturas e crenças pessoais. Incapaz de se ver errado, atribui seus problemas a outras pessoas, à sociedade, a entidades metafísicas, ou, no outro extremo, incapaz de se ver certo, acredita ser merecedor de todas as desgraças que lhe acontecem. Cumpre sua programação sem questionar a validade para os seus reais interesses. Mesmo quando é uma mente ativa, independente, e mesmo dominadora, não tem liberdade para sair dos limites das suas programações.

Nossas chances se esgotam quando acreditamos que não há outra maneira de se agir.

Certamente, o leitor não tem esse perfil tão sombrio. Se tiver, por certo não o admitirá. A questão é que muitos de nossos piores comportamentos advêm de crenças irracionais desse estado mental. Podem ser poucas, mas não precisamos de muitas para nos derrubar.

As diferentes sociedades foram formadas a partir do estado mental dogmático, mas poderá ser ele mesmo o responsável por destruí-las. Segue lista de comportamentos e traços dogmáticos negativos para sua verificação:

CHECKLIST: COMPORTAMNETOS E TRAÇOS DOGMÁTICOS

☐ *Apega-se às ideias e crenças simbólicas e abstratas como se fossem verdades absolutas e as defende de maneira visceral;*
☐ *Protecionista, nepotista, privilegia e protege seus aliados, familiares e amigos em detrimento de outros mais competentes;*
☐ *Corporativista, combate estranhos ao grupo familiar;*
☐ *Territorialista, cria silos, impede os que querem invadir sua propriedade;*
☐ *Dominação exacerbada;*
☐ *Espírito combativo. Luta por crenças, dogmas/bandeiras;*
☐ *Julgamento exacerbado de tudo e todos;*
☐ *Crenças e princípios de gestão limitantes e irracionais;*
☐ *Uso das regras em favor próprio ou do grupo dominante;*
☐ *Moral flexível, corrupto;*
☐ *Protege exacerbadamente seu território;*
☐ *Cria silos;*
☐ *Divide as pessoas entre amigos e inimigos;*
☐ *Possui crenças e valores inflexíveis, mas maleáveis quando para atender seus interesses;*
☐ *Combate o individualismo. Promove a lealdade.*

Dogmático passivo:
☐ *Obedece respeitosamente;*
☐ *Cerimonial;*
☐ *Segue o líder independente da validade moral da ação;*
☐ *Troca submissão por proteção;*
☐ *Submissão exacerbada.*

Mas pode ser também:
☐ *Protetor, nutritivo.*

A mente genética mata para comer, a dogmática pode matar para defender os interesses sociais de seu grupo e suas crenças.

O futebol como espelho da mente primitiva-social

Sei que muita gente poderá não gostar da comparação que se segue, mas acredito que, se ela incomodar, a pessoa já estará dando um passo à frente.

As marcas da evolução continuam presentes em todos nós, e nos esportes em geral encontramos expressões do impulso genético contido pela sociedade. Eles compensam as necessidades do corpo e da mente do caçador, treinados para um combate que já não mais existe.

O futebol, bem como vários outros esportes, atende a esse nosso gosto pelo combate. Ele vai um passo além quando representa o confronto entre tribos, a luta contra as incertezas, os ataques e as fugas. É uma realidade na qual nem sempre vence o melhor e/ou o mais honesto. Quando ele estimula a paixão e a compulsão, rompe as barreiras do bom senso, da lealdade, do interesse comum.

O interesse pelo esporte nos faz sentir na disputa um prazer quase sexual e, em alguns casos até maior. A derrota nos faz sentir dominados, escorraçados, violentados para o prazer dos oponentes, o que alimenta um verdadeiro desejo de vingança em toda a tribo. Chegamos mesmo a transportar essas frustrações para outros campos da vida, fazendo da contenda simbólica um estímulo para reais desentendimentos físicos com consequências danosas.

O jogo contém um conjunto de regras coletivas que são subvertidas o tempo todo em prol da prevalência dos interesses individuais e grupais na busca de uma posição social superior. Na maior parte do tempo, os ideais simbólicos são desprovidos de qualquer valor real, só importando a prevalência primitiva de uma tribo sobre outra, um ponto fundamental para sua existência.

Como apenas um pode ser vencedor, cria-se uma falsa situação de escassez para justificar a luta e a relação ganha-perde (ou perde-perde). O jogo não se baseia em justiça, mas na vitória que deve ser obtida a qualquer custo, para a qual somos capazes de colocar em risco a sanidade física – só para defender ideais abstratos e irrelevantes. Alguns chegam a perder a vida e danificar o corpo e, quando isso ocorre, são cultuados como heróis.

Comandados pelo desejo, jogadores e seguidores fazem da vitória a fêmea em disputa, com a qual querem copular na expectativa de gerar outras vitórias. Os abatidos ficam como os machos expulsos da tribo, e se calam e vagueiam solitários à espera de uma revanche.

Apesar de ser um jogo de estratégia e habilidades, o futebol faz com que esses atributos se dissipem frente à explosão emocional

"No futebol, como na política, é ruim viver sonhando, e sempre é preferível – embora seja doloroso – ater-se à verdade."

Mario Vargas Llosa

Primitivo é agir insensatamente, e acreditar honestamente estar fazendo o que é correto.

da derrota ou da vitória, arrebatamento que pode chegar ao ataque físico para intimidar o adversário dentro e fora do campo.

Futebol é um jogo de imprecisão visual (mesmo com a aplicação da tecnologia), mas alguns humanos com poderes atribuídos decidem sobre os resultados do jogo a seu bel-prazer (estamos falando aqui de juízes e bandeirinhas). E, mesmo quando eventualmente é comprovada a corrupção ou incompetência de algum desses agentes, o resultado não muda. Aos jogadores, cabe apenas engolir em seco as decisões ou acabar expulsos por ofensa à autoridade. Fora do campo, cada tribo instiga seus instintos maléficos, permitindo que aflore o fruto da discórdia de modo que a luta simbólica se transforme em física, dando à contenda a realidade que o jogo em si não tem.

O estado mental egocêntrico: egoísta, individualista, narcisista, consumista

- Programação social inicial
- Necessidades médias
- Operação não consciente

Com certeza, o leitor poderá ver em si mesmo características do gestor egocêntrico. Esse estado mental é uma marca do nosso tempo. Poderá reconhecer alguns egocêntricos pelo primor como se vestem e irá conquistá-los com elogios ao novo relógio, ao terno impecável, ao modelo do carro, a viagem exótica que acabou de fazer. É um tipo de gente que, apesar de ter muito, não é feliz por não ter tudo. E outros egocêntricos farão de tudo para provocar sua infelicidade encontrando algo que ainda não tem, não fez, não comeu, não conheceu.

O egocêntrico na sua melhor versão representa nossos ideais de meritocracia e desenvolvimento do potencial humano.

Sentimo-nos angustiados pela distância entre onde estamos e o ideal humano que almejamos.

CHECKLIST: EGOCÊNTRICO

☐ *Acredita ser o centro do universo;*
☐ *Mente para si mesmo para proteger sua autoimagem;*
☐ *Nega suas partes que menos gosta;*
☐ *É capaz de qualquer coisa para manter e proteger a imagem que tem de si mesmo, suas próprias ideias, bens materiais, posição social, prestígio. E por isso se deixa corromper, violentar;*
☐ *Facilmente seduzido pelo brilho das posições sociais;*
☐ *Empenha-se fortemente em conseguir ou manter uma posição social superior.*

Os gestores com esse traço podem ser uma ferramenta para o desenvolvimento da espécie, pois buscam ampliar sua qualidade de vida e preparar-se sempre mais para enfrentar a competição. São por um lado automotivados a serem os melhores, a se distinguir, a buscar posições sociais mais elevadas, maior conforto material. Mas podem ter mentes aprisionadas a necessidades de estima, fama, reconhecimento. Acredito ser a mente que predomina em nossas cabeças neste exato momento histórico. Por um lado, nos impulsiona para um mundo de alta tecnologia e conforto material; por outro, nos aprisiona a respostas infantis e à busca da contínua aprovação.

O individualista cego pelos seus desejos perde-se em suas metas, perde a sensibilidade pelas coisas realmente importantes da vida, seus objetivos e valores fundamentais. Vive uma circunstância paradoxal em que se evidenciam as belezas e as bestialidades humanas. Sua mente tem momentos intermitentes de lucidez, consciência e razão, seguidos de ausências e delírios. Resignados e confortavelmente acomodados, observam as atrocidades sociais que ocorrem à sua volta, se comovem com a desgraça humana, mas reagem como se isso tudo estivesse ocorrendo em outro planeta. Caridosos e engajados, fazem doações e exibem adesivos das mais importantes campanhas sociais do momento. Ou melhor, fazem contribuições para não ter que agir pessoalmente. Fazendo analogia com a morte, não matam outros humanos diretamente, mas criam princípios que permitem que outros o façam em seu lugar. Pagam para que alguém mate aqueles que querem invadir seu individualismo, retirar coisas do seu eu ideal. Vaidosos, os mais infantis se deixam violar e ridicularizar na busca da fama efêmera, da distinção a qualquer custo. Os consumistas sofrem quando não estão na moda, não possuem as coisas que os amigos possuem, que as celebridades sugerem nos comerciais, que os mais elegantes estavam usando na festa coberta pelo blogueiro de moda. Sua maior punição é não fazer parte da manada. Já não julgam a si mesmos e às demais pessoas pelas qualidades pessoais, mas pela capacidade de consumo.

O estado mental individualista-egocêntrico, na sua melhor versão, representa nossos ideais de meritocracia e desenvol-

Para muitos o importante não é ser bom, mas parecer ser bom.

vimento do potencial humano. E quando não estamos totalmente alienados por desejos infantis e superficiais, temos uma boa consciência do que a humanidade pode vir a ser, e chega mesmo a sentir angústia por perceber o quão distante está da perfeição possível. Adam Smith acreditava que o individualismo fosse o melhor para a sociedade, pois, à medida que uma pessoa busca o melhor para si, toda a sociedade se beneficia. O que ele não previu foi que, para se chegar a esse ponto, é preciso superar a flexibilidade moral e a irresponsabilidade humanas.

Sofremos quando somos privados das bobagens que acreditamos serem essenciais.

Robert Wright enfatiza que passamos por certo relaxamento moral e concedemos pouco valor às qualidades pessoais, meritocracia, honestidade e honra. Diz que tem saudades do tempo em que o caráter não era a forma mais rápida para se chegar ao sucesso, mas era por certo a mais segura. Isso não quer dizer que predomine um ambiente de total imoralidade, mas a hipocrisia, por certo, passa a ser necessária para se fazer frente às exigências sociais. Essa é a mente que tem como lema que o importante não é ser bom, mas parecer bom.

Afastados das nossas reais necessidades sucumbimos aos desejos e expectativas sociais que nos fazem mal.

Para Wilber, vivemos um momento de narcisismo emocional e inteligência criativa. A mente egoísta permitiu um enorme desenvolvimento do eu, na medida em que incorporou muitos elementos sociais como parte de si. Estamos passando por uma fase de grande vitalidade, criatividade e um idealismo desejoso de experimentar novas ideias e tecnologias que transcendem os valores tradicionais. Entretanto, junto a essas benesses, veio uma atitude narcisista de excessiva preocupação sobre si mesmo: a "geração eu". E um dos subprodutos desse processo é o culto ao consumo, à celebridade, ao poder, à ganância – traços primitivos por excelência.

Programação

Enquanto a mente dogmática se volta à proteção do grupo, a egocêntrica é acentuadamente baseada na proteção do eu, seus desejos de status, reconhecimento público, aparência e consumo. Nunca em grande escala a imagem pessoal foi tão idolatrada. A mente egocêntrica é constituída por crenças que levam a desejos fúteis, como a extrema preocupação com a posição social e, em particular, pelo culto à celebridade e sua capacidade demonstrada de consumo – não necessariamente seus valores e competências.

Ainda que tenha atingido um nível de discernimento elevado, capaz de perceber novas perspectivas, a mente egocêntrica está longe de ser livre das crenças irrealistas e irracionais adquiridas na infância. Nela, o valor pessoal é definido pelo que se possui, pelo gosto pessoal, estética, poder, prestígio, aparência, competitividade, posse de bens materiais.

Há quem acredite valer a pena se deixar ridicularizar para conseguir um minuto de fama.

Vive um conflito com a mente dogmática, pois cada uma se baseia em crenças bastante distintas. Está um passo à frente quando tem lampejos de consciência moral-racional que lhe permitem identificar suas crenças irracionais, mesmo não sendo capaz de dominá-las.

Ocupado com o que os outros querem, deixa de lado ou desconhece suas reais carências.

Necessidades: riscos e ameaças

Entre as principais ameaças recaem sobre a imagem social do egocêntrico, tem o medo do que os outros possam falar, de deixar de ser valorizado, querido e aceito, caso não seja capaz de consumir e seguir a manada. Faz parte de um mundo de fachada e de competição por coisas fúteis. Trava uma guerra velada em que o sucesso pretendido tem enorme peso na autoestima e na autoimagem. Escravo do seu eu ideal, nega suas piores partes. Ocupado com o que os outros querem, deixa de lado ou desconhece suas reais carências. Suas principais necessidades são de aceitação, de pertencer e se diferenciar.

Operação não consciente

Opera no não consciente contaminado emocionalmente por crenças e desejos infantis. Essa mente é muitas vezes permissiva e irresponsável em suas decisões. Suas repostas são automáticas, intempestivas. Sua meta é a defesa do eu ideal, dos seus interesses pessoais, de seu patrimônio material, religioso, intelectual, estético. É uma mente competitiva e nem sempre confiável.

Representa um grande passo na evolução humana, pois tem repentes que lhe permitem buscar a autorrealização, mas ainda sucumbe às necessidades médias de foco individualista. As respostas sociais dessa mente são sofisticadas e refinadas, mas ainda sofrem interferências dos apelos automáticos e inconscientes. Entretanto, já tem consciência de querer ser um "ser humano".

Cultura egocêntrica-individualista

Ken Wilber define bem o momento atual quando diz: "Parece que temos a necessidade de nos ver como a vanguarda de algo sem precedentes em toda a história: a extraordinária maravilha de sermos nós mesmos" (Wilber, 2003, p.15).

Nunca tivemos um discernimento tão alto e uma vontade tão fraca.

O consumo de moda

Vários são os aspectos culturais presentes que delineiam a mente egocêntrica individualista, mas um que parece caracterizá-la bem é o consumo de moda. A fragilidade dessa mente está na fácil submissão às necessidades de reconhecimento e distinção; e em nossa sociedade elas estão transfiguradas em crenças consumistas. No livro *Sociedade de consumo,* a antropóloga Lívia Barbosa apresenta características que nos permitem fazer associações entre a evolução dos hábitos de consumo de moda e a evolução da mente egoísta-individualista.

O consumo é um campo fértil para a criação de crenças irracionais que se sustentam por meio de sentimentos de êxtase ou de dor que se espalham pelo corpo. Uma das crenças mais maléficas derivadas do consumo, diz Barbosa, é que "o valor social das pessoas é aferido pelo que elas têm e não pelo que elas são"(Barbosa, 2004, p. 32). Nesse ambiente, a noção de gosto se torna um importante fator de diferenciação, inclusão ou exclusão social. Isso nos divide entre os que têm bom gosto e os que têm mau gosto. A moda pode mesmo ser usada como um critério superior às questões ideológicas ou de caráter. Para ser bom, não basto sê-lo, é preciso ter "bom gosto".

A aceleração da obsolescência das coisas nos empurra para consumir sempre mais.

Assim, os bens que uma pessoa consome passam a ser vistos como sinais da qualidade de sua individualidade. A crença é simples: ou se está na moda ou a pessoa simplesmente não existe. Estar na moda virou uma paranoia. Ter o último modelo é para muitos uma compulsão difícil de conter e pode causar grande dor física quando frustrada, mas que, como qualquer desejo incipiente do corpo, se dissipa tão logo seja atendida.

Todos têm partes de cada estado mental. Nosso lado egocêntrico tende a criar ambientes individualistas e competitivos e evidenciam-se pelas seguintes características:

• Uso e abuso do corpo e do organismo. Comete excessos ou descasos e não se dá conta dos efeitos físicos?
• Incentivo e valorização de desejos fúteis. Inclusão excessiva de objetos e símbolos sociais no espaço do eu. Sofre muito com perdas de pouco ou nenhum valor para atender às suas reais necessidades?
• Competição destrutiva. Tem dificuldade para dividir o sucesso, para o trabalho em equipe?
• Incapacidade para lidar e reconhecer o próprio erro. Faz do erro um sinal de fracasso e não de aprendizagem?
• Desejo de mudar, sem disposição para abrir mão do que já foi obtido. Sucumbe aos seus desejos e tem fraca determinação para fazer as mudanças pessoais de que necessita? Sofre as angústias entre ser quem é e não conseguir ser quem deseja ser?
• Atitude contraditória. Acredita em algo e age de maneira oposta? Tem noção do que seja o certo, mas faz o errado? Cede aos apelos e interesses mais imediatos? (Lembre-se que enquanto a mente dogmática se acha certa no que faz, a egocêntrica se sente culpada pelo que fez de errado.)
• Hipocrisia e dissimulação. Suas verdades pessoais ressaltam sua visão hipócrita da vida? Quais das situações a seguir já vivenciou?

➢ *Choca-se quando vê na natureza um animal abater outro para se alimentar (sem que isso atrapalhe o saborear do seu suculento churrasco de boi)?*
➢ *Enoja-se frente a assassinatos, incestos, corrupção, mas esconde de si mesmo sua cobiça, gosto por agredir, apetites sexuais desmedidos?*
➢ *Apoia campanhas humanitárias e ecológicas fazendo contribuições e usa isso para se manter na zona de conforto e ter envolvimento e engajamento marginais?*

- *Subserviência à imagem. Fomento da vaidade. Excesso da necessidade de diferenciação. Deixa-se violentar social e psicologicamente para conseguir o que imagina ser bom para si e obter privilégios pouco importantes? Busca a diferenciação movida essencialmente pela vaidade? Exagera no cuidado com a imagem pessoal externa e na dependência de símbolos de prestígio e ascensão social?*
- *Foco em si mesmo, insensibilidade social. Tem dificuldades de ver as piores partes de si mesmo? Usa os mecanismos de defesa em excesso? Racionaliza interesses individuais? É incapaz de conter as crenças e rótulos irracionais que deixa recair sobre si? Sofre com a contradição de ser quem é? É capaz de matar outros animais por prazer, por esporte?*
- *Conduta trapaceira. Pode trapacear usando mecanismos de dominação? É arrogante, e se acha superior aos demais? Enfim, confunde a sobrevivência da espécie com a sobrevivência da própria imagem?*

A realização humana está em suprimir as fronteiras do eu para incorporar outras pessoas e a natureza sem querer ser dono delas.

"Você vai comprar o que não precisa, com um dinheiro que não tem, para se mostrar a pessoas de quem não gosta, e ficar parecido com alguém que você não é."

Anônimo

*É difícil manter-se
íntegro numa sociedade
como a nossa!*

O estado mental racional social: ponderado, controlado, decidido, atualizado, responsável

- Programação social adulta
- Necessidades altas
- Operação consciente

Prezado leitor, chegamos aqui a um ponto em que a realidade esbarra na ficção. A filosofia mais uma vez antecede a ciência. Infelizmente, ainda não temos muitos exemplos e depoimentos de gestores que pudessem ser considerados totalmente racionais sociais, pessoas socialmente responsáveis e com autoconhecimento e autocontrole suficientes, pessoas que, sem deixar de defender suas reais necessidades, pensam e agem para o bem-estar coletivo. Esse é um animal raro e é dificilmente encontrado com tal pureza.

Do ponto de vista genético, não há restrições para que cada um de nós chegue a esse estágio. Nossas limitações são meramente culturais, pois temos maleabilidade para modelar nossa mente e nossa conduta social. O que nos falta é um solo social que permita essa mente germinar. Há adubo egocêntrico e dogmático em demasia estragando a semente racional social. Assim, nossa conversa neste capítulo se parece mais com uma carta de intenção do que um relato de fatos concretos. Uma visão para nos inspirar a sermos melhores pessoas e melhores gestores.

Nunca seremos santos ou heróis, mas podemos ser pessoas melhores, iluminando a sociedade com pequenos bons exemplos.

O ápice do nosso estágio evolucionário resulta da combinação das partes mais elevadas das nossas funcionalidades: regras e crenças sociais atualizadas e responsáveis, necessidades elevadas de autorrealização, decisões pessoais baseadas na ponderação dos fatos e dos interesses de curto e longo prazo. Entretanto, são condições frágeis frente à força primitiva que ainda habita em nós.

Há sempre o risco de se parecer ingênuo num mundo onde pensar somente em si mesmo é a regra.

Há momentos em que se sente a felicidade por cuidar do próprio bem-estar mental e físico. É quando se tem a sensação serena e agradável de vida, a nítida sensação do significado da missão genética, ou divina, de cuidar de si mesmo e dos demais: quando as preocupações superam os limites do pequeno grupo familiar e passam a incluir todas as pessoas, conhecidas ou não; quando se consegue uma conexão com o planeta e se tem a clara convicção de que se faz parte de um só todo, oriundo de uma mesma fonte, seja ela divina ou decorrente da evolução genética. É perceber-se desprovido de santidade e propenso ao erro, mas pronto para reduzir e corrigir as falhas e os vacilos quantas vezes for necessário, e, com isso, se sentir intimamente cada vez melhor.

O leitor irá perceber que essa mente pode e deve ser exercitada no dia a dia, com enormes vantagens pessoais e organizacionais. Ela usa a moralidade como estratégia genética para a sobrevivência. Parte do princípio de que, se a seleção natural nos privilegiou com cérebros morais, podemos considerar a moralidade como do interesse evolucionário, uma vantagem competitiva para a espécie.

Este é um estado mental ainda sofisticado para nossos atuais padrões de respostas primitivas, mas se viabilizará à medida que consigamos manter um consciente desperto e ativo e consolidemos uma programação social adulta e responsável na busca de necessidades altas, como a autorrealização. Neste estado mental, em síntese, há mais discernimento sobre si mesmo, sobre outras pessoas e sobre o mundo.

Programação social adulta

O sistema de valores da mente racional social inclui a cooperação, o respeito, a generosidade, a tolerância, a flexibilidade, a espontaneidade, a criatividade, a liberdade, o autoconhecimento e a autoconfiança. É uma mente que tem enorme prazer com a construção de uma sociedade digna, ética, baseada na meritocracia. E está disposta a fazer sacrifícios e concessões pessoais para tal.

> Quando alguém o contrariava muito, parava para avaliar quais das suas exigências estavam sendo contrariadas. Com o tempo, passou a trocar exigências por preferências e a eliminar os rótulos que atribuía às pessoas. Começou a se sentir um pouco mais humano.

Monitorar a si mesmo

Crenças e princípios são checados permanentemente para garantir que estejam alinhados aos seus valores. Cada nova crença é ponderada e avaliada frente às necessidades presentes e futuras, aos interesses individuais e coletivos. As crenças e princípios são situacionais e, portanto, abertos para mudanças à medida que novas interpretações da realidade sejam alcançadas. Os comandos genéticos mais importantes dessa mente envolvem a permissão para aprender e ser flexível.

A sua operação se baseia na sensibilidade racional, no pensamento analítico, ponderado, racional, dirigido pela vontade, mas sem deixar de ser emocional e valorativa. Sua proposta de valor está na construção de uma consciência ética, atualizada e responsável. Esse tipo de mente sabe que há muita coisa boa entre as crenças e os desejos e que não há razão alguma para não se tirar proveito disso. Essa é uma mente resiliente porque não se deixa abater por percalços da vida profissional, naturais nas organizações complexas. Com boa noção de suas tendências, preferências e fraquezas, a mente racional social é capaz de coibir sentimentos de si que não sejam úteis ao objetivo maior. E otimiza o potencial humano contido nos demais estados mentais.

O quadro a seguir apresenta exemplos sobre como o estado mental racional social trabalha positivamente com os demais.

Chega a hora de ser autor do roteiro da sua própria vida.

No nosso melhor, somos sensíveis, conscientes, ponderados, responsáveis e racionais atuando com base na nossa vontade.

O risco da gestão racional é a de manter foco apenas no racional, no produtivo, deixando de lado os impactos na vida das pessoas.

MODO OPERACIONAL POSITIVO DA MENTE RACIONAL SOCIAL EM RELAÇÃO AOS DEMAIS ESTADOS MENTAIS			
Genético (corpo)	Gerencia suas próprias necessidades criando canais produtivos de atendimento.	Cuida do corpo. Alimenta-se e exercita-se adequadamente. Adota um estilo de vida saudável.	Conhece as próprias dificuldades operacionais genéticas e lida com elas com atitude cuidadosa e positiva.
Dogmático (crenças)	Cultiva suas crenças sociais nutritivas para a sociedade como um todo. Avalia e muda suas crenças para atender suas necessidades de autorrealização.	Identifica, elimina e contém suas crenças irracionais. Cultiva relações hierárquicas baseadas no respeito na competência, na ética e na moral.	Age de forma nutritiva ajudando o desenvolvimento do potencial de cada um.
Egocêntrico (desejos)	Diverte-se com seus desejos e garante que eles não colidam com os interesses das demais pessoas.	Satisfaz adequadamente suas necessidades e desejos abrindo espaço para suas necessidades mais altas.	Livre das amarras do consumismo.
Racional Social (consciência)	Mantém-se atualizado e responsável pelas suas ações.	Otimiza seu potencial humano desenvolvendo suas melhores armas genéticas em benefício da sociedades e de si mesmo.	Harmoniza sua mente revendo seus desentendimentos sem exigir uma perfeição de si mesmo a qual não é capaz.

Ameaças à mente racional social

A mente racional social não vive em um paraíso, pois é desafiada a cada momento por uma realidade social e organizacional que a deixa instável. Sabe que está exposta às ameaças captadas pelos sensores do corpo, ou pela própria dinâmica mental. Quando percebe um sentimento negativo, faz exercícios mentais que mudam o foco dos pensamentos. Ela só se fixa pela autodeterminação pessoal.

> Aquele gestor treinava sua mente para não ser fisgado por riscos sociais irrelevantes, ou que assumissem uma dimensão desproporcional em seus pensamentos. Dizia ele: "Se meu cérebro quer brincar comigo, vou brincar com ele." Criou um artifício mental para se desviar de ciclos de pensamentos negativos. Montou uma turma da limpeza imaginária que varria e esfregava o cérebro, os neurônios, para tirar de lá os pensamento e sentimentos negativos.
>
> Quando não gostou da maneira como seu colega interrompeu sua apresentação, conteve-se e aguardou que ele terminasse seu argumento e só então continuou. Havia muita pressão no ar, mas ele conseguiu se manter sob controle. No passado, teria despejado suas emoções sobre a outra pessoa. Conhecedor dos seus impulsos mais difíceis de controlar, quando percebia alguma agitação no corpo, ficava mais atento a si mesmo, até que a crise potencial se dissipasse.

O grande diferencial da mente racional social é sua capacidade para interromper respostas automáticas indesejadas. Para tal, acompanha os sentimentos de fundo e contém a tempo os animais internos que levam a fazer bobagens.

A elevação da compreensão das coisas e de si mesmo demanda um processo de automonitoria permanente para reconhecer vulnerabilidades da sua natureza subjetiva, condicionada pelo seu inconsciente. Esse tipo de mente tem prazer ao perceber outras perspectivas e de considerá-las como possíveis. Busca compreender as situações no que elas realmente contêm. Avalia os problemas de uma perspectiva objetiva e sistêmica e faz as intervenções adequadas e focadas para o alcance de seus verdadeiros objetivos, seus valores maiores.

Necessidades altas

A motivação do gestor racional social é a de conseguir certa liberdade em relação ao ambiente em que vive para pensar e fazer coisas de maneira diferente das que lhe são normalmente impostas. É assim que busca o contínuo aprimoramento. Testar e aprender com o erro faz parte da sua estratégia pessoal. Sua meta é a de desenvolver seu potencial, pois seu objetivo é ser o melhor que puder.

Maslow admitia que, mesmo com a sociedade ainda distante da perfeição, é possível encontrar nela pessoas tão boas quanto podemos imaginar que sejam. E acrescentava que provavelmente ainda não saibamos o suficiente sobre quão perfeita uma pessoa consegue ser.

As necessidades e desejos nesse estado mental abrangem um amplo espectro e são validados pela própria vontade. Seu foco é sua felicidade, uma vida divertida e contributiva para si e para as demais pessoas. Aqui, o humano busca pelo bem-estar coletivo, mas nunca deixa de considerar seus interesses pessoais.

Um cérebro inteligente afeta nosso racional e usa mecanismos de defesa para proteger o eu.

Operação consciente

Tão logo entra em um ciclo de pensamento e sentimento negativo, a mente racional social dialoga consigo mesma para tentar identificar quais crenças e desejos estão se sentindo ameaçadas. Feito o reconhecimento, faz uma ponderação para dar à crença o peso e a extensão merecidos. Nunca deixa que um problema em uma área da vida interfira nas demais. Luta para se manter consciente quando está tratando de tema estratégico.

> Quando se sentiu ameaçado, conteve as conhecidas reações explosivas e deixou-se acalmar. Rapidamente, analisou a situação e percebeu o que realmente estava acontecendo. A outra pessoa estava alterada e já não falava coisa com coisa. Esse comportamento desatinado ameaçou seus animais internos. Com algum esforço, os conteve. Preferiu falar com calma e reduzir o clima de ameaça. Marcaram outro dia para falar sobre aquele tema e combinaram

manter foco nos resultados. No novo encontro, houve condições seguras para que se instalasse o diálogo.

É preciso cuidado para não fazer desse estado mental algo tão certinho que vire uma caricatura. Jung já alertava para o risco de se imaginar um nível de perfeição livre de todas as culpas, tristezas e conflitos. Hoje sabemos que, dada a nossa constituição genética evolutiva, isso é impossível.

Cultura racional social

Em nenhuma empresa as coisas estão totalmente certas, mas isso não impede que existam bons ambientes para se trabalhar. É mais fácil viver naqueles onde as conversas são francas e os conflitos tratados abertamente. Quando não há no ar o receio de errar e é permitido aprender com os erros cometidos. São empresas que gastam pouca energia nas defesas e muita nos resultados. Trata-se de ambientes em que as crenças e os princípios são respeitados, mas flexíveis o suficiente para serem mudados quando já não representam a melhor opção.

As melhores empresas para se trabalhar são as que gastam pouca energia nas defesas e muita nos resultados.

É sempre possível encontrar na realidade empresarial ilhas de cultura racional social, o que ocorre também em algumas famílias e alguns países. Entretanto, de maneira geral, há certo antagonismo entre a cultura racional social e a realidade dos negócios quando marcados por um caráter essencialmente primitivo. No geral, a vida empresarial se baseia na escassez. São cada vez menos numerosas as empresas que têm o privilégio de viver num oceano azul de águas calmas, algo sugerido por W. Chan Kin e Renée Mauborgne no *best-seller A estratégia do Oceano Azul*, onde não existem conflitos e seus produtos enfrentam baixa concorrência.

> Aquele executivo trabalhou por muitos anos na empresa que ele considerava ideal, com produtos de alta qualidade, ambiente excepcional de trabalho, faturamento crescente, grande liberdade de expressão e altos investimentos em desenvolvimento das pessoas. Entretanto, com a mudança no cenário econômico, as coisas começaram a mudar. Os resultados passaram a cair e a matriz, que tantas vezes elogiara e premiara os executivos com polpudos bônus, agora

exigia respostas. Frente às novas ameaças, era como se o corpo organizacional tivesse adoecido. Pela primeira vez na história da empresa, foram feitos cortes de pessoal e de despesas que fizeram sangrar fundo aquela cultura excepcional, a qual nunca mais foi a mesma, nem mesmo anos depois, quando a empresa já estava recuperada.

Seguem alguns tijolos sugeridos por Maslow para construção da mente racional social. A lista permite avaliar nossa proximidade dessa mente:

- Independente para ser autora da sua própria história e relativamente independente para se livrar das tolas expectativas sociais e não ser apenas mais uma na manada humana;
- Forte para não se deixar dominar por desejos e necessidades primitivas. Quando se submete a eles, o faz de forma responsável, sem causar males;
- Livre para seus sonhos e ilusões, distinguindo os que são possíveis e não sofrendo com os que não o são;
- Consciente das suas crenças indesejadas e desejos inadequados;
- Integrada racional e emocionalmente na busca de sentimentos predominantes de felicidade e tranquilidade em oposição à busca da segurança absoluta ou do êxtase permanente;
- Apta para amar e cuidar do corpo, aperfeiçoa e usa instintos e emoções para fazer a vida cheia de prazeres;
- Responsável pelas suas opiniões, sabe o quanto pode ser contaminada pelas suas necessidades, desejos, emoções e valores;
- Capaz de reconhecer e aprender com seus erros. Educa seus filhos para que cresçam cultivando seu próprio discernimento. Preparada para resolver dicotomias, dualidades e paradoxos que habitam sua cabeça;
- Coletiva. Busca a construção de uma sociedade que traga soluções concretas e justas para problemas gerais de sobrevivência e da qualidade dessa sobrevivência. Suas respostas valorizam o todo, os interesses da humanidade, o coletivo, a ecologia em detrimento do nós

A mente racional social é a maior vantagem competitiva, a nossa arma genética mais potente, mas que ainda não aprendemos a usá-la.

e do eu. Age com prazer para reduzir o sofrimento humano, mesmo daqueles que não conhece e estão longe;
• Tolerante. Contribui para a independência dos demais em relação a crenças, etnias, posição social e econômica, e faz isso com grande satisfação. Convive respeitosamente e sem arrogância com mentes em diferentes estágios de evolução. É tolerante com pessoas e grupos com diferentes perspectivas. Aceita as diferenças individuais e reduz contendas e disputas. Não subjuga outros para fazer sobreviver suas crenças. Aceita e integra a natureza humana e a física. Representa a essência do animal-social;
• Autorrealizada. Busca fazer aquilo para o que foi talhada. Por meio da consciência e da vontade, atinge seu potencial humano, superando as necessidades mais primitivas tais como prestígio, preocupação com a opinião alheia, reconhecimento e popularidade, que drenariam suas capacidades. Aloca energia, foco e disciplina em processo de crescimento verdadeiro. Busca uma nova maneira de ver o animal em si, e não de eliminá-lo.

Sutilmente somos induzidos a lutar por princípios e ideias válidos em momentos em que eles tem pouca relevância.

*"A ciência moralista
não é boa nem para
a ciência nem para a
moral."*

Steven Pinker

A mente transpessoal

Há uma pequena, mas já expressiva, busca e aceitação de técnicas, crenças e conceitos que privilegiam o lado sensitivo em análises e intervenções organizacionais. Não é a intenção desse livro avaliar ou debater tais abordagens, mas seria importante apresentar a ideia de alguns dos meus gurus sobre um estágio mental superior.

Algumas poucas pessoas conseguem alcançar estados mentais mais elevados, livres das imposições genéticas e das crenças e regras sociais. Para encerrar a descrição dos estados mentais, seguem alguns comentários sobre a mente transpessoal dos autores que me ajudaram a construir o Modelo de Autoevolução.

Ken Wilber chamou a atenção para a evolução da mente no sentido de nos reconectarmos às nossas bases, nossa essência, termos *insights* de um possível estado mental posterior, de iluminação ou de integração pessoal. Não seria algo necessariamente transcendental, mas, como diz Maslow, apenas uma capacidade para compreender o "extraordinário que acontece na vida cotidiana", associada a uma genuína necessidade de ajudar a raça humana.

Estamos distantes de outros estados mentais superiores, mas isso não quer dizer que não existam.

Essa mente é ainda uma questão filosófica, mas passível de ser transformada em ciência mais à frente – um estado mental fruto da elucubração, capaz tanto de dominar como de se reintegrar às imposições genéticas típicas. Seria algo capaz de modificar o comportamento mecânico do cérebro. Wilber nos fala sobre um superconsciente que se desvincula das amarras genéticas, algo não hierárquico, livre para ir além da maneira racional como estruturamos nossas vidas. Menciona um "estado de iluminação", que vai além das relações

> *"Mais do que em qualquer outra época, a humanidade está numa encruzilhada. Um caminho leva ao desespero absoluto. O outro, à total extinção. Vamos rezar para que tenhamos a sabedoria de saber escolher."*
>
> Woody Allen

lógicas e formais com a realidade e consegue entrelaçamentos incomuns entre os elementos mentais. Seria uma mente difusa, visionária, capaz de integrar e efetuar ligações, relacionar verdades, coordenar ideias, integrar conceitos e culminar no que se poderia chamar de mente superior.

Vivemos permanentes conflitos em função de nossas polaridades: egoísmo e altruísmo, prazer e dor, liberdade e repressão, interesses individuais e do grupo. Robert Right disse que o homem primitivo vivia melhor sem as restrições aos seus impulsos impostos pela consciência a qual muitas vezes se acha a dona da casa que habita e nem percebe que tem de se contentar com os fragmentos de informação e de percepção que lhe são oferecidos pelo inconsciente. A busca da harmonia pessoal demandará a reconexão com o todo, mesmo sendo esse um exercício mental complexo e difícil.

O fato é que continuaremos primitivos mesmo quando alcançarmos um estado superior de autoconhecimento, que nos permita mergulhar na essência do que somos e de como funcionamos. Jung sugere esse estado mental como sendo uma possível ponte para nos levar de volta a tal essência, ligando-nos às formas de expressão mais primitivas, emocionais, sensoriais, intuitivas, unindo todos os humanos em torno das mesmas imagens coletivas compartilhadas, algo que nos completa sem que saibamos bem como ou por que – uma espécie de religiosidade sem religião, por meio da qual tentamos tomar seu significado mais legítimo para acessar o oculto de cada um.

A mente lógico-científica

Para finalizar a descrição dos estados mentais, recorro aos estudos de António Damásio sobre o cérebro lógico-científico. Essa instância da mente humana começou a se manifestar com a confecção de ferramentas e o domínio da natureza fazendo a vida mais viável. A mente lógico-científica se fortaleceu com a evolução da cognição, da inteligência, da criatividade, da capacidade para aprender e imitar, e da habilidade para construir e incorporar ferramentas ao espaço corporal.

Essas funcionalidades de caráter amoral servem aos estados mentais, cada um dentro da sua perspectiva, para fazer frente a ameaças e necessidades que se apresentam – respostas para o bem e para o mal, dependendo da perspectiva. Delas vêm a capacidade para lidar com questões abstratas, espaciais, quantitativas, lógicas, numéricas e simbólicas. Não é uniforme, mas está presente em algum grau na mente de todos os humanos.

Escrever, pesquisar, calcular e resolver problemas concretos decorre da manifestação do cérebro lógico-científico e essas ações só têm valor social quando aplicadas em benefício da sobrevivência e da qualidade de vida. Qualquer humano pode se beneficiar dos processos cognitivos, mas nem todos são treinados para aproveitá-los. Para o físico Marcelo Gleiser, progredimos na ciência e tecnologia, mas não no comportamento. É grande o risco de que pessoas com mentes primitivas – dominadoras, possessivas e egoístas – usem a tecnologia para atender fins malignos.

"Aqueles que dançavam eram considerados totalmente insanos por aqueles que não conseguiam escutar a música."

Ângela Monet

*Não tema a realidade,
muitas vezes ela
é apenas uma ilusão
mal elaborada.*

Assumindo o controle da nave

A vida é como uma viagem, e cada um de nós é como uma nave altamente sofisticada, com um maravilhoso computador de bordo, um *piloto automático,* que opera nosso corpo e nossa mente no inconsciente e no não consciente, e assume o comando a maior parte do tempo. Na programação desse piloto automático, encontram-se comandos genético-operacionais e nossa programação social, crenças e princípios. Esse piloto usa nossa régua de valores para fazer julgamentos e decisões automáticas, e muitas vezes de forma criativa tira a nave de situações difíceis. Assim, segue no comando, ora diretamente, ora subliminarmente, pré-selecionando as informações que chegam ao piloto-consciente quando este está no comando.

Entretanto, esse útil piloto automático também pode atrapalhar. Sua pior contribuição ocorre quando excede suas funções e toma decisões estratégicas sobre nossas vidas, aquelas que em hipótese alguma podem dispensar o consciente. Por mais maravilhoso que seja o piloto automático, ele é como uma máquina inteligente de respostas prontas. Só temos real controle da viagem da vida quando ele é desligado e assume o piloto consciente.

Assumir o controle da nave é fazer uma opção por si mesmo. É um ato de coragem que exige assumir responsabilidade pelo destino, monitorando a qualidade do voo, da rota e do equipamento. No entanto, nem sempre o consciente está plenamente habilitado para navegar a própria vida. Para assumir o pleno controle da nave, é preciso desenvolver uma consciência acordada, ativa, atualizada e responsável, uma missão que não se alcança com uma *bala de prata,* mas através

Assumir o controle da nave é fazer uma opção por si mesmo.

do exercício cotidiano, refletindo sobre seus reais valores e como eles se alinham com suas metas de curto prazo, evitando comportamentos de ataque e de fuga, caçando e enjaulando animais internos: crenças irracionais e desejos inúteis à nossa qualidade de vida.

Alcançando novas altitudes

O potencial humano disponível se expande à medida que novas altitudes de discernimento são alcançadas. E à medida que se sobe, a vida fica mais complexa. Buscá-las é um ato de coragem. Não é por outra razão que muitas pessoas preferem ficar alienadas de si mesmas, deixando a responsabilidade do desenvolvimento pessoal nas mãos do destino, de alguém ou de algo que venha resolver seus problemas. É quando, em troca da dor, orações e dízimos, esperamos por soluções milagrosas para amenizar nossas incompetências e infelicidades. Esse é também o caminho dos que se sentem fracos, carentes de amparo e de comando externo. O risco dessa estratégia é buscar ajuda onde ela não existe. Entretanto, os heterodoxos garantem que um *passe* e um *banho de arruda* não fazem mal. Se essa é a opção do leitor, é só ir com fé que pode dar certo. Afinal, com um cérebro muito *sugestionável* como o nosso, ele é capaz de modificar o organismo para que os *milagres* possam acontecer.

Mas há outra opção. E essa envolve assumir o controle da nave, cuidar de si mesmo, porém, dá mais trabalho. Segundo o rabino Nilton Bonder, ela demanda trocar o medo familiar pela inquietude, o seguro pelo incerto, o Éden pela maçã. O conforto do abrigo pela viagem, as sandálias pelos pés descalços. Um desafio que exige consciência e coragem para resistir às respostas automáticas indesejadas.

Entretanto, esse propósito exige alguma liberdade mental para incorporar novas linhas de pensamento, imaginar novas soluções, lidar com ambiguidades, inconsistências da vida e evitar soluções simplistas ou simplórias. E tomar a vida como um projeto da própria autoria não é uma opção fácil. Como disse o escritor Oscar Wilde, "viver é a coisa mais rara

> *"Toda decisão que você toma – toda decisão – não é uma decisão sobre o que você faz. É uma decisão sobre quem você é."*
>
> Neale Donald Walsch

do mundo e a maioria das pessoas apenas existem"[1]. Dragados pelas futilidades e ignorâncias da vida social, corremos o risco de passar parte da vida apenas cumprindo exigências e expectativas que nos foram impostas, deixando de ter a vida que deveríamos ter decidido viver.

A viagem do autodesenvolvimento pode seguir a velocidade da evolução que nos trouxe até aqui. Entretanto, não temos o tempo de que essa dispôs. Ela já nos aparelhou para novos estágios e, portanto, podemos e devemos acelerar o processo. Wilber sugere que o crescimento pessoal ocorre em duas direções, horizontal e vertical. A horizontal, quando expandimos, alargamos horizontes, exploramos ao máximo cada estágio alcançado e absorvemos novos conhecimentos, informações, experiências, valores, princípios, atitudes e comportamentos que nos dão a segurança para confrontar e superar os desafios que se apresentam. O desenvolvimento horizontal ocorre no dia a dia e lhe basta o ato de viver. É quando estamos aprimorando competências, consolidando crenças e ampliando desejos para nos confrontar com os desafios presentes. Entretanto, quando ficamos em um estágio por tempo demais, conforme Angela Monet, já não conseguimos ouvir a música que embala a dança de outros.

O crescimento vertical, por sua vez, é uma estratégia de risco. Como sugere Nietzsche: "Quanto mais nos elevamos, menores parecemos aos olhos daqueles que não sabem voar"[2]. Esse ocorre quando se consegue mudar para estágios de discernimento mais elevados. Pressupõe mudanças nos níveis de consciência, na elevação de nossas necessidades e na escolha das crenças que orientam a nossa vida, isto é, na maneira como percebemos e reagimos ao mundo e às situações que vivenciamos.

Como diz Wilber, ocorre quando se alcança uma compreensão diferente da vida, provavelmente superior, nos levando a um nível mais alto de civilidade e comando do próprio destino. Desloca a percepção, reconfigura problemas e desafios, exigindo opções conscientes e deliberadas. Entretanto,

"Se lhes perguntassem para onde iam, diriam que para um lugar livre de si, de suas incertezas e convicções."

Nilton Bonder

---
[1] Disponível em: <http://pensador.uol.com.br/autor/oscar_wilde/>. Acesso em: 22 set. 2015.
[2] Disponível em: <http://pensador.uol.com.br/nietzsche_frases/>. Acesso em: 22 set. 2015.

demanda certas condições para que possa ocorrer. Só estamos prontos para buscar estágios mais elevados quando nos sentimos fartos da fase em que nos encontramos. Não uma insatisfação ingrata ou rancorosa com o que se conquistou, mas uma atitude de cuidado com o sedentarismo que nos acomoda e nos leva a evitar riscos. Somente quando estamos enfastiados do que já temos ficamos carentes de algo distinto. É quando sentimentos de discordância passam a incomodar, gerando novos questionamentos e a necessidade de outras dimensões de respostas. Aos poucos, se forma um novo quadro mental que capta novas perspectivas, nuances e sutilezas da realidade interior e exterior, as quais não eram muito visíveis na fase anterior, quando estávamos intoxicados por cargas mentais desnecessárias e não éramos capazes de ver os caminhos naturais que já estavam dentro de cada um de nós. Enfim, só entramos em nova fase quando criamos um estado de abertura mental apropriado para receber novas crenças, informações e experiências.

Como qualquer animal, nossos comportamentos básicos são de ataque e de fuga. Foi com a consciência que ganhamos outras opções.

Para tudo na vida há um preço. Segundo Bonder, a viagem só é boa quando nos faz vulnerável e nos liberta da segurança que nos rouba o caminho. Quando nos faz questionar nossas mentes primitivas naquilo que possam nos levar à estagnação em determinados estágios. Conclui ele: "Se lhes perguntassem para onde iam, diriam que a um lugar livre de si, de suas incertezas e convicções. Lugar onde pudessem ser alforriados de seu olhar viciado, salvos do tédio de suas desconfianças, resgatados do fastio de suas preferências" (Bonder, 2008, p.18).

Prezado leitor, o que aprendi com a sabedoria das pessoas que li e ouvi procurei aplicar nessa nossa conversa. Aprendi que para se explorar ao máximo a viagem da vida é preciso provocar a mente e promover mudanças para nos tornarmos cada vez mais humanos.

É necessário dominar nossa maneira genética de ser, rever crenças irracionais e reduzir a sedução pelas abstrações sociais. Para tal, é preciso reprogramar a nave, retirar do piloto automático o poder que tem de atrapalhar nosso bem-estar e impedir a concretização de nossos valores mais profundos.

Epílogo

A ideia que permeia esse livro é a de reunir informações e hipóteses sobre como a *evolução humana* afeta nossos esforços de autodesenvolvimento, nossa capacidade de sermos melhores gestores e melhores pessoas. Isso parte da premissa de que boa parte das nossas respostas hoje *é disfuncional* porque nossa programação genético-social ainda colide com o mundo social, e esse é um ângulo ainda desconhecido de várias pessoas como era a psicologia há algumas décadas. Grande parte do conhecimento aqui apresentado está ainda num terreno em que a controvérsia é sempre desejável. Mesmo havendo muita informação, as lacunas ainda são enormes. Como diz Steve Pinker, "todas as reconstruções de nossa história evolutiva são controversas, e a sabedoria convencional muda mês a mês"(Pinker, 1999, p. 221). Entretanto, é impossível não acompanhar esta viagem que tanto esclarece como somos e funcionamos. Como todo conhecimento científico, a evolução está sempre sendo desafiada. E é assim que a ciência funciona. Segundo o cientista austríaco Karl Popper, para ser ciência é preciso que o conhecimento que ela apresenta possa ser testado e eventualmente refutado.

O futuro e o comportamento humano

Estamos na era do Antropoceno, a era humana na qual vamos descobrir e aprender muito mais sobre nós mesmos, sobre as causas dos nossos comportamentos, tanto dos positivos como dos indesejados. Para os padrões mentais atuais criamos uma visão não muito bonita de nós mesmos decorrente dos

> *"À medida que estamos redefinindo nossa percepção sobre o mundo a nossa volta, e sobre o mundo dentro de nós mesmos, estamos revisando as ideias fundamentais sobre o que exatamente significa ser um humano."*
>
> Diane Ackerman

resultados obtidos por uma espécie imatura que começou a florescer há apenas dez mil anos. Somos animais como todos os demais, mas somos diferentes. Foi o biólogo sueco Linnaeus (1707-1778) quem categorizou nossa espécie como *Homo sapiens sapiens*, adicionando um extra sapiens porque nós não apenas sabemos, nós sabemos que sabemos, e às vezes, com inteligência, sabemos que não sabemos. Nossa contradição se acentua por termos alcançado um nível de discernimento superior que nos permite perceber o quanto somos submetidos a sabotadores internos e o quanto a realidade social poderia nos ser mais benéfica, e Vivemos momentos sociais conturbados e desoladores quando comparados com o paradigma almejado.

Segundo a naturalista Diane Ackerman no seu *The human age:. the world shaped by us.*, à medida que estamos redefinindo nossa percepção sobre o mundo a nossa volta, e sobre o mundo dentro de nós mesmos, revisamos as ideias fundamentais sobre o que exatamente significa ser um humano. Mesmo que individualmente ou coletivamente, nos sentimos insatisfeitos com as coisas como estão, a maior parte de nós insiste em respostas primitivas – genéticas, dogmáticas e egocêntricas.

A boa noticia é que estamos mais incomodados do que nunca, pois vivemos a angústia de não conseguirmos ser quem gostaríamos de ser. Nunca tivemos tantos conhecimentos disponíveis e tanta incapacidade para aplicá-los. Sabemos o certo e fazemos o errado. Entretanto, visto por uma perspectiva evolucionista nunca estivemos tão bem. É preciso lembrar que somos uma espécie jovem despertando de seu sono primitivo, e que começa a conhecer mais sobre si mesma. Pena que, ao acordar, nos deparamos com um estágio tão avançado de autodestruição.

"Somos embalados com dois trilhões de células numa maneira muito precisa. Somos simétricos, com uma frente e costas, topo e fundo, esquerda e direita."

Neil Shubin

Continuamos egoístas, priorizando nossos problemas ordinários do dia a dia. Muitos já perceberam seus naturais impulsos primitivos automáticos mesmo sem ainda saber como os conter e, para esses, a ciência vem prestando um enorme favor descobrindo as suas causas.

Por meio das novas descobertas e estudos sobre fósseis, a paleontologia e as ciências correlatas vêm melhor esclarecendo nossas origens. A cada instante, novas espécies de hominídeos são encontradas, como é o caso do *Homo naledi*, apresentado à comunidade científica em setembro de 2015, candidato a ser o mais antigo ancestral até o momento. Outros surgirão. O projeto genoma humano, por sua vez, continua tentando desvendar um dos maiores segredos do DNA: a maneira como cada gene codificador de proteína consegue organizar, construir e operar nosso corpo e nossa mente.

E a neurociência vem descobrindo mais sobre o funcionamento do cérebro humano, mesmo sem ainda ser capaz de identificar como a consciência e o pensamento surgem da operação cerebral. Sabemos que, a cada geração, nossos neurônios desenvolvem novas conexões e maneiras de se ligar e desligar, favorecendo alguns comportamentos e descartando outros à medida que treinamos a nós mesmos para nos confrontarmos com os novos desafios. Entretanto, neste exato momento, duas novas linhas de pesquisa se juntam a esse arsenal para melhor explicar nossos comportamentos.

Nosso maior desafio é lidar com nossos pensamentos contraditórios e fazer as escolhas certas.

Um primeiro projeto que poderá abalar o conhecimento científico se refere ao epigenoma, o qual busca mapear as substâncias não genéticas que interferem na maneira como os genes se ligam e se desligam na formação das nossas funcionalidades. Substâncias capazes de mudar o comportamento dos genes são transmitidas de pais para filhos, mas, diferente do genoma, podem ser modificadas pelas condições ambientais, alterando essa transmissão para a própria pessoa e para as gerações seguintes. Explica Ackerman que, até o momento, as questões de herança genética eram apenas definidas pelo DNA, isto é, exclusivamente pelos genes. Agora as moléculas que se juntam ao DNA e que podem ligar ou desligar, silenciar ou amplificar genes passam a ser consideradas. Um processo denominado de metilação. Uma questão interessante sobre a evolução, enfatiza ela, é que mudanças evolutivas do genoma podem exigir milhões de anos, mas mudanças decorrentes do epigenoma podem ser rápidas. O epigenoma vai mudar a maneira como compreendemos a interação entre a genética e o ambiente causando doenças. Retoma-se a discussão entre o *nurture and nature* na definição da personalidade humana. Isto é, quanto de genético e de social modela nossa maneira de ser. É outro nível de biologia que, pela primeira vez, tenta explicar as reações humanas a partir da complexidade da vida. Por exemplo, traumas que ocorreram com a mãe poderão afetar sua própria vida e de seus filhos. Entretanto, esses efeitos podem ser reversíveis através de drogas epigenéticas.

A segunda nova frente de pesquisa trata do microbioma, o fantástico e imenso mundo dos micróbios que coabitam nossos corpos e que são capazes de influenciar nossa maneira de ser e funcionar. Para Dra. Suzan Perkins numa publicação no site do American Museum of Natural History(dezembro 2015), o quanto mais aprendemos sobre esses organismos, mais evidente fica que somos de fato um superorganismo, cada um de nós um planeta em si mesmo. Como vimos no decorrer deste livro, as bactérias são as formas de vida mais presentes na terra. Com o desenvolvimento das pesquisas sobre micróbios (bactérias, vírus, protozoários (amebas) e fungos), já se sabe hoje que eles constituem parte integrante da existência humana. Os números são surpreendentes. Temos 25 mil genes e habitam em nós outros 2 a 20 milhões de genes de micróbios. Temos 10 trilhões de células em nosso corpo e mais 100 trilhões de células dos micróbios residentes. No total do peso das nossas vísceras, eles correspondem a um quilo e meio.

A questão que nos afeta diretamente nessa conversa é saber como os micróbios, que formam o microbioma, afetam ou podem afetar nossa maneira de ser, nossos comportamentos. De alguns já se sabe que podem induzir a produção de hormônios e neurotransmissores, afetando respostas sociais. Passamos a maior parte das últimas décadas pesquisando sobres os efeitos nocivos dos micróbios. Mas Diane Ackerman afirma que em apenas dez anos, a imagem humana evoluiu de um animal único para uma equipe de milhões de formas de vida trabalhando em uníssono para o benefício comum. Na verdade, somos incapazes de viver sem eles. Conhecemos as bactérias há cerca de 350 anos e aprendemos que sua ausência

> *"Para se encontrar a reposta certa é preciso explicar uma das grandes transições na organização biológica de um organismo para um superorganismo. De um primata solitário para uma sociedade organizada de humanos."*
>
> Edward O. Wilson

pode causar doenças. Porém só recentemente passamos a ter uma ideia do invisível ecossistema que existe em cada um de nós e como ele pode alterar nossos comportamentos, sequestrar nosso livre-arbítrio, dominar nossos comportamentos e afetar nossas decisões. As bactérias não afetam só como somos, mas também quem somos. Apenas há pouco tempo, os biologistas passaram a admitir quanto os micróbios influenciam nossa evolução. Comenta a autora:

Os conflitos internos e os sociais com os quais nos deparamos hoje decorrem da nossa incapacidade para balancear nossas forças instintivas egoístas e altruístas.

> Para os humanos e para a mosca da fruta, o feiticeiro do amor são os odores gerados por micróbios que destilam feromônios, os odores da sedução humana, especialmente das mulheres, na busca de seus parceiros. Quando uma relação não dá certo, dizemos corretamente que "não deu química"! Nós respondemos aos mesmos aromas doces que seduzem a mosca da fruta e que os químicos colocam nos perfumes. Para nós e para a mosca da fruta, a beleza está nos olhos do apaixonado e são os micróbios que ajustam o foco. Como ocorrem com muitos animais, os machos é que buscam, mas as fêmeas são quem escolhem.

É intrigante o papel que os micróbios possam ter nos relacionamentos e na carreira de uma pessoa. O fato é que há um universo a ser descoberto dentro de nós!

Já não nos basta conhecer a nós mesmos em nossa individualidade, é preciso compreender como nossa espécie vive em seu ambiente. Já dominamos os ciclos da natureza e os demais hominídeos, controlamos a agricultura e domesticamos os animais ee mesmo os demais humanos. Criamos as artes, as civilizações. É chegada a hora de cada um dominar a si mesmo!

*Uma complexa e
obscura jornada
é muito favorecida pela
luz das ideias
dos amigos.*

Bibliografia e agradecimentos

A seguir, estão relacionados os livros consultados, lidos e relidos ao longo dos últimos quatro anos. Mas a pesquisa não parou neles. Destaco também muitos documentários nos canais de TV voltados à ciência, palestras do TED, visitas a museus de história natural, pesquisas em sites de busca, as quais contribuíram para a investigação sobre o tema.

Não poderia deixar de lado a importância de alguns amigos, os quais de diferentes maneiras me ajudaram cruzar esta jornada quer seja questionando, sugerindo atalhos, obrigando-me tirar as sandálias e sentir o real calor da experiência. O meu agradecimento a Rosângela Claudino, Mauricio Icaza, Eduardo Poterio, Alexandre Mathias, que pontualmente colaboraram. Ao Antonio Linhares e Jose Coelho Gioia, que seguiram juntos comigo por longos períodos. E especialmente ao Paulo Artur Costa, que, na fase final, encampou o livro e foi de grande importância na revisão das ideias que remanesceram.

As bases conceituais do Modelo de Autoevolução

A maior parte das ideias que compõem o modelo aqui apresentado foi coletada de diferentes autores. As contribuições mais significativas foram:

De Fritjof Capra veio a ideia do todo integrado, da origem comum, do balanço ecológico entre os humanos com os demais animais, a terra e o universo.

Capra, Fritjof. *As conexões ocultas*. São Paulo: Cultrix, 2005.

"...ainda bem que não deixei passar a Primavera sem a sentir...e que senti correr no meu corpo o fluxo da vida..."

Wilhelm Reich

De Deepak Chopra, os comentários sobre o lado animal, escuro, da mente.

Chopra, Deepak; Ford, Debbie; Williamson, Marianne. *O efeito sombra*. São Paulo: Lua de Papel, 2010.

De António R. Damásio, a importância das emoções e a evolução das funcionalidades do cérebro, a maneira como o corpo criou o cérebro, e este criou o homem.

Damásio, António R. *O erro de Descartes:* emoção, razão e cérebro humano. São Paulo: Companhia das Letras, 1996.

_____. *O mistério da consciência*. São Paulo: Companhia das Letras, 2000.

_____. *Em busca de Espinosa:* prazer e dor na ciência dos sentimentos. São Paulo: Companhia das Letras, 2004.

_____. *E o cérebro criou o homem*. São Paulo: Companhia das Letras, 2011.

De Daniel Goleman a evolução de um estágio emocional (primitivo) para outro (social) racional, em que uma parte da mente sente, a outra pensa, e ambas, em conjunto, constituem a base da vida mental.

Goleman, Daniel. *Emotional intelligence*. New York: Bantam Books, 1995.

De Chris Argyris, os primeiros *insights* sobre as ligações entre a evolução e a maturidade.

Argyris, Chris. *Personalidade e organização*. Rio de Janeiro: Editora Renes, 1969.

_____. *Personality and organization theory revised*. Science Quarterly 18, jun. 1973.

De Abraham Maslow, o *insight* da hierarquia das necessidades e caracterização da mente racional social, um estágio evolutivo ainda a ser alcançado.

Maslow, Abraham. *Motivation and personality*. New York and London: Harper & Row Publishers; Evanston, 1970.

De Ken Wilber veio toda a base filosófica da evolução da mente social em espiral crescente, na qual cada estágio resulta em novo nível de percepção e discernimento.

Wilber, Ken. *Um deus social*. São Paulo: Cultrix, 1993.

> *"Estamos a um piscar de olhos distantes de estarmos totalmente acordados."*
>
> Pema Chödrön

_____. *Uma teoria de tudo*. São Paulo: Cultrix, 2003.

_____. *Éden, queda ou ascensão*: uma visão transpessoal da evolução humana. Rio de Janeiro: Versus, 2010.

De ALBERT ELLIS veio a ideia do impacto negativo das crenças irracionais para a qualidade de nossas vidas. A necessidade do desenvolvimento da sensibilidade racional para identificação de crenças contidas nos diferentes estados mentais que atrapalham o autodesenvolvimento e impedem o uso de nosso potencial genético-evolucionário.

ELLIS, Albert. *Liderança executiva:* uma proposta racional. Rio de Janeiro: Record, 1972.

De vários autores vieram contribuições sobre a evolução da espécie humana:

WRIGHT, Robert. *O animal moral*. 9. ed. Rio de Janeiro: Campus, 1996.

_____. *Não-Zero: a lógica do destino humano*. Rio de Janeiro: Campus, 2000.

_____. *A evolução de Deus*. Rio de Janeiro: Record, 2012.

TRIVERS, Robert. *Natural Selection and Social Theory*. Oxford University Press, 2002.

_____.*Social Evolution*. Benjamin/Cummins Publishing Company. Inc., 1995.

DAWKINS, Richard. *O gene egoísta*. São Paulo: Companhia das Letras, 2007.

_____. *A grande história da evolução*. São Paulo: Companhia das Letras, 2009.

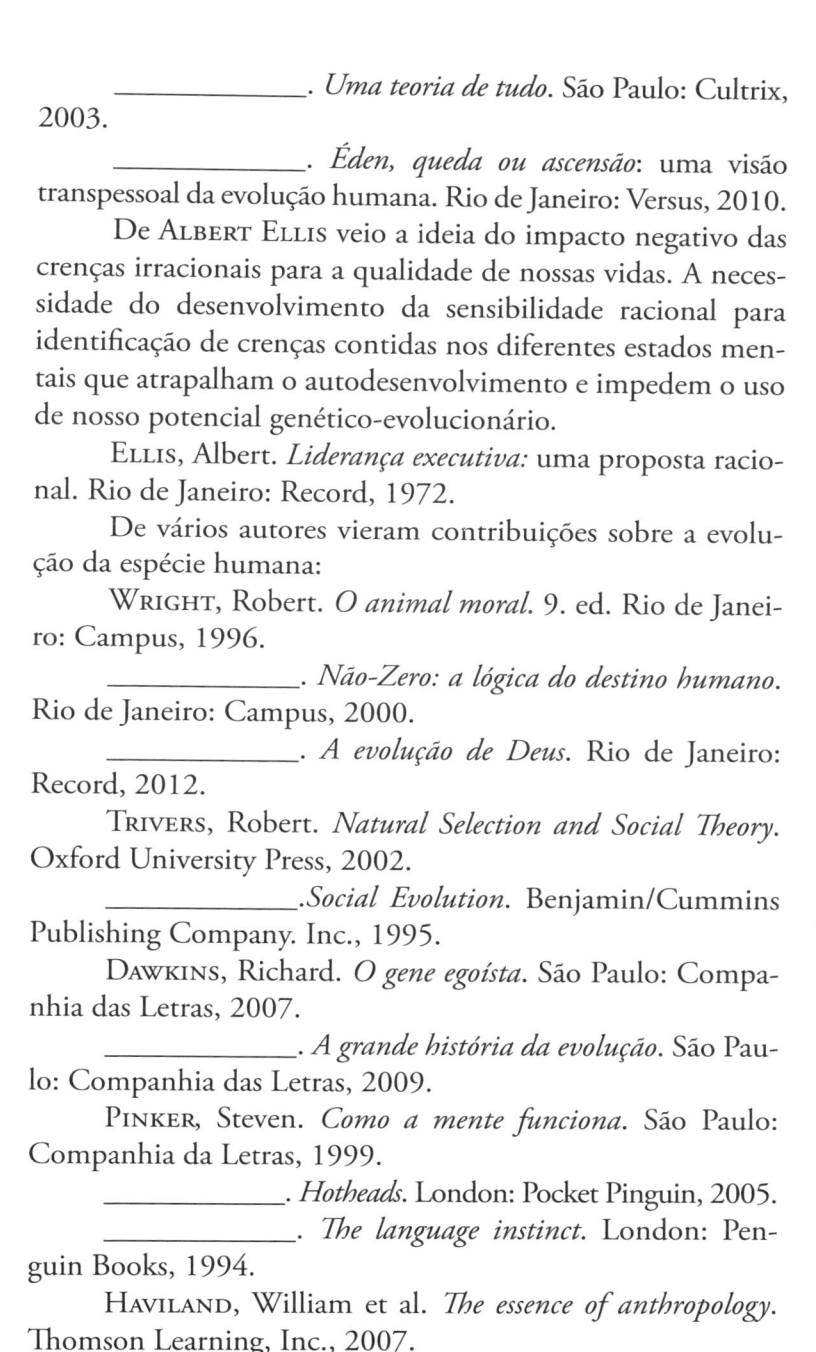

PINKER, Steven. *Como a mente funciona*. São Paulo: Companhia da Letras, 1999.

_____. *Hotheads*. London: Pocket Pinguin, 2005.

_____. *The language instinct*. London: Penguin Books, 1994.

HAVILAND, William et al. *The essence of anthropology*. Thomson Learning, Inc., 2007.

TOMASELLO, Michael. *A natural history of human thinking*. London: Harvard University Press, Cambridge, Massachusetts, 2014.

"Qual é o sentido de ser mau quando não há o bem para detê-lo?"

Fala do herói de *Megamente*

DeSalle, Rob; Tattersall, Ian. *Human origins:* what bones and genomes tell us about ourselves. Texas: A7M University Press.; A Peter N. Nèvraumont Book. Second Print, 2012.

Norris, Desmond. *O macaco nu.* São Paulo: Editora Edibolso, 1975.

Roberts, Alice. *Evolution. The Human Story.* New York: DK Publishing, 2011.

Baterman, Grahan. (org.). *Animais de todo o mundo:* primatas. Portugal: Círculo de Leitores Ltda., 1986.

Consultas adicionais

Ariely, Dan. *Previsivelmente irracional.* Rio de Janeiro: Campus – Elsevier, 2008.

Barbosa, Lívia. *Sociedade de consumo.* Rio de Janeiro: Zahar, 2004.

_____. *O jeitinho brasileiro.* Rio de Janeiro: Campus, 1992.

Barros Filho, Clóvis de; Meucci, Arthur. *A vida que merece ser vivida.* Petrópolis: Vozes, 2010.

Bíblia Sagrada. Edição Claretiana. São Paulo: Editora Ave Maria, 2003.

Blake, Robert R.; Avis, Warren E.; Mouton, Jane S. *Corporate Darwinism.* Texas: Gulf Publishing Company Houston, 1966.

Bonder, Nilton. *Tirando os sapatos.* Rio de Janeiro: Rocco, 2008.

Brace, C. L. *Os estágios da evolução humana.* Rio de Janeiro: Zahar, 1970.

Brown, Andrew. *The kindness of strangers. The Guardian.* Saturday, 27 August 2005.

Childe, V. G. *A evolução cultural do Homem.* 2. ed. Rio de Janeiro: Zahar, 1971.

Cortella, Mario Sergio. *Não espere pelo epitáfio.* 8. ed. Petrópolis: Vozes, 2010.

Crema, Roberto. *Manual de Análise Transacional.* 2. ed. Brasília: DF-SEA-IDR, 1976.

Até outro dia, você podia alegar ignorância para não cuidar do seu desenvolvimento pessoal, a partir de agora, já sabe, é covardia.

DANIELS, Aubrey. *Performance Management R+*. Georgia: Performance Management Publications, 1993.

DARWIN, Charles. *A origem das espécies. Esboço 1842*. Rio de Janeiro: Newton Compton Brasil Ltda.,1992.

DI STÉFANO, Rhandy. *O líder-coach:* líderes criando líderes. Rio de Janeiro: Qualitymark, 2005.

DOTLICH, D. L. e CAIRO, T. C. *Por que os executivos falham?*Pecados que podem comprometer sua ascensão e como evitá-los. Rio de Janeiro: Elsevier, 2003.

DYER, W. W. *Evite ser utilizado*. Buenos Aires: Ediciones Grijalbo, S.A., 1984.

FERRAREZI, Eugênio. *O insubstituível cérebro: manual do proprietário*. 2. ed. Rio de Janeiro: Qualitymark, 2012.

FERREIRA, Vera Rita de Mello. *A cabeça do investidor*. São Paulo: Évora, 2011.

FREUD, Sigmund. *O futuro de uma Ilusão*. Porto Alegre: L&PM, 2010.

FRITZEN, José Silvino. *Janela de Johari*. Rio de Janeiro: Vozes, 1978.

GIANNETTI, Eduardo. *Autoengano*. São Paulo: Companhia de Bolso, 2005.

_____. *O livro das citações*. São Paulo: Companhia das Letras, 2008.

GLADWELL, Malcolm. *O ponto da virada*. Rio de Janeiro: Sextante, 2009.

GOMES, Jorge Fornari. *Um modelo para o desenvolvimento pessoal*. Dissertação de mestrado EAESP- FGV. São Paulo, 1982.

GOSWAMI, Amit. *A janela visionária*. São Paulo: Cultrix, 2003.

GUIMARÃES, Gilberto. *Liderança positiva*. São Paulo: Évora, 2012.

HELLERN, Victor; NOTAKER, Henry; GAARDNER, Jostein. *O livro das religiões*. São Paulo: Companhia das Letras, 2000.

HOWARD, Vernon. *Psico-pictografia. O maior poder da terra*. São Paulo: BestSeller, 1970.

HOCK, DEE. *Nascimento da Era Caórdica*. São Paulo: Cultrix, 2000.

"Cada momento é um momento de falsas certezas e a nossa ilusão está sempre um passo à frente da próxima verdade."

Anônimo

HURSON, Tim. *Pense melhor. Um guia pioneiro sobre o pensamento produtivo (o futuro da sua empresa depende disso, assim como o seu)*.São Paulo: DVS Editora, 2008.

JAMPOLSKY, Gerald G. *Love is letting go of fear*. Berkeley: Celestion Arts,1990.

JUNG, Carl G. *O homem e seus símbolos*. 2. ed. especial. Rio de Janeiro: Nova Fronteira, 2008.

KRECH, David et al. *O indivíduo e a sociedade*: um manual de psicologia social. São Paulo: Livraria pioneira Editora, 1969.

KUKLA, Andre. *Armadilhas mentais*. São Paulo: Gente, 2007.

KRAUS, Rosa. *Análise transacional aplicada às organizações*. Rio de Janeiro: Nobel, 1980.

LAFUENT, Florência. *A fisiologia do gerenciamento*. HSM Management julho-Agosto 2012.

LAW, STEPHEN. *Guia ilustrado Zahar. Filosofia*. Rio de Janeiro: Zahar, 2009.

LEWINSOHN, Richard. *História da vida sexual*. 2. ed. São Paulo: Casa Vecchi Ltda., 1964.

MATTA, Roberto. *Carnaval, malandros e heróis*: para uma sociologia do dilema brasileiro. 6. ed. Rio de Janeiro: Rocco, 1977.

MAY, Rollo. *O homem à procura de si mesmo*. Rio de Janeiro: Vozes, 1980.

MERTON, Robert K. *Sociologia*: teoria e estrutura. São Paulo: Mestre Jou, 1970.

MLODINOW, Leonard. *O andar do bêbado. Como o acaso determina nossas vidas*. Rio de Janeiro: Zahar, 2008.

_____. *Subliminar. Como o inconsciente influencia nossas vidas*. Rio de Janeiro: Zahar, 2013.

NICOLELIS, Miguel. *Muito além do nosso eu*. São Paulo: Companhia da Letras, 2011.

NIETZSCHE, Friedrich. *Humano, demasiado humano*. São Paulo: Companhia de Bolso, 2005.

NOBREGA, Clemente. *Empresas de sucesso*: pessoas infelizes? Rio de Janeiro: SENAC Rio, 2006.

"Não desanime. Não há nada em você que com uma mudança mental total não possa ser resolvido."

Anônimo

Oliveira, Marco Antonio G. *Análise transacional na empresa*. São Paulo: Atlas, 1976.

Polak, Helena. *Alta sensibilidade emocional. Novas perspectivas*. www.clubedeautores.com.br

Roberts, J. M. *O livro de ouro da história do mundo*. Rio de Janeiro: Ediouro, 2001.

Seimour-Smith, Martin. *Os 100 livros que mais influenciaram a humanidade*. Rio de Janeiro: Difel, 2002.

Senge, Peter. A *quinta Disciplina*. 2. ed. São Paulo: Editora BestSeller, 2013.

Servan-Schreiber, David. *Anticancer:* prevenir e vencer usando nossas defesas naturais. Rio de janeiro: Objetiva, 2008.

Silveira, Nise da. *Jung:* vida e obra. 19. ed. São Paulo: Paz e Terra, 2003.

Shubin, Neil. Your inner Fish . New York: Vintage Books, 2009

Smith, Huston. *As religiões do mundo. Nossas grandes tradições de sabedoria*. São Paulo: Cultrix, 2002.

Spradlin, Scott E. *Don't let your emotions run your life*. Oakland: New Harbinger Publications, INC., 2003.

Spritzer, Nelson. *Pensamento & mudança*: desmistificando a programação neolinguística. Porto Alegre: L&MP, 1993.

Stéfano, Rhandy Di. *O líder coach:* líderes criando líderes. Rio de Janeiro.: Qualitymark, 2005.

Stevenson, Robert Louis. *O médico e o Monstro e outras histórias*. São Paulo: Martin Claret, 2009.

Tanure, Betania; Carvalho Neto, Antonio; Andrade, Juliana. *Executivos, sucesso e infelicidade*. Rio de Janeiro: Campus, 2007.

Wilson, Edward O. *The Meaning of Human Existence*. New York: Livering Publishing Corporarion, 2014.

Zatz, Mayana. *Células-tronco: o que poderão representar?* São Paulo: Centro de Integração Empresa-Escola – CIEE, 2010.

Caso a história do Homo Sapiens tivesse ocorrido em um ano, os últimos 11 mil anos teriam começado no dia 31 de dezembro.

"O máximo da hipocrisia é escrever um livro sobre ateísmo e rezar para que ele venda!"

Woody Allen

"De tudo ficam três coisas:
A certeza de que ele estava sempre começando,
A certeza de que era preciso continuar,
E a certeza de que seria interrompido antes de terminar.
Fazer da interrupção um caminho novo,
Fazer da queda um passo de dança.
Do medo uma escada,
Do sono uma ponte,
Da procura um encontro."

Fernando Sabino

*"Se você tentou falhar e
conseguiu, descobriu o
que é paradoxo."*

Anônimo

Contato do autor
jfornari@editoraevora.com.br

Este livro foi impresso pela gráfica Colorsystem
em papel *pólen bold* 70g.